말랑하고
정의로운
영혼을 위한

헌법
수업

말랑하고 정의로운 영혼을 위한

헌법수업

ⓒ 신주영 2018

초판 1쇄   2018년 12월   7일
초판 6쇄   2022년   5월 18일

지은이   신주영

출판책임   박성규   펴낸이   이정원
편집주간   선우미정   펴낸곳   도서출판 들녘
편집   이동하·이수연·김혜민   등록일자   1987년 12월 12일
디자인   고유단   등록번호   10-156
마케팅   전병우   주소   경기도 파주시 회동길 198
경영지원   김은주·나수정   전화   031-955-7374 (대표)
제작관리   구법모   031-955-7381 (편집)
물류관리   엄철용   팩스   031-955-7393
                                이메일   dulnyouk@dulnyouk.co.kr

ISBN   979-11-5925-370-6 (43360)

말랑하고
정의로운
영혼을 위한

헌법
수업

신주영 지음

푸른들녘

저자의 말

헌법 이야기로 청소년 여러분을 만나는 일은 저에게 헌법을 만드는 일만큼이나 가슴 벅찬 일인 것 같아요. 제가 여러분만 할 때는 헌법 수업을 받을 기회가 없었습니다. 대신 저는 그때 한스 숄Hans Scholl 과 조피 숄Sophie Scholl이라는 독일 대학생들을 책으로 만났습니다.『아무도 미워하지 않는 자의 죽음Die Weiße Rose』이라는 책의 주인공이었던 이 독일 대학생들은 1940년대 나치가 독일을 지배하고 있을 때, 모두가 나치의 전략에 속아 가짜 자유를 누리며 인류를 상대로 파렴치한 범죄를 저지르고 있을 때, 투명하게 깨어서 독일 국민들에게 저항을 외쳤던 자유인이었습니다. 그들의 삶과 죽음을 통해 저는 우리가 사는 세상은 눈에 보이는 현상으로만 이루어진 것이 아님을 깨달았습니다. 그 너머에는 억압도 있었고 이에 저항하는 진정한 자유정신도 있었어요. 당시 독일이 저지른 반인륜적인 만행을 여러분도 잘 알고 있을 것입니다. 600만 명이 넘는 유대인들이 수용소에서 살해당했고, 히틀러는 전 세계를 독일인의 지배 아래 두려는 망상에 사로잡혀 있었습니다.

이런 일은 그때만 일어났던 걸까요? 사실은 인류 역사상 무수한 사람들이 제 수명을 누리지 못하고 지구상에서 사라졌습니다. 전쟁으로, 기아로, 반인류적 범죄에 의해 비참하게 생을 마감했습니다. 특히 제1·2차 세계대전은 전 세계 인구 수천만 명이 살해되었던 정말 끔찍한 사건이었어요. 지금 우리가 누리고 있는 평화 역시 어쩌면 잠시 머물다 갈 짧은 휴지기에 불과한지도 모릅니다. 지금도 지구촌 곳곳에서는 일촉즉발의 대치 상황이 날마다 전개되고 있으니까요.

수많은 사람들이 전쟁의 광기에 희생되고 난 뒤 인류는 국경을 초월해 평화적인 방법으로 분쟁을 해결하거나 예방하기 위한 지혜를 모으고 있습니다. 국제연합유엔, United Nations도 그런 기구 중의 하나입니다. 또한 각국은 자신들의 헌법에 평화를 위한 노력 의무를 포함시키고 있는데요. 대한민국 헌법도 헌법 전문前文에 "밖으로는 항구적인 세계평화와 인류공영에 이바지함으로써 우리들과 우리들의 자손의 안전과 자유와 행복을 영원히 확보할 것을 다짐하면서"라고, 그리고 헌법 제5조에는 "① 대한민국은 국제평화의 유지에 노력하고 침략적 전쟁을 부인한다"는 내용을 명기하고 있습니다. 끔찍하고 고통스러운 경험을 한 뒤 자유와 평화의 가치가 얼마나 소중한지를 뼈저리게 느꼈기 때문입니다. 청소년 여러분이 역사를 배운다면 상상력을 동원해 바로 이 경험을 자기 것으로 만들어야 합니다. 우리는 고통을 통해 성장할 수 있고, 고통을 회피하지 않고 극복할 때에만 그와 같은 경험을 되풀이하지 않을 수 있기 때문이지요.

이 책은 헌법이 말하는 가치와 원리를 청소년 여러분이 간접적으로나마 체험해보는 한편 거기 나오는 중요한 조항을 이해하는 데 도움을 주기 위해 쓴 것입니다. 그래서 헌법 내용의 법적인 의미와 해석보다는 자유와 민주주의, 법치주의 등 헌법적 가치와 원리의 연원이 되는 역사적 배경과 철학적인 이유를 설명하는 데 정성을 기울였답니다. 그리고 좀 더 구체적인 이미지로 헌법을 받아들이고 이해할 수 있게끔 역사 속의 인물을 소개하거나 주변에서 쉽게 접할 수 있는 사건과 시사 자료들을 많이 인용했습니다.

이 책을 통해 헌법이 그저 멀리 떨어져 있는 추상적인 법이 아니라 공기처럼 친숙한 존재라는 것, 우리 곁에서 나 개인과 서로 영향을 주고받으며 세상의 의로움을 지키는 근본 가치라는 것, 더 나아가 좋은 방향으로 사회를 변화시키는 데 기여하는 중요한 실체라는 사실을 경험하게 되기 바랍니다. 그래서 여러분 모두 현상 너머에 있는 진정한 자유의 정신을 찾아 누리는 첫 걸음을 떼기 바랍니다. 자유롭고 평화로운 나라를 건설하는 일, 국제평화의 유지에 노력하는 일은 바로 추상적인 국가나 평화운동기구가 아니라 그 구성원이자 나라의 주인인 우리 한 사람 한 사람의 자각과 행동으로 이루어지는 것이니까요.

2018년 겨울, 신주영 변호사

차례

첫째 시간　헌법의 탄생과 구조_헌법이란 무엇인가?

넷째 시간 대한민국을 운영하는 조직_헌법기관들

프롤로그

헌법은 인간을 위한 마법의 언어다

1700년대 후반, 지금은 '헌법의 아버지'라고 불리는 사람들이 미국
에 있었습니다. 그들은 새로 탄생하는 국가가 어떤 식으로 운영되어
야 하는지, 시민들에게 어떤 권리를 인정하며 또 어떤 의무를 지울
것인지 고민했습니다. 새로 탄생한 나라를 설계하는 일이었으니 얼
마나 가슴이 벅찼을까요?

 당시 미국은 영국에서 막 독립한 신생 국가였습니다. 21세기를 살
아가는 우리는 강대한 미국이 누군가의 식민지였다는 사실을 상상
하기 어렵습니다만 실제 미국은 1776년이 되어서야 〈독립 선언문〉*
에 서명하고 독립을 선포†할 수 있었습니다.

---

* "모든 사람은 평등하게 태어났으며, 조물주로부터 몇 개의 양도할 수 없는 권리를 부여받았다. …생명
과 자유와 행복의 추구, 이 권리를 확보하기 위하여 인류는 정부를 조직했다… 정당한 권력은 국민의 동
의로부터 유래하는 것이다. 어떠한 형태의 정부이든 이러한 목적을 파괴할 때에는 …새로운 정부를 조직
하는 것은 국민의 권리이다."
† 1775년에서 1783년까지 미국의 13개 식민지는 그레이트브리튼 왕국을 상대로 독립 전쟁(美國獨立革
命, The American Revolution)을 벌였다. 미국 독립 선언은 1776년 발표되었으며 전쟁에서 승리를 확고
히 한 것은 1781년이다.

미국의 독립 선언에는 당시 독립 운동을 주도했던 사람들의 사상이 잘 드러나 있는데요. 그 일부가 우리의 〈대한민국 헌법〉에도 들어와 있습니다. 예컨대 미국은 영국으로부터 독립하면서 군주제가 아니라 대통령제를 창안했고, 우리나라 역시 대한민국 정부가 성립할 때 대통령제를 택했습니다. 일제 강점기를 벗어나 해방과 동시에 현대적인 국가를 이루면서 제헌의회를 구성했지요. 당시 헌법을 만든 사람들은 세계대전을 끝내면서 인류에게 남겨진 교훈들과 더불어 그 시대의 가장 선진적인 형태의 국가 운영 체계를 우리 헌법 안에 고스란히 담으려고 노력했습니다.

헌법은 한 나라를 운영하는 원칙으로 여기엔 나라를 세운 사람들의 첫 마음이 고스란히 담겨 있습니다. 현대적인 국가라면 반드시 개인의 자유와 권리를 보장하고 실현한다는 사명을 헌법에 분명하게 기록해야 합니다. 개인의 자유와 권리란 구체적으로 행복을 추구할 권리, 언론 출판의 자유, 직업 선택의 자유 등을 말합니다. 이들은 헌법 각 조문에 직접 표명되기도 하고, 통치 구조를 설계할 때 민주주의와 법치주의와 함께 국익과 국민의 자유가 신장되는 데 기여하도록 암묵적으로 작용하기도 합니다.

헌법에 쓰인 말들은 대개 자유, 권리, 민주주의, 법치주의, 인간의 존엄성 등 추상적이고 개념적인 언어들입니다. 이러한 표현들이 헌법 안으로 들어와 조문에 새겨지기까지 수천 년이 걸렸다면 믿을 수 있겠어요? 네, 그야말로 길고 긴 투쟁의 역사를 거쳤습니다. 그리고 이 언어들은 시간이 지날수록 그 가치와 의미가 갈고닦이며 반짝반짝 빛이 나고 강해져서 시민들의 생활 전반에 미치는 영향력이 마법의 산물처럼 커졌습니다.

사람들은 대개 가치를 표현하는 단어들을 만나면 자신의 마음을 돌아보면서 행동을 조심하곤 합니다. 순수, 사랑, 진리와 같은 단어를 볼 때도 그렇잖아요? 이것들을 거울삼아 내 마음을 돌아보면서 자신이 얼마나 순수한지, 사랑에 가득 차 있는지, 진실한지, 곱씹어 보게 됩니다.

헌법은 타인과 공존하는 공동체 생활에서 나 자신이 얼마나 자유로운 인간인지, 타인에 대해 얼마나 배려적인 인간인지 돌아볼 수 있게 해주는 단어와 문장들로 이루어져 있습니다. 그 단어와 문장의 탄생 배경과 쓰임새를 추적하다 보면 의미가 좀 더 또렷하게 우리 마음에 새겨질 겁니다. 그리고 그렇게 새겨진 단어와 문장들은 나 자신이 얼마나 자유로우며 타인에게는 얼마나 배려심 많은 인간인지 비추어볼 수 있게 해주는 거울이 될 것입니다.

이런 거울을 마음에 지닌 국민들이 만들어가는 나라는 방향을 잃지 않으며 스스로 자유롭고, 타인과 행복을 공유해나가는 성숙한 사람들의 공동체로 성장할 것입니다. 그럼 이제 그 마법의 언어들을 마음으로 느끼고 새기기 위한 헌법 여행을 천천히 시작해볼까요?

대한민국 헌법의 구조

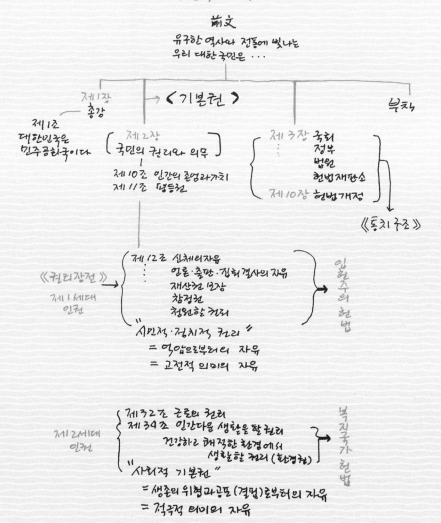

前文
유구한 역사와 전통에 빛나는
우리 대한 국민은 ...

제1장
총강
〈 기본권 〉
부칙

제1조
대한민국은
민주공화국이다

제 2 장
국민의 권리와 의무
제 10조 인간의 존엄과 가치
제 11조 평등권

제 3 장 국회
       정부
       법원
       헌법재판소
제 10장 헌법개정

《통치 구조》

《권리장전》
제 1 세대
인권

제 12조 신체의 자유
       언론·출판·집회·결사의 자유
       재산권 보장
       참정권
       청원할 권리
"시민적·정치적 권리"
= 억압으로부터의 자유
= 고전적 의미의 자유

입헌주의 헌법

제 2세대
인권

제 32조 근로의 권리
제 34조 인간다운 생활을 할 권리
       건강하고 쾌적한 환경에서
              생활할 권리 (환경권)
"사회적 기본권"
= 생존의 위협과 공포 (결핍)로부터의 자유
= 적극적 의미의 자유

복지국가 헌법

17

첫째 시간

헌법의 탄생과 구조

_헌법이란 무엇인가?

베트남 보트피플을 구한 한국인 선장

#헌법의 가치 #헌법의 원리

토르: 라그나로크

한동안 북유럽 붐이 일었습니다. 덕분에 서점에서 북유럽 신화를 다룬 책들을 많이 볼 수 있었습니다. 북유럽 특유의 선진 교육 제도와 정치 문화에 대한 선망이 가장 큰 몫을 차지할 테지만, 저는 〈토르: 라그나로크Thor: Ragnarok〉라는 영화 역시 북유럽 붐을 일으킨 원인 중 하나였다고 생각합니다. 여러분도 '묠니르Mjǫlnir*'라는 해머를 들고 날아다니는 천둥의 신 토르를 아실 겁니다. 해머가 주는 강력한 인상 때문인지 어떤 친구들은 토르가 해머의 신인 줄 알더라고요.

---

* 북유럽 신화의 천둥신 토르의 망치. 묠니르는 산을 평지로 만들 수 있을 만큼 무시무시한 무기 중 하나이다. 신드리와 브록크라는 드베르그 형제가 이 망치를 만들었다고 한다.

〈토르: 라그나로크〉 포스터

　〈토르: 라그나로크〉는 마블의 토르 시리즈 중 가장 최근작(2017년 한국 개봉)입니다. 주인공 토르는 지구별에서 한창 떨어진 아스가르드의 왕자예요. 아스가르드인은 지구인보다 문명이 한 수 위인 데다가 초능력자입니다. 토르는 왕인 아버지 오딘이 죽고 나서 왕위를 계승했지만 악마의 화신이 된 누나 헬라와 한 판 승부를 벌이게 됩니다.

　헬라가 아스가르드에 머무는 한 계속해서 힘이 강해질 것을 알게 된 토르는 국민들을 모두 우주선에 태워서 함께 아스가르드를 떠납니다. 그리고 떠나기 직전에 지하 세계에서 수천 년 동안 잠들어 있던 대마왕을 일부러 깨웁니다. 대마왕은 아스가르드를 파괴할 것이라는 예언의 주인공인데요. 토르는 헬라를 아스가르드에 머물지 못하게 할 유일한 방법이 아스가르드를 파괴하는 것이라고 판단했기 때문입니다. 이때 토르가 이렇게 말합니다. "아스가르드는 영토가 아니라 국민이다." 그리고 영화의 마지막 장면에서 "어디로 갈까요?" 라고 묻는 부하에게 토르는 지구를 가리킵니다.

자신의 고향별을 떠나 지구별로 오는 토르와 아스가르드인들은 영화에서는 멋있어 보이지만 실제 지구상에서 자신의 조국을 떠나 다른 나라로 배를 타고 무작정 떠나야 하는 국민이 있다면 어떨까요?

베트남 보트피플

실제로 현재 지구상에 있는 수많은 사람이 그런 일을 겪고 있습니다. 그들을 우리는 '난민難民, refugee'이라 부릅니다. 대표적인 예로 팔레스타인 난민,* 베트남 보트피플, 르완다 난민†을 들 수 있겠군요. 이들은 정치적 이유에서든 경제적 이유에서든 더 이상 조국에서 사는 것이 위험하거나 힘들기 때문에 목숨을 걸다시피 하고 조국을 떠난 터라 영화 속 아스가르드인처럼 평온할 수가 없습니다.

예를 들어 베트남에서는 1970년대 초반부터 작은 보트를 이용해 베트남을 탈출하는 난민들이 줄을 이었습니다. 정권이 바뀌어 남베트남이 공산화되면서 정치적으로 숙청 대상이 된 사람들, 혹은 경

---

* 팔레스타인은 제2차 세계대전 전까지 영국의 통치를 받았는데, 1948년 5월에 유태인들이 들어와 이스라엘을 건설했다. 그 때문에 2천여 년 간 이곳을 삶의 터전으로 삼았던 아랍인들이 영토를 잃었다. 이들은 가자, 요르단강 서안, 시리아, 레바논 등지의 수용소에서 난민으로 생활하게 되었다.
† 1990년 토착민인 후투족과 소수 민족인 투치족 간의 갈등으로 분쟁이 발발하여 총 300여 만 명의 난민이 생겼다. 이들은 우간다, 자이르로 피신했지만 식량 부족과 전염병 등으로 많이 사망했다.

제적으로 모든 걸 빼앗겨서 빈곤층으로 전락한 사람들이 1973년부터 1988년 사이에 무려 100여 만 명 이상 조국을 떠난 겁니다. 이들을 '베트남 보트피플'이라 부르는데요. 망망대해를 떠다니며 자신들을 구해줄 다른 나라의 배를 기다리는 동안 반 이상의 사람들이 선상에서 죽었습니다. 절체절명의 순간에 구해주는 배가 있으면 살아남지만 그렇지 못하면 모두가 배 위에서 생을 마감하는 것입니다.

영토가 없는 국민이라니! 차라리 감옥에 가더라도 빈곤층으로 살더라도 조국에 머물렀어야 하는 것이 아닐까 싶지만, 이들은 정치적·경제적 핍박을 면하고 새로운 땅에서 삶을 시작할 수 있는 희망을 품고, 지푸라기라도 잡겠다는 심정으로, 기적을 바라며 보트에 몸을 실었을 것 같습니다. 그리고 실제로 가끔은 기적이 일어나기도 했습니다.*

1985년, 광명 87호를 몰고 부산항으로 들어오고 있던 전재용 선장은 태평양을 떠돌고 있는 보트피플을 발견합니다. 사흘을 굶은 채 서로 엉켜 붙어 있던 베트남인 96명은 구원을 요청하지만 한국 회사에서 '관여치 말라'는 지침을 내립니다. 깊이 고심하던 전 선장은 뱃머리를 돌려 그들을 구합니다. 그리고 선원 25명의 열흘 치 식량과 생수를 난민들과 함께 나누고 여성들과 아이들에게 선원들의 침실을 내줍니다. 식량이 떨어질 무렵엔 난민들에게 "걱정하지 마세요. 우리에게는 식량으로 먹을 수 있는 참치가 많이 있습니다"

 KBS스페셜 〈어떤 인연〉

남베트남이 비엣꽁에 의해
공산주의정권이 된 이후
탈출하는 보트피플

하고 말해 그들을 안심시켰습니다. 부산항에 도착한 베트남 보트피플들은
1년 반 동안 난민 수용소에 있다가 각지로 흩어졌는데, 그중 대표자였던 피
터 누엔은 미국으로 건너가 간호사가 되었고 어느 정도 안정이 되자 생명
의 은인이었던 전재용 선장을 찾아 나섭니다. 17년간의 수소문 끝에 찾아낸
전 선장은 통영에서 멍게 양식업으로 생계를 유지하고 있었습니다. 부산항
에 도착하자마자 회사의 지시를 어겼다며 해고를 당했고 그 이후 다른 곳에
도 선장으로서 취업이 불가능해졌던 탓입니다. 하지만 전재용 선장은 그날
이후로 단 한 번도 자신의 선택을 후회한 적이 없다고 말합니다. 누구라도
그랬을 것이라고 했습니다. 그러나 당시 베트남의 보트피플이 바다 한가운
데 떠 있었을 때, 25척의 배가 그들을 지나쳐 갔습니다. 전재용 선장의 광명
87호는 26번째의 배였습니다.

전재용 선장의 행동은 일종의 법이라고 할 수 있는 '회사의 지침'
에 어긋난 것이었습니다. 하지만 생명 존중의 원칙에는 합치하는 것
이지요. 이와 같은 순간에 전재용 선장과 같은 결정을 내리는 것을
'윤리적 결단'이라고 합니다.

전재용 선장과 달리 보트피플을 지나쳤던 25척의 배와 "관여하지
말라"고 지시했던 사람들에 대해서 생각해봅시다. 그들은 특별히 악
한 사람들은 아니지만 약한 사람임에는 분명합니다. 지침을 넘어 생
명을 선택할 수 있으려면 민감하게 깨어 있어야 하고 희생을 감수할
용기가 필요하니까요.

올바른 선택에는 분별력과 용기가 필요하다

민감하게 깨어 있다는 것은 무엇일까요? 네, 가치의 서열에 대해 정
확히 분별할 수 있음을 뜻합니다. 우리 인생길에서 전재용 선장처럼
보트피플과 만나게 될 일은 거의 없겠지만 전재용 선장이 보트피플
을 만났을 때 깊이 고심했던 것처럼 윤리적 결단이 필요한 순간은
사실 매우 흔하게 일어납니다. 회사의 지침은 "관여하지 말라"였지
만 나의 양심은 "그들을 구하라"고 명령하는 그런 순간 말입니다.

전재용 선장은 베트남 보트피플을 발견했을 때 회사의 지침을 어
기고 그들을 구한다면 자신의 미래와 경력을 모두 희생해야 한다는
것을 잘 알고 있었습니다. 하지만 자신의 경력보다 96명의 생명이
더 소중하다는 것을 정확히 분별했고, 희생을 감수하기로 선택했고,

실제로 양심의 명령에 따르는 용기를 발휘했습니다. 그랬기에 그는 그날의 선택을 후회하지 않은 것입니다.

회사의 지침과 생명을 선택하라는 양심의 명령 사이에서 생기는 윤리적인 갈등 상황은 무수히 일어나지만 그것을 정확하게 분별하기는 쉽지 않습니다. 민감하게 깨어 있지 않으면, 이런 순간들이 윤리적인 갈등 상황인지도 모르고 그저 하던 대로, 누군가 시키는 대로 하면서 지나가기가 쉽습니다.

몇 가지 예를 들어볼까요? 자기 죄가 아니라고 부인否認하는 사람에게 "억지로라도 자백을 받아내려면 고문도 불사해야 한다"는 상관의 지시를 받은 경찰관은 어떻게 해야 할까요? 어떤 회사에 취직했는데 처음 맡게 된 일이 환경을 오염시키는 폐기물을 인근 야산에 허가도 받지 않고 버리는 작업이라면요? 실제로 대개의 경찰관은 그런 상황에서 고문을 합니다. 신입사원들은 회사가 해오던 대로 오염물질을 불법적으로 투기합니다.

과연 그들은 고문이 불법이라는 것을 몰랐을까요? 오염물질 투척이 불법이라는 것을 인식하지 못했을까요? 네, 어쩌면 정확하게 분별하지 못했을 수도 있습니다. 상관의 지시거나 회사의 관행이라 할지라도 그릇된 것이라면 거부해야 하는데 그럴 용기가 없었을지도 모릅니다. 사실, 분별력과 용기 둘 중 어느 하나라도 없으면 올바른 선택을 하기가 어렵습니다.

민감한 법 감수성이 필요한 이유

우리나라에 헌법재판제도가 생긴 것은 1980년대의 일입니다. 헌법재판에서 하는 일은 윤리적 갈등 상황에서 무엇이 충돌하고 있는지 분별하고 무엇을 선택할 것인지 판단하는 일과 거의 비슷합니다. 윤리적 갈등이 아니라 법적 가치의 갈등에 한정된다는 점만 다를 뿐이지요.

우리는 누구나 크고 작은 사회에 속하게 마련입니다. 집, 학교, 회사, 종교 단체, 동아리, 지역공동체, 그리고 국가입니다. 범위를 넓혀 국경을 넘어서면 지구촌, 인류, 우주 등등이 있을 테고요. 그런데 어떤 모습의 사회든 이를 유지하려면 규율이 필요합니다. 회사의 지침처럼 특정 집단에서 요구하는 명령이 있고, 국가에서 요구하는 법도 있습니다. 법 중에는 "빨간 불일 때 건너지 말라"는 구체적이고 세세한 교통법규부터 "모든 국민은 법 앞에 평등하다", "모든 국민은 양심의 자유를 가진다"와 같이 추상적이고 포괄적인 내용으로 구성된 헌법이 있습니다.

그런데 헌법은 교통법규와 달리 세세하고 친절하게 지켜야 할 명령들의 내용을 담고 있지 않아요. 대신 국가가 중요하게 여기는 가치가 무엇인지, 국민은 어떤 권리를 누리는지, 또 어떤 의무를 지고 있는지, 국가 공동체를 유지하는 기구들은 어떤 원리에 따라 조직되고 운영되는지 등을 포괄적인 언어로 표현합니다. 이런 까닭에 구체적이고 세세한 규칙들이나 관행이 헌법에 담겨 있는 가치나 원리와 충돌하더라도 그것이 헌법에 위반되는지조차 잘 분별하지 못하는 경우가 많습니다. 그러나 헌법이 담고 있는 가치와 원리에 비추어볼 때 잘못되었다고 판단되는 규칙과 관행은 사라져야 마땅합니다.

무엇이 어떻게 헌법이 정하고 있는 가치와 원리에 위반되는지를 분별하고 확인하는 작업이 바로 '헌법재판'*이며, 헌법재판에서 헌법에 위반되는 법률을 무효로 판단하고 선언하는 것처럼 하위규범이 상위규범에 위반되는지 여부를 심사하여, 위반되는 것으로 인정될 경우 그 효력을 상실하게 하는 것을 '규범통제'라고 합니다. 또한 누구든지 헌법상 권리를 침해받은 경우에는 '헌법소원憲法訴願, a Constitutional Appeal'†을 제기할 수 있습니다(헌법 제111조 제1항 제5호). 그러니까 국민이라면 누구나 헌법상 권리를 침해받는 일이 생길 경우 헌법소원을 제기해서 헌법재판을 통해 잘못된 규칙과 관행을 없앨 수 있다는 뜻입니다.

그렇다면 우선 잘못된 규칙과 관행을 알아볼 수 있을 만큼 민감하게 깨어 있어야 하는데요. 헌법이 정하고 있는 가치와 원리가 어떤 것인지를 알고 있어야만 잘못된 규칙과 관행을 분별하는 능력을 갖추게 되지 않을까요? 어쩌면 윤리적 갈등 상황에서 전재용 선장과 같은 분별력과 용기를 발휘할 수 있는 첫걸음이 바로 헌법의 가치와 원리를 이해하는 일이라고도 할 수 있겠습니다.

---

* 재판이란 '구체적인 소송 사건을 해결하기 위하여 법원 또는 법관이 공권적 판단을 내리는 일, 또는 그 판단'을 뜻한다. 재판은 '소송의 목적이 되는 사실의 성질에 따라 민사재판, 형사재판, 행정재판, 헌법재판으로 나누며, 그 형식에 따라 판결, 결정, 명령' 따위가 있다. '헌법 재판'에 대해서는 '헌법 용어 정리' 참조

† 국가기관이 공권력을 행사하거나 행사하지 않아서 국민 누구나 보장받아야 할 헌법상의 기본권을 침해받았을 때 헌법재판소에 이를 회복시켜 달라고 청구하는 것을 말한다. 자세한 내용은 '헌법 용어 정리' 참조

저항의 역사

#권력으로부터의 자유 #억압으로부터의 자유

미국 독립 선언문 　모든 사람은 평등하게 태어났고, 창조주로부터 양도할 수 없는 권리를 부여받았으며, 그 권리 중에는 생명과 자유와 행복의 추구가 있다. 이를 확보하기 위해 인류는 정부를 조직했으며, 이 정부의 정당한 권력은 국민의 동의로부터 유래한다. 어떤 정부든 이 목적을 파괴할 때에는 언제든지 정부를 개혁하거나 폐지할 수 있다. 국민의 안전과 행복을 가장 효과적으로 가져올 수 있는 새로운 정부를 조직하는 것은 국민의 권리이다.

자유가 아니면 죽음을 달라

근대 민주주의의 탄생으로 평가되는 1789년 프랑스 혁명의 모토는 "자유가 아니면 죽음을 달라! Give me liberty, or give me death!"였습니다. 그런데 이 "자유가 아니면 죽음을 달라!"는 말은 그보다 앞선 미국 독립 전쟁 시기에 페트릭 헨리 Patrick Henry, 1736~1799라는 판사가 즉흥적으로 했던 연설에서 처음 유명해졌습니다. 그 일부를 한번 볼까요?

의장님, 사태를 완화시키려는 것은 이제 헛된 일입니다. 여러분은 평화, 평화를 거듭 외치고 있지만, 평화는 없습니다. 전쟁은 실제로 이미 시작되었습니다. 다음에 북쪽에서 불어올 강풍은 우리의 귀에 무기가 맞부딪치는 소리를 들려줄 것입니다! 우리의 형제들은 이미 전장에 있습니다! 그런데 우리는 왜 한가하게 시간을 죽이고 있는 겁니까? 여러분이 바라는 것은 무엇입니까? 여러분이 가진 것은 무엇입니까? 쇠사슬을 차고 노예가 되어가고 있는데도, 목숨이 그리도 소중하고, 평화가 그리도 달콤하단 말입니까? 전능하신 신께서 길을 인도해주실 것입니다. 여러분들이 어떤 길을 선택할지 모르지만, 나는 이렇게 외칩니다. "내게 자유가 아니면 죽음을 달라."

패트릭 헨리가 이 연설을 한 때와 장소는 미국이 영국의 식민지였던 시대, 1775년 3월경 버지니아 주 리치몬드에서 열린 버지니아 협의회에서였습니다. 영국의 무력행사에 어떻게 대응해야 할지를 토론하던 자리였지요. 영국은 식민지인 미국에 세금을 늘리는 정책을 펴면서 미국의 반발을 샀고, 미국인들은 "대표 없는 곳에 과세는 없다"라고 하면서 끝까지 맞섰습니다. 당시 미국에서 세금을 더 많이 거두는 법*을 만들던 영국 의회에 미국을 대표하는 의원의 자리는 없었거든요. 영국에 있어 미국은 일제 강점기의 일본에게 한국과 같은 식민지일 뿐이었습니다.

* '인지조례'라고 해서 미국에서 생산되는 모든 출판물에 인지를 붙이게 하고 인지를 구매한 돈을 영국이 세금으로 가져가는 법이다. 그 외에도 미국은 영국이 지배하던 식민지였기 때문에 인지조례 전에도 설탕법, 당밀법 등으로 설탕, 당밀 등을 수입할 때 과도한 관세를 물렸지만 무역으로 거두는 세금이라 일반 국민들이 잘 의식을 못하고 있다가 인지조례로 국내에서 신문, 잡지, 단행본 및 모든 출판물에 세금을 매기게 되자 일반 국민들의 거센 반발을 불러일으키게 된다.

"GIVE ME LIBERTY, OR GIVE ME DEATH!"

연설 중인 페트릭 헨리

이에 영국은 군대를 파견해서 미국을 굴복시키려 했습니다. 당시 중앙정부조차 없었던 미국은 협상으로 해결하려는 파와 독립을 위해 맞서 싸우려는 파로 갈라져 있었는데요. 그 과정에서 페트릭 헨리가 "영국과 협상하면 비굴하게 노예가 될 게 불 보듯 뻔하니 죽음을 불사하고라도 자유를 위해 맞서 싸우자"라고 주장한 것입니다. 사실 페트릭 헨리가 정말 이 같은 연설을 했는지에 대해서는 의견이 분분해요. 전기傳記 작가의 상상에 의한 것일 뿐이라는 설도 있답니다. 그러나 "자유가 아니면 죽음을 달라!"는 말은 그 당시 미국이 영국의 식민지로서 감당해야 했던 노예와 같은 삶을 끝내고 자유로운 시민국가로 재탄생하려는 의지가 얼마나 절실했던가를 보여주는 표현이라고 할 수 있습니다.

인권은 자연권이다

결국 북아메리카의 13개 주는 1, 2차 대륙회의를 거치면서 영국으로부터의 독립을 위해 전쟁을 불사하겠다는 쪽으로 결론을 내리고, 1776년 7월 4일 〈독립 선언문United States Declaration of Independence〉을 낭독하고 전쟁을 선포하기에 이릅니다. 앞에서 이미 소개했지만 다시 한번 함께 읽어볼게요.

> 모든 사람은 평등하게 태어났고, 창조주로부터 양도할 수 없는 권리를 부여받았으며, 그 권리 중에는 생명과 자유와 행복의 추구가 있다. 이를 확보하기 위해 인류는 정부를 조직했으며, 이 정부의 정당한 권력은 국민의 동의로부터 유래한다. 어떤 정부든 이 목적을 파괴할 때에는 언제든지 정부를 개혁하거나 폐지할 수 있다. 국민의 안전과 행복을 가장 효과적으로 가져올 수 있는 새로운 정부를 조직하는 것은 국민의 권리이다.
>
> ─미국 〈독립 선언문〉 중

모든 사람은 평등하게 태어났고 창조주로부터 양도할 수 없는 권리를 받았다는 것, 그 권리가 바로 생명과 자유와 행복을 추구할 권리라는 이 내용은 실은 계몽주의 철학자*들의 자연권 사상, 천부 인권설을 사상적 기반으로 한 것입니다. 정부는 그 자체가 목적이 아

---

* 영국의 철학자 존 로크는 『시민 정부론』이라는 저서에서 모든 인간은 평등하게 태어나 창조주로부터 생명과 자유 등 인간으로서의 권리를 부여받았다는 자연권 사상과 천부 인권설, 그리고 시민들이 동의한 정부만이 합법적이며, 시민의 동의를 얻지 못한 정부는 언제든지 교체가 가능하다는 사회계약설을 주장했다. 특히 프랑스의 장 자크 루소는 여기에 더해 그 천부인권이 양도할 수도 없는 것이라고 했다.

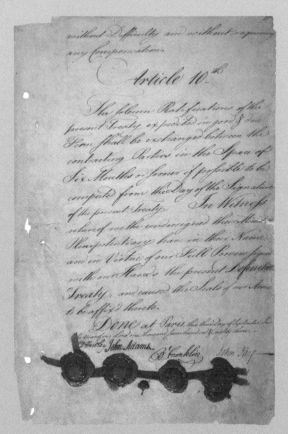

미국 국립문서기록관리청에 보관된 파리 조약 서명된 쪽

니라 자연권인 인권을 확보하기 위한 수단으로 조직되었으므로 정당한 권력은 국민이 동의함으로써만 성립한다는 것, 그리고 정부가 자연권인 인간의 권리 확보라는 목적을 파괴하는 것은 계약 위반이므로 어떤 정부든 인권을 확보하지 않을 시 그 국민은 언제든지 정부를 개혁하거나 폐지할 수 있으며 이를 위해 새 정부를 조직하는 것 역시 국민의 권리라는 이 내용은 곧 저항권을 선언하고 있는 것입니다. 이는 영국 철학자인 존 로크와 프랑스의 장 자크 루소의 사회계약설 내용이기도 합니다.

고전적 의미의 자유

이후 7년 반 만에 미국은 비록 수많은 사상자를 내긴 했지만 목숨을 건 저항 끝에 1783년 파리 조약Treaty of Paris을 맺으면서 영국으로부터 독립을 인정받고 자유로운 시민 국가를 탄생시킵니다. 이후 그들의 성공 사례는 유럽 여러 나라에 큰 영향을 미쳤지요. 특히 〈독립선언문〉과 함께 탄생한 버지니아 주 헌법인 〈버지니아 권리장전Virginia Bill of Rights〉, 1787년에 제정된 미국연방헌법은 이후 근대 민주주의 국가의 헌법에 모범이 되었습니다. 지금 우리나라가 채택하고 있는 대통령제도 미국연방헌법에서 최초로 탄생한 것입니다.

　한편 프랑스는 미국의 독립 전쟁을 도우려고 군대를 파견했는데요. 그때 생긴 재정 적자가 심각해져 결국 왕정이 무너지고 프랑스 혁명*이 일어나게 됩니다. 이후 프랑스는 1789년 시민국가, 즉 공화국의 탄생을 맞습니다. 이때 프랑스의 〈인간과 시민의 권리선언Déclaration des droits de l'Homme et du citoyen〉 문서도 〈독립 선언문〉과 〈버지니아 권리장전〉의 영향을 받은 것으로 역시 "부당한 정부에 맞설 수 있는 저항권"을 자연권으로 인정하고 있습니다. 권리장전 또는 권리선언에 포함된 자유는 영국의회가 왕의 절대 권력으로부터 쟁취한 자유, 즉 식민지였던 북미 13개 주가 영국 본국으로부터의 억압에 저항하면서 확인하고 얻어낸 자유인데요. 이를 권력으로부터의 자유이자 억압으로부터의 자유, 즉 '고전적 의미의 자유'라고 할 수 있습니다.†

---

* 프랑스 혁명은 엄밀히 말해 1830년 7월 혁명과 1848년 2월 혁명을 함께 일컫지만, 대개 1789년의 혁명만을 가리킨다. 이때 1789년의 혁명을 다른 두 혁명과 비교하여 프랑스 대혁명이라고 부르기도 한다. 프랑스 혁명은 앙시앵 레짐을 무너뜨렸지만 혁명 후 수립된 프랑스 공화정이 나폴레옹 보나파르트가 일으킨 쿠데타로 무너진 후 75년간 공화정, 제국, 군주제로 국가 체제가 바뀌며 굴곡된 정치 상황이 지속되었으나 역사상으로 민주주의 발전에 크게 기여했다. 프랑스 혁명은 크게 볼 때 유럽과 세계사에서 정치권력이 왕족과 귀족에서 자본가 계급으로 옮겨지는 완전히 새로운 시기를 여는 전환점이 되었다.
† 억압으로부터의 자유는 고전적 의미의 자유로서 시민적 및 정치적 권리를 말하는데 이를 '제1세대의 인권'이라고도 한다. 이에 비해 사회권(경제적·사회적 및 문화적 권리)을 '제2세대의 인권'이라고 할 수 있으며, 사회구성원의 협력·연대에 의해 실현되는 이들 이외의 새로운 인권을 '제3세대의 인권'이라고 한다. 구체적으로 '제3세대의 인권'에 해당하는 권리로서 발전의 권리, 평화적 생존권, 선주민의 권리, 지속 가능한 환경에 대한 권리(환경권), 인류의 공동유산에 대한 권리, 식량에 대한 권리, 인도주의적 재난 구제를 받을 권리 등이 있다. 이러한 권리의 실현에는 국제사회의 협력이 절대적으로 필요하기 때문에 이를 '연대의 권리'라고도 부른다(카렐 바작의 『인권 3세대론』 참조).

헌법의 탄생

#마그나 카르타 #권리장전 #통치 구조 #대통령제 창안

> **영국 권리장전**
>
> 제1조 국왕이 의회의 동의 없이 법의 효력을 정지하거나, 법의 집행을 정지할 수 있다는 주장은 위법하다.
>
> 제4조 국왕이 의회의 승인 없이 국왕이 쓰기 위한 세금을 징수하는 것은 위법하다.
>
> 제5조 국왕에게 청원을 하는 것은 국민의 권리이므로, 이를 근거로 구금하거나 박해해서는 안 된다.

영국 왕실의 동화 같은 결혼식

영국의 해리 왕자가 미국 영화배우인 메건 마클과 결혼한 소식이 해외 토픽으로 다루어진 적이 있습니다. 영국의 해리 왕자는 왕위 승계 서열 5위로서 현재 여왕 엘리자베스 2세의 손자입니다. 메건 마클은 아버지는 백인이고 엄마는 아프리카계 흑인인 미국 중산층의 평범한 가정에서 태어났다고 합니다. 그녀는 〈슈츠〉라는 미국 드라마의 여주인공으로 유명해진 배우인데요. 해리 왕자는 그녀를 만나자마자 사랑에 빠졌고 뜨거운 연애 끝에 결혼에 성공합니다. 그녀의 매력은 비단 아름다운 외모뿐만이 아니라고 합니다. 인권과 환경 문제에 관심을 많이 기울이는 따뜻한 마음과 밝은 성격도 큰 몫을 차지했다는군요.

영화 같은 두 사람의 러브스토리는 이후 영화로 만들어졌고, 그들의 결혼식은 세기의 결혼식*이 됩니다. 결혼식 비용만 수천억 원이 들었고, 이벤트로 인한 브랜드 효과 등 경제적 이익이 자그마치 1조 4500억 원에 이르렀다고 하는데요. 결혼식에는 일반 국민 수천 명과 각국 귀빈이 초대되었습니다. 수많은 관광객들도 축제 분위기를 즐기기 위해 모여들었고요. 무엇보다 브렉시트Brexit†로 민심이 분열되어 있었던 분위기와 저성장으로 인한 경제 침체 등을 보완하는 효과가 있었다고 합니다. 게다가 혼혈이면서 이혼녀라는 경력이 있었던 메건 마클을 영국 왕실이 받아들임으로써 소수자 보호와 사회 통합 면에서도 긍정적인 효과를 가져왔다고 해요.

제가 어렸을 때는 바로 이 해리 왕자의 엄마인 다이애나 황태자비가 찰스 황태자와 결혼했답니다. 그 결혼 역시 세기의 결혼식이었지요. 황금마차를 타고 나타난 아름다운 다이애나 황태자비는 동화에서나 보던 공주가 현실에 나타난 것처럼 느껴졌습니다. 당시 전국에 방송되었던 그 호화로운 결혼식을 보면서 막연한 동경을 느꼈던 소

---

* 세기의 결혼식 동영상

† Britain(영국)과 Exit(탈퇴)의 합성어로 영국이 EU(유럽연합)에서 탈퇴하는 것을 말한다. 영국은 난민에 관한 정책 등 유럽연합의 결정과 정책에 대한 회의적인 국민 여론이 일어나 자국에서 유럽연합에서 탈퇴할 것인지 여부를 가지고 2016년 6월 23일 국민투표를 실시했고, 개표 결과 72.2%의 투표율에 51.9%의 찬성과 48.1%의 반대로 영국의 유럽 연합 탈퇴가 확정되었다.

녀들이 많았지요.

<마그나 카르타>, 왕과 의회 대립의 단초가 되다

어때요, 여러분? 영국 왕실 이야기가 마치 동화 속 이야기처럼 느껴지지 않나요? 실제로도 영국 여왕을 위시한 왕실은 심각한 정치권력의 중심에 있지 않습니다. 언제부턴가 영국의 왕은 정치적 권력을 갖지 않은 상징적인 존재로서 영국 교회의 수장이자, 16개 영국 연방의 통치권자, 그리고 영국 국가원수로서 특권을 누릴 뿐입니다. 그렇다면 영국의 실질적인 정치권력은 누가 쥐고 있을까요? 네, 의회입니다. 의회가 입법부로서 법을 만들고, 의회에서 선출된 내각이 행정부로서 법을 집행하는 통치 구조를 갖고 있습니다. 즉 영국은 여왕이 다스리는 왕국인 것 같지만 실제로는 의회가 중심이 되어 나라를 다스리는 거예요. 이처럼 왕은 존재하지만 상징적인 존재일 뿐이고 헌법에 의해 다스려지는 나라를 '입헌군주국'이라고 합니다.

영국이 군주제 국가이면서도 왕이 아니라 의회가 중심이 되어 나라를 다스리는 현재 모습에 이른 것은 1215년 〈마그나 카르타Magna Carta=Great Charter=大憲章〉로부터 시작된 왕과 의회의 오랜 대립의 역사를 거친 결과입니다. 〈마그나 카르타〉는 인권의 역사에서 첫 자리를 차지하는 가장 중요한 문서로 꼽힙니다. 현재 영국 런던에서 조금 떨어진 솔즈베리라는 곳에 가면 솔즈베리 대성당Salisbury Cathedral이 있는데요. 그곳 한가운데 흰 장막을 둘러친 곳 안에 〈마그나 카르타〉의

진본 문서가 보관되어 있습니다.[*]

문서 내용은 모두 63개 조항으로 되어 있는데, 그중 가장 핵심적인 것은 "왕은 의회의 승인 없이 세금을 부과할 수 없다"는 것과 "법에 따르지 않고는 체포나 구금할 수 없다"는 내용입니다. 이 문서는 1215년 당시 성직자와 귀족들로 구성된 의회와 왕 사이에 이루어진 약속 같은 것이었던 만큼 그동안 왕이 귀족들에게 멋대로 세금을 부과해왔고, 여기 반발하는 성직자나 귀족을 마음대로 체포 및 구금했던 사정을 짐작할 수 있겠지요? 역사적인 사실 역시 짐작과 크게 다르지 않습니다.

당시 영국은 존John 왕이 다스리고 있었습니다. 존 왕의 별칭은 실지왕失地王인데 이는 '땅을 잃어버린 왕'이라는 뜻입니다. 존 왕의 형은 바로 영화에 자주 등장하는 사자왕 리처드Richard입니다. 최근에는 러셀 크로우가 주연으로 나온 영화 〈로빈 후드Robin Hood〉(2010)에 등장하기도 했어요. 사자왕 리처드는 그 별칭처럼 용맹한 것으로 유명했고, 생의 대부분을 전장에서 보내다가 화살에 맞아 죽습니다. 이를 거꾸로 생각해보면 그만큼 잉글랜드 국민들은 계속 세금을 거두어 전쟁 비용을 마련해야 했다는 뜻이기도 합니다. 한 번은 십자군 전쟁에서 패하고 돌아오던 길에 난파를 당하여 오스트리아 왕에게 포로로 붙잡히는 바람에 잉글랜드 국민들이 거금의 몸값을 주고 왕을 구해온 적도 있습니다.

 * 솔즈베리 대성당에 보관된 〈마그나 카르타〉

사자왕 리처드가 전쟁 중에 죽자 존 왕이 왕위에 올랐는데, 존 왕역시 사자왕 리처드처럼 자주 전쟁을 할 수밖에 없었습니다. 중세에 도버 해협을 가운데 두고 맞붙어 있던 프랑스와 영국 사이에는 자주 영토 분쟁이 있었고, 특히 프랑스 영내에 있는 영국 땅은 종종 분쟁의 불씨가 되곤 했습니다. 저 유명한 영국과 프랑스 사이의 백년전쟁[†]도 바로 프랑스 영내의 영국 땅이 원인이었거든요. 그런데 사자왕 리처드가 영화나 드라마에서 자주 용맹하고 멋진 왕으로 등장하는 것과 달리 존 왕은 주로 지질하고 못난 왕으로 등장합니다. 심지어 후세에 아무도 존이라는 이름을 쓰는 왕이 나타나지 않아서 존 1세가 되기는커녕 여전히 존 왕으로 불리고 있을 정도랍니다. 존 왕이 이렇게까지 인기 없는 왕으로 기억되는 이유를 잠시 살펴볼까요?

존 왕이 실지왕失地王이 된 사연

존 왕의 아버지 헨리[Henry] 2세는 우리나라로 치면 광개토태왕 정도된다고 할 수 있습니다. 광개토태왕 때 고구려가 북쪽으로 만주 벌판을 가로질러 지금의 중국 길림성을 차지하고 있었던 것처럼 헨리 2세는 지금의 영국 스코틀랜드에서 지금의 프랑스 영내 피레네 산

---

† 1337년부터 1453년까지 백여 년 동안 영국과 프랑스가 여러 차례 일으킨 전쟁. 프랑스의 왕위 계승 문제와 양모(羊毛) 공업 지대인 플랑드르에서의 주도권 싸움이 원인이 되어 영국군이 프랑스에 침입함으로써 일어났는데, 잔 다르크 등의 활약으로 프랑스의 승리로 끝났다.

맥 서쪽까지 지배하고 있었습니다. 그런데 헨리 2세는 광개토태왕과 달리 정복 전쟁을 통해서 넓은 땅을 차지한 게 아니었어요. 요즘 말로 금수저였던 그는 땅 부자 집안에서 태어나 저절로 넓은 땅을 상속받았고, 자라서는 땅 부자 집안의 상속녀와 결혼해서 넓은 땅을 소유하게 되었던 거예요.

헨리 2세의 어머니 마틸다는 잉글랜드 왕 헨리 1세의 딸이었는데, 사촌 오빠뻘인 스티븐이 왕이 되었습니다. 마틸다는 스티븐 왕에게 잉글랜드 왕위를 자신에게 물려줄 것을 요구했지만 거절당합니다. 헨리 2세는 플란타지넷 왕가 소유인 프랑스 영내의 앙주 지방을 물려받아 앙주 백작이라 불리고 있었는데 젊은 앙주 백작이었던 헨리 2세는 나중에 잉글랜드를 공격해 스티븐 왕과 협상하여 상속권을 얻게 됩니다. 그리고 프랑스 루이 7세의 왕비인 엘리노어와 사랑에 빠져 루이 7세가 이혼하자마자 엘리노어와 결혼하지요. 엘리노어는 프랑스 서남부의 아키텐 영지를 소유한 11세 연상의 부유하고 능력 있는 왕가의 딸이었습니다. 이렇게 되자 프랑스 영내의 앙주와 아키텐까지, 영국 왕이 프랑스 왕만큼 땅을 많이 차지하게 된 것입니다.

이렇게 해서—상속과 혼인으로— 헨리 2세는 넓은 영토를 지배하게 되었지만 말년은 너무나 불운했습니다. 엘리노어와의 사이에 4남 3녀를 두었는데 그 4남 중의 둘째가 사자왕 리처드고 막내가 존이었습니다. 헨리 2세는 그중에 존을 가장 사랑하여 존에게 왕위를 물려주려고 했지만 이에 반발한 리처드가 반역하고 엘리노어까지 리처드의 편에 선 거예요. 그 뿐이 아닙니다. 막내인 존마저도 헨리 2세가 아니라 리처드의 편에 서고 말았습니다. 존은 전세를 보니 헨리 2세보다 형인 리처드가 더 유리하다고 판단했던 것이지요. 헨리 2세는 결국 아들인 리처드에게 쫓겨나고 사랑하던 존에게도 배신당해 분노와 비탄 속에 생을 마감하게 됩니다. 그 후 왕위에 오른 사자왕 리처드는 정복 전쟁에 힘을 쏟으며 대부분의 땅을 지켰지만, 존이 왕이 된 뒤에는 사정이 급변합니다. 존은 리처드만큼 전쟁에 소질이 있는 지도자가 아니었거든요. 하는 전쟁마다 패배하고, 패배할 때마다 세금을 다시 걷었고, 군사를 다시 모집해 도전했습니다만, 승리하는 경우는 좀처럼 드물었습니다. 결국 많은 영지를 잃게 되었고, 세금 때문에 귀족과 시민들의 원성을 샀지요.

　전쟁을 치르게 된 이유도 떳떳하지 않았습니다. 존은 어머니인 엘리노어의 영지였던 아키텐의 앙굴렘 가문의 이사벨을 왕비로 삼았는데 이사벨은 원래 아키텐의 같은 귀족 뤼지냥 가문의 위그 6세의 약혼녀였어요. 이에 뤼지냥 가문이 분개해서 프랑스 왕 필립 2세에게 호소하였고 필립은 사정을 알아보기 위해 존을 소환했습니다. 존은 잉글랜드 왕이면서도 프랑스 영지의 영주로서는 봉신이기도 했기에 필립 2세는 아키텐에서 일어난 일에 대해 신문하고 재판할 권한이 있었던 겁니다. 그런데 존은 이에 응하지 않았고 필립 2세는 이를 빌미로 전쟁을 일으켜 프랑스 영내에 있던 영국 소유지 대부분을 회복했습니다. 영국의 입장에서는 헨리 2세 때부터 앙주 제국이라 불리며 소유하던 프랑스 영내 땅을 대부분 잃어버렸으니 존을 실지왕으로 부를 수밖에요.

재앙에서 피어난 민주주의의 씨앗

그런데 더더욱 치명적인 사건이 벌어집니다. 주교 임명 문제로 로마 교황에게 반대하던 존 왕은 결국 파문excommunication을 당하는데요, 로마 교황은 이에 머물지 않고 영국 전체에 성사 금지 명령을 내립니다. 당시 영국 국민들의 정서에 씻을 수 없는 상처를 안긴 결과였지요. 파문이란 교황과 로마 교회와 단절되어 지옥에 가는 것을 의미했으므로 가톨릭교회에서는 가장 무거운 벌이었습니다. 또한 성사 금지 명령은 교회의 성사를 지키지 못하게 하는 명령인데, 이로써 영국 국민은 모두 미사를 드릴 수 없게 되었고, 사람이 죽어도 가톨릭 예식에 따라 장례를 치를 수 없게 되었으며, 갓 태어난 아기들이 세례를 받을 수 없었고, 고해성사가 거부됨으로써 죄를 용서받을 수 없게 되었습니다. 결국 영국 국민은 왕 한 사람의 잘못으로 모두가 천국에 갈 수 없게 된 거예요. 당시 영국 국민들의 정신세계를 지배했던 것이 가톨릭 세계관이었으니 존 왕은 영국 국민에게 재앙이나 다름없었습니다.

당시 교황은 이노센트Innocent 3세였습니다. 그의 치세는 역사상 교황의 권력이 '해'이고, 왕의 권력을 '달'이라고 하던 시절이었습니다. 이른바 교권이 절정에 달했던 시기였지요. 결국 존 왕은 교황에게 잉글랜드를 헌납하고 봉신으로서 다시 돌려받는 형식의 예를 드리며 매년 1천 마르크의 공물을 교황에게 바치기로 하고 나서야 파문을 면하고 성사 금지 명령을 해제 받았습니다.

이렇게 종교계와도 대립하던 존 왕은 잃어버린 프랑스 영지를 되찾겠다며 프랑스와의 전쟁에 몰두하는데요. 귀족들은 군역과 전쟁비 조달에 반발하며 존 왕에게 협조하지 않습니다. 당연히 전쟁에서 이기기 힘들었지요. 형편이 이렇게 돌아가자 대주교와 귀족들은 합심하여 존 왕의 실정失政에 제동을 걸기 위해 반란을 일으킵니다. 더는 존 왕이 자기 마음대로 권력을 휘두르는 것을 내버려두지 않겠다고 작심한 거예요.

교황이 임명한 대주교 스티븐 랭턴Stephen Langton의 주도로 귀족들, 특히 가장 신분이 낮은 남작들이 주축이 된 반란 세력은 왕에게 요구할 조항들을 작성하여 존 왕에게 몰려갔습니다. 63개조로 이루어진 이 요구 조항이 바로 지금 〈마그나 카르타〉로 불리는 것인데요. 이처럼 왕 개인에게 나라의 운명을 맡기기보다 원칙에 의해 나라를 운영하겠다는 발상에서 나온 것이 바로 〈마그나 카르타〉였으니, 이야말로 인치주의의 반대인 동시에 법치주의의 발단이자 민주주의의 씨앗이 된 문서라고 할 수 있습니다.

남작들의 뜻에 동의한 런던 시민들은 성벽 대문을 열어 그들을 환영했고, 남작들은 동조자들을 더 모아 갑옷으로 무장한 채 왕이 거주하던 윈저 성을 무력으로 제압합니다. 그리고 왕에게 써리Surrey 지역의 에그햄Egham에 있는 러니미드Runnymede 평원에서 협상 회의를 열 것을 요구하지요. 1215년 6월 15일, 마침내 존 왕은 러니미드에

러니미드의 〈마그나 카르타〉 기념물(CC BY-SA 4.0)

서 남작들의 요구에 따라 〈마그나 카르타〉에 서명했습니다. 지금 영
국의 러니미드에는 존 왕이 〈마그나 카르타〉에 서명한 것으로 알려
진 장소에 그 의미를 기리기 위해 미국 변호사협회가 세운 기념물
이 있는데요. 이곳은 이제 민주주의의 성지가 되어 매년 관광객들
이 찾는 명소가 되었답니다.

입헌주의 헌법과
대한민국 헌법의 구조

#자유민주주의 헌법 #복지국가 헌법

권리장전과 미국 최초의 헌법

근대 헌법의 시초로 흔히 영국의 〈대헌장(마그나 카르타)〉과 함께 영국의 〈권리장전〉, 미국의 〈버지니아 권리장전〉을 들고 있습니다. 그런데 이 권리장전과 헌법은 엄격하게 볼 때 서로 구분되는 개념입니다.

미국은 영국으로부터 독립하면서 새로운 국가의 탄생을 선포함과 동시에 미국 최초의 헌법을 만들어서 공표했는데요. 이때의 헌법을 영어로 Constitution이라고 합니다. 'constitute'가 '조직하다'라는 뜻인 데서 알 수 있듯이 독립 국가를 처음 세우면서 조직을 어떻게 구성할지 정한 것입니다. 미국 헌법의 아버지라고 할 수 있는 토머스 제퍼슨Thomas Jefferson, 1743~1826은 눈처럼 하얀 도화지 위에 나라의 통치

구조를 어떻게 짤 것인지를 처음 그려야 했습니다.

원래 절대 왕정*의 군주 국가였던 영국은 1689년경 왕권을 견제하기 위해 시민계급과 그에 동조하는 귀족계급이 함께 싸운 결과 〈권리장전〉을 통과시켰는데요. 그 과정에서 절대 권력을 휘두르던 제임스 2세[James II, 1633~1701]가 프랑스로 도망가고, 〈권리장전〉을 승인하면서 왕위에 오른 윌리엄 3세[William III, 1650~1702] 이후부터 왕은 상징적으로 존재하되 실질적으로 통치하지 않는 입헌군주국이 되었습니다. 그 〈권리장전〉의 내용이 "의회의 동의 없이 왕이 만든 법률이나 그 집행 및 과세는 위법하다"는 것과 국민의 자유로운 청원권 보장,† 의원 선거의 자유 등을 규정하는 것이었으니 결국 권력이 왕으로부터 의회로 옮겨온 것입니다. 권력의 이동이 피를 흘리지 않고 이루어졌다고 하여 흔히 명예혁명[名譽革命, Glorious Revolution]‡이라고 부릅니다.

영국으로부터 막 독립한 미국에서도 독립 전쟁을 이끈 조지 워싱턴[George Washington, 1732~1799]을 왕으로 추대해서 입헌군주제§를 만들자는

---

* 왕이 절대적 권력을 가지는 국가로 모든 통치 권력을 장악하는 정치 체제이다.
† 제임스 2세는 1688년 5월 7일 신앙 자유령을 재공포하고 5월 14일에는 이를 모든 교회에서 발표하도록 명했는데, 이는 당시 시민층 다수였던 프로테스탄트 세력을 자극했다. 캔터베리 대주교와 그 밑에 있는 6명의 주교가 제임스에게 이의 철회를 요청하는 탄원서를 제출하고 이어서 탄원서를 공개하자 제임스는 이들을 선동죄로 고발했고 결국 반대세력으로 하여금 오렌지 공 윌리엄에게 접촉해서 잉글랜드를 침공하도록 서한을 보내게 하는 계기가 되었다. 이런 이유로 나중에 윌리엄 3세가 승인하는 권리장전에 청원권이 중요한 권리로 들어가게 되었다.
‡ 1688년에 영국에서 피를 흘리지 않고 평화롭게 전제 왕정을 입헌 군주제로 바꾸는 데 성공한 혁명이라 하여 이렇게 부른다. 제임스 2세의 대권 남용과 가톨릭 부흥 정책에 반대하여 국회가 국왕을 추방하고, 왕의 큰딸 메리 2세와 그녀의 남편 오렌지 공 윌리엄 3세를 공동 통치자로 정하였으며, 1689년에 권리장전을 제정하고 의회 주권에 기초를 둔 입헌 왕정을 수립하였다.
§ 헌법 용어 정리 참조

의견이 있었습니다. 하지만 미국은 결국 완전히 새로운 통치 형태인 민주공화국을 세우고, 국민에 의해 선출되고 임기가 제한되는 대통령제를 새로 고안했습니다. 그리고 대통령이 무소불위의 권력을 행사하면서 왕처럼 군림하는 것을 막기 위해 권력을 나누었는데요. 입법부, 행정부, 사법부로 분리하는 3권 분립제가 바로 그것입니다.

이렇게 미국에서는 존재하지만 통치하지 않는 입헌군주제의 왕이 아니라, 통치하지만 왕처럼 전제적인 권능을 갖지 않는 대통령이라는 특별한 지위가 탄생하게 되었고, 권력분립주의 또한 근대 헌법의 원리 중 하나가 되었습니다.

인권 조항이 없는 헌법도 헌법일까?

영국의 〈권리장전〉이나 미국의 최초 헌법은 탄생 배경부터가 왕 또는 국가의 권력으로부터 국민의 자유와 권리를 보호하려는 성격이 강한 문서였습니다. 그런데 미국 최초 헌법은 독립 신생 국가의 권력 기구를 조직하는 내용이 주된 것이었기에 국민의 자유와 관련된 것, 즉 인권 조항들은 나중에 〈버지니아 권리장전〉에 수정 헌법의 형식으로 추가되었습니다.

수정 조항Amendments이라 불리는 미국 헌법의 추가 부분은 그 당시 북미 13개 주가 연합한 미합중국United States of America이라는 연방 국가를 형성하면서 연방 의회가 거대 권력이 되는 것을 막고, 각 주마다 개인의 자유와 권리를 보호하기 위해 〈권리장전〉 내용을 나중에 추가

필라델피아 독립 기념관 앞에 있는 비석. 미국 헌법 수정 제1조를 새겨놓았다.

한 것인데요. 이후로도 역사적인 전개에 따라 새로운 인권 조항들이 수정 조항이라는 형식으로 덧붙여지고 있습니다. 예컨대, 애초에 〈권리장전〉을 헌법에 포함시킬 때는 수정 10개조였으나 이후 링컨 Abraham Lincoln, 1809~1865 대통령이 노예 해방을 선언하면서 1865년에는 노예제를 금지하는 유명한 수정 제13조가 추가되었으며, 1920년에 여성의 참정권이 인정되면서 성별에 따라 참정권을 제한하지 않는 내용의 수정 제19조도 추가되는 식으로 말입니다.

그런데 만일 미국 헌법에 이렇게 인권 조항이 추가되지 않았다면 과연 그것을 헌법이라고 부를 수 있을까요? 그에 대한 해답은 프랑스 인권 선언 제16조에서 찾을 수 있습니다.

권리의 보장이 확보되어 있지 않고 권력의 분립이 확정되어 있지 않은 사회는 헌법을 가진 것이 아니다.

프랑스 인권 선언 제16조의 의미를 풀어서 말하면 "헌법의 본질적인 기능은 바로 인권을 보장하는 것이므로 인권을 보장하는 내용이 없거나 권력을 제한하는 내용이 없으면 그것은 헌법이 아니다"라는 것인데요. 헌법을 국가를 조직하는 법으로서 Constitution의 측면만 본다면 헌법은 시민 혁명 전에도 있었고, 조선의 〈경국대전經國大典〉이나 수정 조항이 없는 미국 최초의 헌법도 헌법이라고 할 수 있습니다. 하지만 국민이 주인이 되는 민주국가에서 근대적 의미의 헌법은 억압에 저항하여 자유를 얻기 위해 탄생한 것이고, 헌법은 그 저항의 결과로서 승리를 확인해준 문서였습니다. 따라서 근대적 의미의 헌법에는 인권 조항이 필수이며, 따라서 수정 조항이 추가되지 않은 미국 최초 헌법은 그런 의미에서 헌법이 아닌 것입니다.

명예혁명의 결과 영국이 갖게 된 체제, 즉 국왕이 상징적으로 존재하고 통치하지 않는 것을 입헌군주제라고 했지요? 이렇게 영국 의회가 왕의 절대 권력으로부터 자유를 얻고 그 자유와 권리를 헌법적 문서인 〈권리장전〉에 기록한 뒤 이에 따라 다스리도록 한 것을 입헌주의라고 합니다. 그리고 국가의 통치 구조에 관한 규범과 함께 국민의 자유와 권리 보장을 갖춘 헌법을 입헌주의 헌법이라고 합니다. 즉 프랑스 인권 선언 제16조가 말하는 헌법은 입헌주의 헌법이지요.

대한민국 헌법의 형식과 특징

그러면 우리나라 대한민국 헌법은 어떤 구조로 되어 있는지 알아볼까요? 우리나라 헌법은 "유구한 역사와 전통에 빛나는 우리 대한국민은"으로 시작되는 전문前文 다음에 모두 제130개조가 제1장 총강, 제2장 국민의 권리와 의무 등 10개의 장에 나누어 열거되고, 마지막에 부칙附則이라고 해서 경과 규정이 붙어 있는 형식으로 되어 있습니다. 그런데 제1장 총강에는 제1조 "대한민국은 민주공화국이다"라고 해서 대한민국의 정체가 민주공화국임을 밝히고, 제9조에 이르기까지 국민, 영토, 통일 정책, 침략적 전쟁 부인, 복수정당제 등 대한민국의 정치적 기본 질서에 관한 내용을 담고 있습니다.

그리고 제2장은 '국민의 권리와 의무'라는 제목 아래 제10조부터

전쟁기념관에 전시 중인 제헌 헌법. 사진은 첫 장이다.

제39조까지 인간의 존엄과 가치, 법 앞의 평등, 신체의 자유, 언론, 출판, 집회, 결사의 자유, 재산권 보장, 참정권, 청원할 권리 등을 규정하고 있습니다. 그리고 제3장부터 이후까지는 국회, 대통령, 행정부, 법원, 헌법재판소, 선거 관리, 지방자치 등 통치 기구의 조직과 운영에 대해 정하고 있어요.

그러니까 대한민국 헌법도 •우리 헌법의 연혁과 이념을 밝힌 전문 및 나라의 정체와 국민 주권주의 등 기본 질서를 선언하는 총강, •권리장전〉에 해당하는 제2장 국민의 권리와 의무를 열거한 부분, 그리고 •통치기구의 조직 및 운영에 관한 원칙을 밝힌 부분으로서 제3장에서 9장까지 국회, 정부, 법원, 헌법재판소, 선거관리, 지방자치, 경제의 장, 제10장 헌법 개정 및 부칙까지 이렇게 크게 세 부분으로 나누어볼 수 있습니다. 따라서 대한민국 헌법도 〈권리장전〉을 그 안에 가지고 있는 '입헌주의 헌법'이라 할 수 있으며 또한 동시에, 입헌군주제는 자유민주주의와 군주제가 결합된 것인데 대한민국은 군주국가가 아닌 민주공화국이므로 대한민국 헌법은 '자유민주주의 헌법'이기도 합니다.

한편 근대 서구 입헌주의 헌법, 자유민주주의 헌법은 20세기 이후 시대상에 따라 새로운 변화를 요청받고 있습니다. 억압으로부터의 자유라는 소극적 의미의 자유보다 개인의 개성적인 자아를 실현할 수 있도록 하는 적극적 의미의 자유가 중요해진 것입니다.* 적극

---

* 이 부분에 관해 좀 더 깊이 생각하고 싶으면 60쪽 〈자유로부터의 도피_자유와 민주주의〉를 참조하자.

적 의미의 자유는 인간다운 삶을 유지할 수 있는 최소한의 물질적인 토대를 요구하고, 생존의 위협과 공포로부터의 자유를 실현하는 것이므로 사회적 기본권과 연결됩니다. 즉 국민의 인간다운 생활을 보장하기 위한 국가의 적극적 역할이 강조되고, 국가에 실질적 평등을 실현할 의무를 부여하고 요구할 수 있는 사회적 기본권이 중요하게 부각된 것이지요. 이 같은 사회적 기본권 조항이 포함된 헌법을 '복지국가 헌법'이라고 하는데, 대한민국 헌법은 제34조에 "모든 국민이 인간다운 생활을 할 권리를 가진다"라고 명시되어 있고, "국가에 사회보장 사회복지의 증진에 노력할 의무" 및 "사회 취약 계층에 대한 복지 향상을 위한 정책을 실시할 의무"도 부여하고 있으므로 복지국가 헌법이라고도 할 수 있습니다.

헌법이란 무엇인가?

#저항의 기록 #미래의 청사진 #통치구조의 설계도
#국민생활의 지도 #헌법을 알아야 하는 이유

> 유구한 역사와 전통에 빛나는 우리 대한국민은 (…) 자유와 권리에 따르는 책임과 의무를 완수하게 하여 안으로는 국민생활의 균등한 향상을 기하고 밖으로는 항구적인 세계평화와 인류공영에 이바지함으로써 우리들과 우리들의 자손의 안전과 자유와 행복을 영원히 확보할 것을 다짐하면서 (…) **_대한민국 헌법 전문(前文)의 처음과 끝**

헌법은 저항의 기록인 동시에 미래의 청사진이다

헌법이 탄생하게 된 역사적 배경과 함께 헌법의 구조를 아울러 보니, 헌법이란 곧 〈권리장전〉 내용을 근간으로 통치 구조에 관해 작성한 문서임을 알 수 있습니다. 더 나아가 〈권리장전〉은 억압에 저항한 결과 얻어낸 승리의 증표라는 것과 복지 조항은 실질적 평등을 실현할 국가의 의무와 이를 요구할 수 있는 권리를 표시하고 있다는 것, 그리고 통치 구조 부분은 권력이 남용되지 않고 잘 작동되도록 고안한 촘촘한 설계도임을 알 수 있습니다. 그래서 "헌법은 자유를 위한 저항의 기록이자 미래에 대한 청사진이며 현재 국민 생활의 길을 보여주는 지도이다"라고 정의할 수 있습니다.

헌법은 저항의 기록이기 때문에 헌법의 의미를 제대로 알려면 반드시 역사를 되짚어보아야 합니다. 저항의 주체는 신이 아니라 인간이었으니까요. 그들은 사회 구조적인 억압 아래 몸부림치면서 억압의 원인을 탐구했고, 이를 뚫고 나갈 방향을 찾기 위해 고민했습니다. 그리고 그 고민의 과정이 여러 이름의 철학(계몽주의, 사회주의, 자유론, 신자유주의 등)으로 정립되었고, 결과물은 헌법이 되었습니다.

인간 사회에 원칙이 필요한 이유

제가 여러분과 나누는 헌법 이야기에는 역사 이야기를 비롯하여 철학자들의 이야기가 불쑥 불쑥 튀어나오는가 하면 때때로 그 철학을 문학에 담으려고 했던 작가[*]의 이야기도 등장합니다. 헌법을 들여다보면 역사도 보이고,[†] 더 나은 사회를 위해 치열하게 고민하던 철학자도 보이고,[‡] 실제로 온몸으로 저항해서 자유라는 꽃을 피워낸 무수한 자유로운 영혼들도 보이거든요.[§] 어디 그 뿐일까요? 독립적인 인간이면서 작은 공동체의 구성원이자 인류의 한 구성원으로서의 나 자신이 어디서 왔는지, 그리고 어디로 가고 있는지도 어렴풋이 보인답니다.

[*] 이 책에는 레프 톨스토이, 빅토르 위고, 허균이 등장한다.
[†] 이 책에는 세계사와 한국사 이야기가 많이 나온다.
[‡] 이 책에서 언급되는 철학자로는 장 자크 루소, 존 로크, 몽테스키외, 장 보댕, 한나 아렌트가 있다.
[§] 이 책에는 전재용, 오스카 쉰들러, 한스 숄, 조피 숄, 헨리 페트릭, 이위종, 바츨라프 하벨이 등장한다.

우리 개인은 매일 매일 조금씩 소멸해가는 존재이지만 동시에 앞으로 나아가야 하는 존재입니다. 비록 앞길에 위험이 도사리고 있다 하더라도 말입니다. 가만히 있지 않고 앞으로 나아갈 때 우리는 종종 갈림길에 서게 되는데요. 더 많이, 더 오래 깨어 있을수록 우리의 일상은 더 많은 갈림길 앞에 서게 되고, 다양한 선택지 앞에서 고민하게 됩니다.

그런데 만일 우리가 수많은 갈림길을 만날 때마다, 혹은 다양한 선택지에 부딪힐 때마다 일일이 고민해서 결정해야 한다고 생각해 보세요. 엄청나게 어렵고 피곤한 일이 될 겁니다. 얼마 가지 않아 온전한 정신을 보전하기 힘들게 될지도 몰라요. 그래서 우리 사회에 원칙이 필요한 것입니다. 우리가 선조들의 지혜에 귀를 기울이는 이유이기도 하고요.

모두가 권력의 담당자인 시대

헌법은 사람들이 공동체를 이루어 모여 살면서 생겨난 집단의 의지로서 정치권력의 운영 원리를 밝혀 놓은 문서입니다. 여기에는 정치 공동체 생활에서 필연적으로 발생하게 되는 개인의 억압 해소를 위한 인권이 필수적으로 포함되어야 합니다. 역사적으로 볼 때 헌법은 개인의 자유와 권리를 확대하고 권력 기구를 효율화하는 방향으로 발전해왔습니다. 현대는 국민이 주인인 국민 주권주의와 민주주의 국가가 대세로서 우리나라도 1948년 대한민국 정부가 수립된 이후로 국민 주권주의 원리, 민주주의 원리를 수용한 입헌주의, 그리고 자유민주주의 헌법을 가진 나라가 되었습니다.

이를 두고 헌법이론은 "국민이 주인이 됨으로써 치자治者와 피치자被治者가 이념적으로는 동일한 상황이 되었다"라고 설명합니다. 그렇다면 이제 모든 국민이 헌법 원리에 따라 다스려지는 동시에 헌법 원리에 따라 주도적으로 국가를 운영하는 권력의 담당자가 되었다는 뜻이겠지요?

이렇게 국민이 권력의 담당자로서 국정 운영에 참여하는 방법은 스스로 국가기관(대통령, 국회의원, 법관 등)이 될 수도 있고, 국가의 의사 결정에 참여(국민투표)할 수도 있고, 국가기관을 조직하는 데 참여(공직자 선출 과정에서 선거권 행사)할 수도 있습니다. 즉 현대는 국민이 국가의 주인으로서 주도적으로 사는 것을 이론적으로 보장받은 시대인 동시에 권력이 스스로를 주인으로서 자각하는 사람들에 의해 행사되는 시대인 것입니다.

여러분이 만일 나중에 국회의원이 되어 국회에서 법을 만드는 데 참여하거나, 또는 국회의원이 되지 않더라도 선거권을 가진 국민으로서 국회의원을 뽑기 위해 투표에 참여하거나 하는 모든 활동은 바로 나라의 주인으로서 권력을 행사하는 방법이 되는 것이지요.

공동체는 진화한다

특히 고도로 발달된 정보화 사회가 되면서 정치적 의사 결정에 참여할 기회는 더욱 많아지고 있는데요. 언젠가는 스마트폰과 인터넷을 통해 투표하고 단 몇 분 만에 그 결과를 알 수 있는 시대가 올 것입니다. 물론 이에 따라 새로운 형태의 억압이 생겨나고, 그에 걸맞은 새로운 인권이 또 발견될 테지요. 요즘 문제가 되고 있는 디지털 기반의 정보 사각지대[*]가 새로운 형태의 소외를 만든다든지, 누군가에게는 알 권리 못지않게 잊힐 권리도 절실하게 요구된다든지 하는 것처럼 말입니다.

인간은 사회적 동물입니다. 공동체를 벗어나서는 살아갈 수 없습니다. 그런 만큼 이상적인 공동체를 만들기 위해서 노력해야 하는데 민주주의 국가인 현대사회에서 이상적인 공동체로의 진화는 이제 신적인 능력을 가진 군주의 손이 아니라 주권을 가지고 행사하는 일반 국민 개개인의 상식과 그 손에 달려 있게 되었습니다.

그렇다면 한 나라의 운명은 얼마나 많은 국민이 상식의 진화 과정에서 핵심이라고 할 수 있는 헌법 원리에 익숙한가에 의해, 그리고 그 사회의 작동 원리로서의 헌법 정신이 실제로 살아 있는가에 의해 좌우된다고 할 수 있겠지요. 제가 여러분에게 "헌법 감수성을 민감하게 일깨워야 한다"라고 주장하는 이유랍니다.

---

[*] 디지털 기기나 인터넷 사용에 익숙하지 않아 정보를 원활하게 공유하지 못하는 계층, 주로 노인층을 이른다. 이들에게는 TV가 유일한 정보 공유 채널인데 TV에서는 인터넷만큼 빠르게 정보를 얻을 수 없다. 일례로 2015년 국내 빈곤층 노인을 비롯해 디지털 사각지대에 놓인 계층은 메르스 주의 재난 문자를 공유하지 못했다.

자유로부터의 도피
_자유와 민주주의

근대인, 자아를 상실한 자동인형이 되다

'자유'는 헌법에 가장 많이 나오는 단어 중 하나입니다. 양심의 자유, 종교의 자유, 사상의 자유, 신체의 자유, 거주 이전의 자유 등등이지요. 물론 일상생활을 하는 와중에 흔히 들을 수 있는 말이기도 합니다.

자유는 행복의 필수 조건이라는 데 누구나 동의할 것입니다. 그래서 자유를 누리지 못하는 사람을 꼽아보라고 하면 대개 불행한 처지에 놓인 사람들, 예컨대 감옥에 갇힌 사람이나 누군가의 노예로 살고 있는 사람, 혹은 어쩔 수 없이 싫어도 해야만 하는 일에 매여 있는 사람 등등을 떠올리게 되나 봅니다. 그런 만큼 "자유를 피하는 사람도 있을 수 있다"라고 한다면 아마 여러분은 고개를 갸우뚱거릴 겁니다. 그것도 한두 사람 수준이 아니고 수천수만 명이라면 어떨까요?

독일의 사회심리학자인 에리히 프롬Erich Fromm, 1900~1980은 『자유로부터의 도피Escape from Freedom』라는 책에서 제1차 세계대전 직후 독일에서 히틀러의 나치당이 집권할 수 있었던 원인이 바로 그 시대 독일 사람들이 '자유로부터 도피'하려고 했기 때문이라 말합니다. 정말로 그렇다면, 그 이유를 아는 것은 우리가 헌법을 공부하면서 절대 놓쳐서는 안 되는 핵심적인 내용이 될 것입니다. 우리가 자유로부터 도피하려는 성향을 가지고 있다는 것은 곧 자유를 지키는데 있어 가장 큰 적이 바로 내 안에 있다는 뜻이니까요.

앞에서 우리는 "헌법은 자유를 위한 투쟁의 기록이고 저항의 역사였다"는 사실을 배웠습니다. 그런데 이상합니다. 자유를 얻기 위해 투쟁했던 사람들이 그 자유로부터 도피하려고 했다니, 게다가 그것이 나치즘이 독일을 지배할 수 있게 해준 배경이었다니, 어떻게 그런 일이 생길 수 있었을까요? 그 책의 저자인 에리히 프롬의 설명을 한번 들어봅시다.

인간은 누구나 육체와 생각, 감정과 의지를 가지고 있습니다. 이때 본인의 생각대로 행동하고, 자연스럽게 생겨나는 감정을 표현하며, 내가 원하는 것을 한다면 "나는 자유롭다"라고 말할 수 있습니다. 또한 사람들이 흔히 생각하는 것처럼 "외부의 힘이 강제하지 않는 한 자기 뜻대로 결정하고 행동할 수 있다"면 이 또한 '자유롭다'고 할 수 있습니다. 그런데 프롬의 의견은 좀 다릅니다. 그는 근대인은 외부의 억압—예컨대 중세 교회의 권위, 국가 권력의 부당한 억압 등—으로부터는 자유로워졌지만[*] 새로운 형태의 권위와 억압으로 인해 사실상 자유롭지 않다고 말합니다.[†] 예를 들어봅시다.

누군가가 시켜서 억지로, 어쩔 수 없이 뭔가를 했다면 그것은 자발적인 행동이 아님을 분명히 알 수 있습니다. 학교 규칙이라 어쩔 수 없이 해야 하는 야간자율학습 같은 게 그런 경우죠. 하지만 눈에 보이지 않는 것들을 가지고 즉, 은밀하고 교묘한 방법으로 우리의 감정이나 생각을 억압하고 조종하여 그 결과로 뭔가를 하게 만든다면—비록 우리 눈에는 자발적인 행동으로 보이겠지만— 과연 이것을 진정으로 자유로운 행동이라 말할 수 있을까요?[‡]

진정한 나의 감정, 비판적인 사고력, 독창성과 같은 것은 인간이 지닌 고유한 능력입니다. 인간은 자기 자신의 진정한 감정에 자유롭게 연결되고 맑은 정신으로 집중할 수 있을 때 제대로 판단하고 독창적으로 사고할 수 있습니다. 하지만 근대 사회는 개인의 감정을 억압하고 조종하는 방향으로 발전했어요. 이를 두고 프롬은 근대 사회가 "인간을 억압했던 과거의 다양한 권위 대신

---

[*] 외부의 억압으로부터의 자유를 고전적 의미의 자유라고 한다(이 책 첫째 시간 참조).

[†] 자유를 자유로 누리지 못하고 고립된 개인으로서 불안하고 무력한 존재로 느끼게 되었으며, 그 자유를 부담스럽게 여기고 강박적으로 도피하게 되었다는 것이다. 그 도피의 메커니즘으로 프롬은 권위주의, 파괴성, 자동인형 같은 순응을 들고 있는데, 여기서는 그중에서 자동인형적 순응 메커니즘을 설명한 것이다.

[‡] 이화경 소설가의 라디오칼럼 〈자유로부터의 도피〉

익명의 권위가 지배하는 사회로 변모했다"고 설명하는 것입니다.

'익명의 권위'는 상식과 과학, 정상과 비정상이라는 이분법, 대중매체와 여론 등으로 가장하고 있기에 그 권위를 나타내는 명령 자체나 명령하는 사람, 둘 다 잘 보이지 않습니다. 이것이 큰 난점입니다. 만약 외부의 권위가 일제 강점기 무단통치처럼 눈에 드러나게 우리의 자유를 억압한다면 우리는 이에 맞서서 싸우면서 내면의 용기를 발견할 수 있을 것입니다. 하지만 매일 만나는 광고나 상식, 혹은 과학이라는 이름으로 무장한 일련의 판단, 의견, 생각들이 우리를 유혹하며 조정한다면 그것을 공격이나 억압이라고 느끼지 못할 겁니다. 도리어 그것들을 내재화하여 우리 스스로 이미 그런 생각을 하고 있었던 거라고 여깁니다. '내 의지를 분명히 지니고 있는 썩 괜찮은 개인'이라는 환상을 갖고 살게 되지요.

이처럼 우리가 원하는 것, 우리의 생각과 감정 역시 '알고 보니' 우리 자신의 것이 아니라 성장 과정 중 외부에서 주입된 것일 수 있습니다. 본인의 내면과 연결된 진정한 감정을 느끼고 이를 토대로 생각하고 행동하는 게 아니라 교육 받고 암시 받은 대로 느끼고 생각하고 행동하면서 그 과정에서 자아를 상실하게 됩니다. 이렇게 자아를 상실한 사람들은 진정한 의미의 자발적인 행동을 할 수 없습니다. 프롬이 "근대인은 진정한 자아를 상실하고 사회가 요구하는 인간형에 순응함으로써 모든 타인과 똑같아지고 타인들이 그에게 기대하는 모습과 똑같아져서 개성 있는 개인이 아니라 자동인형과 같이 되었다"라고 말한 배경입니다.

자유와 민주주의_소극적 자유 vs. 적극적 자유

이제 자유와 민주주의의 관계에 대해서 살펴보겠습니다. 민주주의는 개인이 주인이 되는 정치 체제로서 공동체의 의사를 다수결에 의해 결정하는 것이 원칙이지만 소수자의 의견 또한 존중하며 소수자를 보호하는 장치를 마련해두고 있는데요. 근대 민주주의는 특히 개인을 억압으로부터 해방시킴으로써 자유를 주었다는 데 의의가 있습니다. 이로써 인간이라면 누구나 어떤 외적 권위에도 종속되는 법 없이 자신의 사상과 감정을 자유롭게 표현할 수 있게 되었습니다. 하지만 프롬이 말한 것처럼 우리 인간이 '자동인형'에 불과하다면, 과연 우리들이 외적 권위로부터 자유로워지고 사상과 감정을 자유롭게 표현해서 의사결정을 하는 게 어떤 의미가 있을까요?

인류 역사상 최악의 전례를 남긴 아돌프 히틀러. 놀랍게도 그는 당시 독일 사회를 무력으로 집권한 게 아닙니다. 바이마르 민주공화국 체제에서 그가 이끄는 국가사회주의민주노동당(소위 나치당)은 1933년 독일 총선에서 승리를 이끌어냈고, 다음 해에 그는 총통으로 추대됩니다.

히틀러는 독일이 제1차 세계대전에 패하고 베르사유 조약으로 천문학적 배상금을 물어야 할 처지에 놓였을 때, 당시 민중이 느낀 무력감과 결핍의 심리를 집요하게 파고들었는데요. 독일인들은 그가 제시한 장밋빛 청사진에 열광하면서 "독일인이야말로 세계를 지배할 자격이 있다"는 히틀러의 게르만족 우생론에 환호

했습니다. 이에 힘입어 히틀러는 독일 민족의 '결핍' 심리에 호소해 유대인들을 '제거'했고, 대부분의 독일인들이 이에 명시적으로 혹은 암묵적으로 동의했습니다. 겉으로는 자유를 누렸지만 속은 자동인형이었던 것입니다. 당시 독일의 사회상을 좀 더 구체적으로 이해하기 위해 『아무도 미워하지 않는 자의 죽음 *Die Weisse Rose* 』*에 나오는 주인공과 아버지의 대화를 잠시 들어볼게요.

나치에 반대하는 선생님이 끌려가고, 유대인들이 수천 명 씩 죽어나가는 집단 수용소의 존재를 처음 알게 된 주인공이 아버지에게 묻습니다.

"어떻게 우리 민족 안에서 이런 정부†가 나올 수 있었던 거죠?"

"어느 경우든 궁핍하기 짝이 없는 고통의 시절로 거슬러 올라가기 마련이란다. 우리가 어떤 시대를 살아왔는지 뒤돌아보렴. 먼저 전쟁‡이 일어났고, 전쟁이 끝난 후엔 여러 어려움이 한꺼번에 밀려 들어왔지. 그러고는 인플레이션과 엄청난 빈곤에 이어 대량 실업사태가 터졌지. 본래 인간은 이 세상에 벌거숭이로 내던져진 존재인 까닭에 자신의 미래가 암울한 장벽처럼 막혀 있다고 생각하면, 미래에 대한 약속에 귀가 솔깃해지기 마련이란다. 그런 약속을 떠벌이는 사람이 과연 믿을 만한 사람인지 생각조차 하지 않고

---

* 나치에 대항하여 뮌헨 대학교의 대학생들과 그들의 지도교수가 구성한 비폭력 저항 그룹인 '백장미단'의 이야기를 다룬 실화 소설. 이 단체는 1942년에 결성되어 1943년 2월까지 전단을 만들어 뿌리는 일로 나치에 대항하다가 여섯 번째 전단을 대학교에서 뿌리던 숄 남매가 학교 경비에게 발각되면서 일원 전체가 사형을 당하는 것으로 막을 내렸다.
† 히틀러의 나치당
‡ 제1차 세계대전을 이른다.

말이다."

"히틀러가 실업사태를 해결하겠다는 약속을 지키긴 했잖아요!"

"물론 그 점에 대해서는 아무도 반박할 수 없겠지. 하지만 그가 사용한 방법은 분명 잘못된 거란다. 히틀러는 전쟁 산업을 추진했으니까 말이다. 그 사업이 어떻게 끝날지 너희는 알고 있니? 그는 대량 실업사태를 해결하기 위해 전쟁이 아닌 평화산업을 일으키려고 노력했어야 했어. 우리는 배불리 먹기만 하면 만족해하는 그런 짐승이 아니고. 물질적으로 보장받는다고 해서 반드시 행복한 것은 아니니까 말이야. 우리 한 사람, 한 사람은 각자 자유로운 견해와 굳은 신념을 가진 인간이야. 이런 가치를 외면하는 정부는 국민의 존경을 털끝만큼도 받을 수 없단다. 우리가 이 정부에 마땅히 요구해야 하는 첫 번째 과제는 국민 개개인이 갖고 있는 바로 이러한 견해와 신념을 보장받는 것이란다." *

　당시 독일은 제1차 세계대전의 패전국으로서 배상금을 지불해야 하는 입장이었어요. 전 국민이 실업과 인플레이션으로 허덕이고 있었습니다. 나치당은 전통적으로 팽배해 있던 반유대주의에 편승해 독일 국민으로 하여금 유대인들을 차별하는 법을 만들게 했고, 유대인들을 제거한 자리에 독일인들을 고용하고, 독일 민족 우월주의를 부르짖으며 독일이 세계를 지배할 수 있다는 헛된 환상을 심어 독일을 재무장시켰습니다.

* 『아무도 미워하지 않는 자의 죽음』, 잉게 숄, 평단, p.27~28에서 부분 인용

이렇게 군수산업을 일으키자 정신적으로 불안한 개인들은 군인으로 또는 당원으로 일자리를 찾게 되었고 유대인들이 제거된 자리를 대신할 수 있었던 것이지요. 이렇게 실업 사태를 해결해 독일인을 일시적으로 만족시킬 수는 있었겠지만 반유대주의, 독일 패권주의, 전체주의와 같은 나치의 전략은 진정한 의미에서 자유롭지는 못한 개인들을 잘못된 길로 이끌어 가면서 결국엔 파멸에 이르고 말았지요.

독일 전래 동화인 「하멜른의 피리 부는 사나이 *Rattenfänger von Hameln* 」 이야기를 한 번쯤 들어본 적이 있을 거예요.

하멜른에 쥐가 갑자기 너무 많이 나타나서 마을이 쑥대밭이 됩니다. 이때 어떤 광대 같은 남자가 나타나더니 "쥐를 다 없애줄 테니 금화 천 냥을 주시오"라고 말합니다. 마을 사람들은 "쥐만 사라진다면 천 냥이 대수이겠냐"라고 하면서 철석같이 보답을 약속합니다. 이에 남자는 피리를 불어 쥐들을 강가로 유인한 다음 물에 빠져 죽게 만듭니다.

그런데 마을 사람들은 약속을 지키지 않았어요. 쥐가 그냥 물에 빠져 죽은 것이지 피리 소리 때문에 죽은 게 아니라고 우깁니다. 남자는 다시 피리를 불기 시작했고, 이번에는 아이들이 피리 소리를 따라 나섭니다. 그날 130명의 어린이가 사라졌고 다시는 돌아오지 않았습니다.

이 이야기에서 피리 부는 남자를 따라가는 어린아이들 같은 모습이 우리에게 있다면 민주주의는 우리에게 진정한 자유를 줄 수 없습니다. 오히려 위험한 도구가 될 수도 있어요. 남자의 피리소리처럼 잘못된 길로 이끄는 독재자의 외침에 따라 선택하고 결정하면서도 민주적인 결정이라는 겉모습에 속아 그것이 잘못된 길이며 그 힘과 맞서 싸워야 하는지조차도 의식하지 못하게 될 테니까요. 그렇게 되면 민주주의는 독재자의 권력을 정당화해주는 도구로 전락했다고 볼 수 있습니다. 그래서 현대에 와서는 소극적 의미의 자유보다 적극적 의미의 자유가 더 중요하다고 말하는 것입니다.

소극적 의미의 자유가 억압과 구속으로부터의 자유라면 적극적 자유는 개인의 자아를 실현할 수 있는 가능성으로서의 자유, 개인의 독특성을 충분히 긍정하는 자유를 의미합니다. 개인의 자

하멜른의
피리 부는 사나이가
어린이들과 함께
행진하는
모습을 묘사한 그림

아가 실현되지 않고 그 독특성을 충분히 긍정하는 자유를 누리고 있지 않다면, 개인의 의사 결정은 왜곡될 수밖에 없습니다. 그리고 정치공동체의 민주적 의사 결정은 독재의 그것과 다를 바 없게 됩니다.[*] 개인의 적극적인 자유의 실현을 민주주의의 초석이라 강조하는 이유입니다.

* 민주주의가 독재자의 권력을 정당화해 준 역사적인 사례로서, 독재 정권인 나치당이 바이마르 공화국에서 민주적인 절차에 의해 합법적으로 유대인의 인권을 침해하는 법을 만드는 과정에 대해서는 이 책의 넷째 시간 〈헌법과 법률에 의해 양심에 따라 독립하여 심판한다〉에서 좀 더 상세히 다룬다.

둘째 시간

대한민국의 정체

_헌법 전문과 총칙

마오리족과
영국인의 공생법

#유구한 역사 #유구한 전통 #대한국민

헌법 전문(前文)

유구한 역사와 전통에 빛나는 우리 대한국민은…

제1조 제2항 대한민국의 주권은 국민에게 있고, 모든 권력은 국민으로부터 나온다.

마오리족의 섬 뉴질랜드

남태평양의 섬나라 뉴질랜드. 뉴질랜드 국민의 90% 이상은 200여 년 전에 바다를 건너온 영국 이민자들이지만 영국인들이 정착하기 전부터 천 년 이상 그 땅에 살아온 선주민은 마오리^{Māori}족*입니다. 지금도 '뉴질랜드' 하면 많은 사람들이 얼굴과 몸에 문신을 가득 새긴 까무잡잡한 마오리족과 그들의 전통 춤인 하카^{Haka†}를 떠올리는

---

* 마오리어를 사용하며 토착 종교를 믿는다. 오스트레일리아의 선주민이 학살당한 것이나 티즈매니아 원주민이 사냥 놀이의 명분으로 백인들에게 멸족당한 것과 달리 뉴질랜드의 마오리족은 와이탕이 조약으로 백인들과 동등한 관계에서 한 나라를 이루게 되었다.

† 뉴질랜드의 원주민 마오리족의 민족 춤이다. 원래는 원주민들과의 전쟁에서와 부족 간의 전쟁에서 자신의 힘이 강하다는 것을 보여 주기 위해서 하는 춤에서 비롯되었다. 지금은 주로 뉴질랜드 럭비 대표팀인 올블랙스가 국가 연주 후 선보인다.

2012년 9월 21일 오클랜드(뉴질랜드)를 방문한 국방부장관 레온 파네타를 위한 포위리(Powhiri) 행사 중 마오리 전사들이 환영의 춤인 하카를 선보이고 있다. 포위리 행사는 고대 마오리족의 전통으로 방문자의 방문 의도가 평화적인지 적대적인지 알아내기 위한 것이다.

마오리족 남성의 초상
(고트프리드 린다우어, 1882)

데요. 여러분 가운데도 뉴질랜드 럭비 대표 팀인 '올블랙스'가 경기 시작 전 하카를 추었던 것을 기억하는 분이 있을 겁니다.

안타깝게도 마오리족은 현재 뉴질랜드 국민의 7.5%에 불과하며 대부분 도시가 아닌 시골 일부 지역에 모여서 살고 있습니다. 최근에 마오리족이 정부로부터 토지 보상금으로 받은 돈을 종자돈 삼아 투자를 잘해서 마오리족들의 복지가 좋아졌다는 소식을 들었습니다. 이들은 어떻게 해서 토지 보상금을 받게 되었을까요?

뉴질랜드 국경일 중 '와이탕이 데이Waitangi Day, 2월 6일'라는 것이 있습니다. 이는 건국기념일로 우리나라로 치면 제헌절쯤 되지요. 와이탕이는 뉴질랜드 북섬 어느 지역의 지명입니다. 1840년 2월 6일 그곳에서 영국과 각 마오리족 부족장들 사이에 '와이탕이 조약Treaty of Waitangi'이 맺어졌는데, 이것이 뉴질랜드의 최초의 헌법으로 인정되고 있습니다. 그런데 이 와이탕이 조약의 내용을 보면 헌법이라 하기에는 뭔가 께름칙한 느낌이 듭니다. 왜 그런지 함께 살펴볼게요.

와이탕이 조약의 주된 내용은 "뉴질랜드의 주권은 영국 국왕에게 있다. 마오리족의 토지 소유는 계속 인정하되 토지 매매는 영국 정부를 통해서만 할 수 있다. 그리고 마오리족은 영국 국민으로서의 권리를 인정받는다"는 것입니다. 우리나라 헌법 제1조가 "대한민국은 민주공화국이다. 주권은 국민에게 있고…"인 것과 비교해보면 마오리족에게 이것은 헌법이라기보다 1905년 러일전쟁에서 승리한 일제가 대한제국의 외교권을 박탈하기 위해 강제로 체결했던 을사조

약 乙巳條約* 정도로 보이기 때문이지요. 지금도 뉴질랜드 국경일 중에
는 영국 여왕의 탄생일이 들어 있다고 합니다.

뉴질랜드 곳곳의 지명은 오클랜드, 크라이스트처치처럼 영국 또
는 네덜란드의 지명을 그대로 쓰거나 앞에 'new' 자만 붙인 경우가
많습니다. 뉴질랜드라는 이름 역시 'Zeeland'에 'New'를 붙인 것입니
다. Zeeland(질랜드)는 네덜란드 남서부 해안의 바다와 접한 지대의
지명으로 이 역시 'See'와 'land'가 합쳐진 이름입니다. 뉴질랜드는 아
벨 타스만Abel Janszoon Tasman, 1603~1659이라는 네덜란드 항해사가 처음—
유럽인의 입장에서 볼 때— 발견하면서 새로운(new) 질랜드(Zeeland)
라고 명명하여 나라 이름으로 굳어진 것입니다. 그러나 선주민인 마
오리족들은 이 섬을 '아오테아로아Ao Tea Roa'라고 불렀습니다. 마오리
말로 '희고 긴 구름'이라는 뜻인데요. 뉴질랜드를 처음 발견한 마오
리의 항해사와 그 아내가 나눈 대화에서 유래된 것이라고 합니다.

마오리 전설에 따르면 남태평양 타이티 부근 하와이키라는 섬에
쿠페라는 항해사가 살고 있었대요. 그는 아내와 함께 배를 타고 가
다 뉴질랜드 섬을 발견했는데, 실은 그의 아내가 먼저 섬을 보았다
고 합니다. "여보, 저기 구름 좀 봐요" 하자 남편 쿠페가 "저기 희
고 긴 구름 말이오?"라고 했다는데요. 폴리네시아어로 'Ao'는 '구름',
'tea'는 '희다', 'roa'는 '길다'는 뜻이라고 합니다. 희고 긴 구름처럼 보

---

* 공식 명칭은 한일협상조약이다. 제2차 한일협약, 을사보호조약, 을사5조약이라고 부르기도 한다. 조
약은 전문과 5개 조항, 결문, 외부대신 박제순과 일본특명전권공사 하야시의 서명으로 되어 있다. 전문
에는 '한국 정부와 일본국 정부의 공통 이해를 위해 한국이 부강해질 때까지'라는 형식상의 명목과 조
건이 붙어 있다.

이는 그곳에 도착해서 보니 아름다운 육지가 펼쳐져 있더래요. 이 아름다운 섬은 하와이키 사람들에게 전설처럼 전해지다가 지금으로부터 약 천 년 전, 그 후손들이 카누를 타고 대항해를 시작하여 별의 위치와 바람, 파도의 흐름을 보면서 아오테아로아, 즉 지금의 뉴질랜드로 이주해와 부족국가를 이루었다고 합니다.

<연가>를 아시나요?

우리나라에 '연가'라는 제목으로 알려진 노래가 있어요. 여러분의 부모님 세대에게는 아주 익숙한 노래인데요. 사실 이 노래의 원제는 'Pokarekare Ana[†]로 마오리족의 것입니다. 바다로 나간 가족이나 연인을 그리면서 부른 노래지요.

> 비! 바! 비! 바! 비바비바비바비바!
> 비바람이 치던 바다 잔잔해져 오면
> 오늘 그대 오시려나 저 바다 건너서
> 저 하늘에 반짝이는 별빛도 아름답지만
> 사랑스런 그대 눈은 더욱 아름다워라
> 그대만을 기다리리 내 사랑 영원히 기다리리
> 그대만을 기다리리 내 사랑 영원히 기다리리

† QR코드를 스캔하면 〈Pokarekare Ana〉를 들을 수 있다.

우리나라엔 이런 가사로 알려져 있지만, 원래 가사는 조금 다릅니다. 한번 읽어볼까요?

> 와이아푸의 바다엔 폭풍이 몰아치고 있지만
> 그대가 건너 갈 때면 그 바다는 잠잠해지리다
> 그대여, 내게로 다시 돌아오세요
> 너무나도 그대를 사랑합니다
>
> 그대에게 편지를 써서 반지와 함께 보냈어요
> 내가 얼마나 괴로워하는지 사람들이 알 수 있도록
> 그대여, 내게로 다시 돌아오세요
> 너무나도 그대를 사랑합니다
>
> 뜨거운 태양 아래에서도 내 사랑은 마르지 않을 겁니다
> 내 사랑은 언제나 눈물로 젖어 있을 터이니
> 그대여, 내게로 다시 돌아오세요
> 너무나도 그대를 사랑합니다

항해에 능했던 마오리족들은 고기를 잡기 위해 또는 새로운 곳을 개척하기 위해 멀리 떠나곤 했습니다. 한 번 집을 떠나 바다로 가면 짧게는 며칠, 길면 몇 달이 걸렸습니다. 핸드폰은커녕 무전기조차 없었던 때이니 집에서 기다리던 아내나 아이들, 또는 연인들은 배를

타고 떠난 남자들이 돌아올 때까지 아무 소식도 듣지 못했을 테지요. 끝없이 펼쳐진 바다 위로, 밤마다 무심하게 반짝이는 별을 쳐다보면서, 언제 돌아올지 어쩌면 영영 안 돌아올지도 모를 가족과 연인을 그리워했을 겁니다. 별빛보다 더 반짝였던 사랑하는 이의 눈빛을 떠올리면서요.

그런데 이 노래가 우리나라 사람들에게 알려진 배경도 매우 흥미롭습니다. 1950년 6·25 전쟁이 발발했을 때 유엔 연합군이 대한민국을 위해 참전했던 것은 다 아는 사실이지요? 당시 총 16개국에서 참전했는데 그중엔 마오리족도 있었습니다. 물론 영국 국민으로서 한국 전쟁에 참전한 거죠. 자그마치 영국군의 1/4을 차지하고 있었던 마오리족 군인들은 타국에서 전쟁을 치르는 동안 이 노래를 즐겨 불렀고 덕분에 우리나라에도 이 노래가 퍼지게 되었습니다. 떠나간 사람들을 그리던 노래가 이제 두고 온 가족들을 그리는 노래로 바뀌어 불린 것입니다.

모아새와 머스킷

뉴질랜드 남섬의 영국 이민자들의 도시 크라이스처치에는 캔터베리 박물관이 있습니다. 이곳에 가면 모아Moa새의 화석이나 뼈조각 등을 흔히 볼 수 있습니다. 모아새는 뉴질랜드에 살았던 대형 조류인데요. 종에 따라 다양한 크기지만, 그중 가장 큰 자이언트 모아는 키가 3미터나 되는 지상 최대의 새였다고 합니다. 뉴질랜드에는 놀

캔터베리 박물관

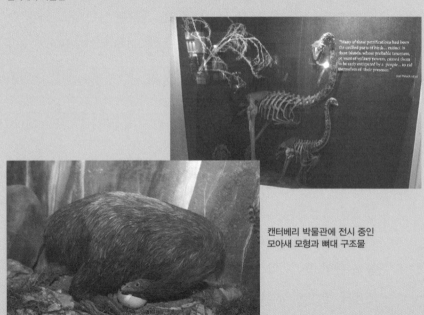

캔터베리 박물관에 전시 중인
모아새 모형과 뼈대 구조물

랍게도 포유류가 살지 않았기에 지금은 멸종한 하스트 독수리^{Haast's} eagle*를 제외하고는 천적이 없었다고 해요. 그러나 마오리족이 뉴질랜드에 상륙한 뒤 삼림이 감소되고 또 무차별한 포획으로 개체수가 급속히 줄면서 멸종†합니다.

지금으로부터 약 300년 전, 뉴질랜드에 처음 상륙한 유럽 동물학자들은 모아새의 흔적을 발견하고서 "공룡처럼 거대한 동물이 뉴질랜드 어디에선가 살고 있을지도 모른다"면서 대대적인 탐사활동을 벌였다고 합니다. 하지만 결국 창살이 박힌 형태의 뼈 조각들만 발견했을 뿐 살아 있는 모아새는 찾지 못했습니다. 그래서 마오리족들이 천 년 전에 처음 정착하기 시작하면서 모아새를 식량으로 사냥했고, 그에 따라 멸종한 것으로 추측합니다. 최근에는 뉴질랜드 남섬에서 모아새의 서식지가 발굴되었는데요. 알껍데기를 근거로 최근까지 살았던 연대를 추정해보았더니 마오리족이 뉴질랜드로 이동해서 살기 시작한 이후 적어도 150년 정도는 더 살아 있었던 걸로 확인되었다고 합니다. 마오리족의 등장과 함께 너무 빨리 사라진 멸종 동물인 셈입니다.

모아새는 사람들을 경계하지 않았다고 합니다. 순한 눈빛으로 해맑게 쳐다보았을 뿐이었다고 해요. 물론 마오리족도 처음부터 모아새를 식량으로 사용할 작정은 아니었을 겁니다. 하지만 곧 덩치 큰

---

* 이 새는 타조처럼 다리가 발달해 날 수 없었다.

† 모아의 멸종 시기는 1500년경으로 보고 있으나 18·19세기까지도 남아 있는 몇 마리가 목격됐다는 주장도 있다. 18세기에 대형종이, 19세기에 소형종이 멸종했다는 것이다.

초식 동물인 이 유순한 모아새가 매우 훌륭한 단백질 공급원이 될수 있다는 걸 깨달았을 테지요. 비바람이 치는 바다로 나가 거친 파도와 싸우며 물고기를 잡는 것보다 훨씬 손쉬운 일이었음은 두말할나위도 없을 테고요.

그렇게 500여 년이 흐른 뒤 유럽인들도 이 희고 아름다운 섬을 발견합니다. 주로 고래를 잡는 포경선들이 처음 접근을 시도했고, 뒤를 이어 영국, 프랑스, 네덜란드 등 당시 유럽의 강대국들이 식민지화를 염두에 두고 마오리족과 접촉하기 시작합니다. 당시 마오리족은 북섬과 남섬에 걸쳐 여러 개의 부족국가를 이루며 살고 있었는데, 부족 간의 전쟁도 잦았습니다. 그때 머스킷musket 총을 영국 상인들로부터 구입한 부족들이 생겨나기 시작하고 너도 나도 머스킷으로 무장해 전력이 업그레이드되면서 마오리족의 숫자가 급격히 줄어들게 됩니다.* 그 과정은 이렇습니다. 총을 사용하는 순간 총이 없는 부족들은 항복할 수밖에 없어요. 따라서 전쟁을 원하지 않았던부족들도 존속을 위해 앞 다투어 총을 구입하게 됩니다. 이렇게 해서 결국 상대방이 무너질 때까지 출혈 경쟁을 하는 치킨게임† 상황으로 돌입하게 된 것입니다. 이 같은 부족 간의 전쟁을 '머스킷 전

---

* 『총, 균, 쇠』, 재레드 다이아몬드, 김진준 역, 문학사상
† 두 대의 차량이 마주보며 돌진하다가 충돌 직전 한 명이 방향을 틀어서 치킨, 즉 겁쟁이가 되거나 아니면 양쪽 모두 자멸하게 된다는 게임으로 1950년대 미국 젊은이들 사이에서 유행했다. 어느 한쪽도 핸들을 꺾지 않을 경우 게임에서는 둘 다 승자가 되지만 충돌할 경우 양쪽 모두 자멸하게 된다. 1955년 개봉된 제임스 딘 주연의 영화 〈이유 없는 반항〉에서 주인공 짐(제임스 딘)과 버즈(불량배 두목)가 탄 자동차 두 대가 절벽을 향해 나란히 질주하는 장면이 나오면서 전 세계적으로 화제를 불러 모았다. 서양에서는 치킨이 겁이 많은 동물로 여겨지는데, 주인이 모이를 주려고 해도 가까이 오려고 하지 않는다 해서 의심이 많고 겁이 많아 도망을 잘 가는 겁쟁이를 흔히 '치킨'이라고 부른다.

쟁'이라고 하는데요. 총이 개입된 이 사건으로 말미암아 결국 마오리족의 운명도 바뀝니다. 만일 마오리족에게 총이 들어가지 않았더라면 어땠을까요? "역사에는 가정이 없다"라고들 하지만 한 번쯤 곰곰이 생각해볼 만합니다.

마오리족의 놀라운 생명력

이즈음 영국에서는 1830년 본격적으로 이민국을 설치하고, 대대적으로 뉴질랜드에 이민자를 보내기 시작합니다. 이로써 토지를 차지하기 위한 분쟁이 영국 이민자들과 마오리족 사이에서 일어나는데요. 이민자들이 급격히 늘어나는 바람에 토지를 사려고 하는 영국인은 많았지만 마오리족은 더 이상 토지를 팔고 싶어 하지 않았기 때문입니다.

그 밖에 다른 중요한 문제도 있었어요. 애당초 와이탕이 조약에 동의하지 않은 부족들이 많았던 데다가 조약 중 한 조항이었던 "주권을 영국 여왕이 가진다"는 데 대해서도 그 의미를 서로 다르게 이해하고 있었기에 시간이 갈수록 많은 부족들이 와이탕이 조약 자체를 인정하려 들지 않았습니다. 결국 1857년 즈음, 마오리족이 합심해서—유럽인들에게 대항하려는 움직임의 일환으로— '마오리왕 운동'을 일으키게 됩니다. 그러고는 한 사람을 뽑아 왕의 자리에 앉게 하고 마오리 왕국을 세웠습니다. 정치적 권력의 필요성과 중요성을 자각하여 마오리족으로만 구성된 새로운 국가를 건설해 영국에 대항하기 시작한 거죠.

마오리 왕국은 군사제도와 사법체계 등을 정립하고, 영국에 더 이상 토지를 팔지 않기로 결의했습니다. 때로 이민자들이 거주하는 곳을 파괴하기도 했어요. 하지만 식민지에 부임한 그레이 총독은 영국 본토에서 지원받은 막강한 군사력을 기반으로 마오리족을 진압하는 데 성공합니다.

장장 30년에 걸친 마오리족과의 전쟁이 양쪽이 모두 지친 가운데 끝났을 즈음, 마오리족의 숫자는 거의 1/4로 줄어든 뒤였습니다. 전쟁 이후 대부분의 마오리 영토는 몰수되고 영국 이민자는 급속히 늘어났는데요. 그로부터 얼마 뒤 독립적인 마오리 사회는 완전히 붕괴되었고, 다수의 이민자들과 소수의 마오리족이 공존하는 현재의 모습이 되었습니다.

잠시 그 당시 세계사의 흐름을 엿볼까요? 유럽의 강대국들은 이미 새로 발견한 아메리카 대륙, 오세아니아 대륙 곳곳에 식민지를 많이 만들었습니다. 북아메리카는 영국과 프랑스가 서로 선주민인 인디언을 몰아내고 땅을 차지하면서 지금과 같은 여러 주가 생깁니다. 남아메리카의 멕시코나 브라질 쪽은 스페인과 네덜란드가 진출하여 잉카문명을 이루었던 고대왕국을 완전히 파괴한 뒤 이민자들의 나라를 만들었습니다. 이에 비하면 소수민족인 마오리족이 현재 뉴질랜드 땅에서 이민자들과 동등한 권리를 가지고 공존하고 있다는 사실이 매우 놀랍게 여겨집니다. 그만큼 마오리족의 생명력이 강하다는 뜻이기도 하지요.

을사조약과 와이탕이 조약은 한 끗 차이다

비록 실패에 그쳤지만 마리오족이 저항 운동을 벌이다가 왕국을 세워 전쟁을 일으키고, 영국 식민지 정부와 끝까지 싸웠던 모습에서 일제 강점기의 우리 조상들 모습이 오버랩됩니다. 3·1만세 운동을 기점으로 "대한 독립 만세"를 외치고, 상해에 임시정부를 세워서 군대를 조직하고, 홍커우 공원에서 도시락 폭탄을 던지던 우리 조상의 모습이 말이에요. 뉴질랜드의 건국 헌법이라는 와이탕이 조약이 저에게는 을사조약처럼 보였던 것도 제가 한국인이기 때문은 아니었을까요?

하지만 을사조약이 을사늑약으로 불리며 역사 속으로 사라진 자료에 불과한 데 비해 와이탕이 조약의 문서는 지금도 뉴질랜드 건국 문서로서의 지위를 인정받으며 유네스코 세계기록 유산으로 등재되어 있습니다. 뿐만 아니라 아예 재판의 기준이 되는 법으로 살아 있어요. 이것이 바로 우리나라 헌법 전문前文인 "유구한 역사와 전통에 빛나는 우리 대한국민은"으로 시작하는 문장을 예사로 볼 수 없다고 강조하는 이유입니다.

우리 민족이 1945년 8월 15일에 일제 강점에서 해방되지 않았더라면 지금의 대한민국 헌법은 없었을 것입니다. 아니, 을사조약이 살아서 헌법 노릇을 하고 있을지도 모릅니다. 지금의 서울은 어쩌면 서경이 되어 시쿄오로, 부산은 후꾸야마로 불렸을 수도 있고요.* 만

---

* 복거일의 『비명을 찾아서』라는 소설은 실제로 이러한 가정을 소재로 한 흥미진진한 팩션(faction) 소설이다. 소설 속에서 이토오 히로부미는 안중근 의사의 총에 맞았지만 실제 역사와 달리 죽지 않고 살

일 신미양요나 병인양요 때 들어왔던 미국이나 프랑스 함대를 시작으로 우리나라가 그때 서양 열강에 의해 식민지화되었다면? 어쩌면 인천이나 강화도의 이름이 뉴올리언즈^{New Orleans}나 뉴욕^{New York}이 되었을지도 모릅니다.

공존의 길

참! 최근에 마오리족이 정부로부터 토지 보상금으로 받은 돈을 종자돈으로 투자를 잘해서 마오리족들의 복지가 좋아졌다는 소식을 이 글의 맨 앞에서 언급했는데요. 이제 마오리족이 토지 보상금을 어떻게 받게 되었는지 말씀드릴 차례입니다.

1840년 이후 30년에 걸친 마오리 전쟁이 끝났을 때 마오리족은 수십만 명이 죽고 겨우 4만 명가량 살아남았다고 합니다. 이때 거의 대부분의 마오리 땅이 영국 정부에 의해 몰수되었고, 영국 정부는 이 문제에 대해 100년이 지나도록 방치하고 있었습니다.

소수민족으로 남은 마오리족은 와이탕이 조약 문서를 근거로 토지 반환을 요구하는 소송을 제기하기 시작했고, 1975년 뉴질랜드 정부는 와이탕이 재판소를 설치해서 토지를 반환하거나 보상금을 지급하라는 내용의 판결을 줄줄이 내리게 되었습니다. 와이탕이 조약

아서 한국인을 더 철저히 말살하는 정책을 편다. 그래서 한국인들은 역사와 언어를 완전히 잊어버리게 되는데, 주인공은 한국인이지만 한국인이라는 사실도 모르고 살다가 우연히 서울의 지명들에서 역사적으로 묻힌 왕조가 있는 것 같은 의심을 품게 되고 정체성을 찾기 위해 조사하게 된다.

유엔의 '원주민 권리선언'을 지지하는 뉴질랜드(2010년 4월)

에서 주권이 영국에 있다는 의미에 대한 의견 차이*는 좁혀지지 않
았지만 마오리족의 토지 소유를 영국 정부가 보호해준다는 것, 그
리고 마오리족의 영국 국민으로서의 권리를 인정한다는 내용을 영
국 국왕이 승인했던 것은 분명한 와이탕이 조약의 규범이었으니까요.

이로써 마오리인들은 자신들만의 국민연금공단 같은 것을 설립
해서 보상금을 모두 공유의 재산으로 보유하게 되었고, 뉴질랜드의
산, 강, 호수, 해안 등 모든 자연환경을 영국 정부가 개발하거나 국유
재산을 매각할 때 자신들의 권리를 주장하거나 개발을 저지하는 목

---

* 영어와 마오리어로 작성된 문서에서 주권을 뜻하는 'sovereignty'가 마오리어로 없어서 마오리어로
카와나탕가(kawanatanga)로 번역했는데 이것을 마오리어로는 'governance', '지배한다'는 의미를 가지
고 있기에 마오리인들은 영국 국왕이 다스리되 토지에 대한 권리는 자신들에게 있다고 이해한 반면, 영
국인들은 뉴질랜드는 자신들의 식민지가 되었다고 이해했다.

소리를 낼 수 있게 되었습니다. 지금 뉴질랜드에서는 자연을 관광지로 개발하는 경우 마오리인들에게 반대할 수 있는 권리를 인정해서 그 지역 마오리인들의 기본권이 침해되지 않도록 하는 등 실질적인 내용들이 잘 제도화되어 있답니다.

아름다운 운영은 왜 자결했을까?

#자기주도적인 삶의 기초 #대한민국은 민주공화국

헌법 전문(前文)

'유구한 역사와 전통에 빛나는 우리국민은 3.1운동으로 건립된 대한민국임시정부의 법통과 불의에 항거한 4.19. 민주이념을 계승하고'

_헌법 제1조 대한민국은 민주공화국이다.

함무라비 법전과 고조선의 8조법은 닮은꼴이다

다음 페이지에 나오는 사진은 무엇일까요? 엄지손가락 같이 생겼지만 돌로 만들어졌고, 실제 높이는 2.25미터라고 합니다. 여기엔 법이 새겨져 있는데요. 바로 함무라비 법전Code of Hammurabi입니다. 함무라비Hammurabi, c.1810 B.C.~c.1750 B.C.는 바빌로니아 왕국의 여섯 번째 왕으로 메소포타미아 지역을 통일한 '정복왕'입니다. 그런데 왜 정복왕이라는 별칭으로 불렸을까요?

바빌로니아 왕국은 지금으로부터 거의 4천 년 전(기원전 1830년) 메소포타미아 지역에 있었던 나라입니다. 하지만 그곳엔 바빌로니아만 있었던 게 아닙니다. 라르사, 엘람, 앗시리아 같은 고대 국가들도

루브르 박물관에 있는
함무라비 법전

있었지요. 함무라비는 그 나라들을 다 정복했습니다. 우리나라로 치면 신라, 고구려, 백제 이렇게 삼국이 있었는데 나중에 신라가 다 통일했던 것처럼 말입니다. 그렇게 다른 나라들을 정복했으니 이민족을 함께 통치하는 게 쉽지 않았을 겁니다. 뭔가 특별한 방법이나 기술이 필요했겠지요. 함무라비 왕은 그것을 '법'이라고 생각했습니다.

"눈에는 눈, 이에는 이"가 함무라비 법전의 기본 정신인데요. 모두 282조로 되어 있는 이 법전엔 "자유인의 눈을 뺀 자는 그 눈을 뺀다"라거나 "자유인의 뼈를 부러뜨린 자는 그 뼈를 부러뜨린다"와 같은 내용이 들어 있습니다.

뭔가 복수하는 느낌이 들지 않나요? 그래서 이를 '탈리오 법^{lex talionis}',

일명 '보복법'이라 부르기도 합니다. 협박을 통해서 사람들의 행동을 통제하는 것입니다.

그런데 195조를 보면 "아들이 그의 아버지 뺨을 때렸을 때는 그 손을 자른다"는 내용이 있습니다. '눈에는 눈'을 넘어 과잉 보복처럼 보이는데요. 195조는 앞서 소개드린 두 조항 즉 "자유인의 눈을 뺀 자는 그 눈을 뺀다"나 "자유인의 뼈를 부러뜨린 자는 그 뼈를 부러뜨린다"와 다른 점이 있습니다. 섬세한 친구들은 바로 눈치 챘을 텐데요. 바로 신분이 다르다는 점입니다. 아마 아버지가 자기 아들의 뺨을 때렸을 때엔 손을 자르지 않을 거예요. 당연한 일이고, 죄가 안 된다고 했을 겁니다. 물론 요즘은 심하게 때렸을 경우 아동학대 죄에 해당되지만요. 그렇다면 노예가 자유민의 뺨을 치면 어떻게 되었을까요? 한번 추측해보세요. 네, 그 귀를 잘랐다고 합니다. 또 215조엔 "의사가 수술 칼을 잘못 써서 자유인이 죽거나 눈을 상하게 하면 그 의사의 손을 자른다"는 내용이 나옵니다. 한마디로 실수를 용납하지 않았던 거예요. 이런 나라에 산다면 무서울 거 같습니다. 살다 보면 몇 번쯤 실수도 할 수 있는데 이런 상황이라면 얼마나 불편하고 두려울까요?

이번엔 우리나라의 고대법을 살펴볼게요. 역사학자들이 말하는 한국 최초의 국가는 고조선입니다. 기원전 2333년 무렵 단군 왕검이 세운 나라지요. 고조신은 중국의 요동과 한반도 서북부 지역에 자리 잡고 위만衛滿이 집권한 후 강력한 국가로 성장했으나 기원전 108년에 중국 한漢에 멸망합니다. 고조선에도 법이 있었는데, 그것이 바로 '8조법'입니다.

고조선은 사회가 복잡해지자 질서 유지를 위해 법률을 제정했습니다. 법률로는 총 8개의 조항이 있었지만 현재 전해지는 것은 아래와 같은 3개 조항입니다.

- 사람을 죽인 자는 사형에 처한다.
- 남을 다치게 한 자는 곡식으로 보상한다.
- 도둑질한 자는 종으로 삼는다.

어때요, 함무라비 법전보다 조금 더 너그러운 것 같죠? 그런데 조항을 보니 도둑질을 아주 나쁜 죄로 여겼다는 걸 알 수 있습니다. 무언가 한 번 훔치고 이걸 들키면 종이 된다니, 여러분이라면 종이될 것을 무릅쓰고 도둑질하고 싶을까요? 그런데도 도둑질을 했다면 그만큼 자원이 많이 부족했다는 뜻이겠지요. 차라리 종이 되는 편이 낫다고 생각할 만큼 보통 사람들은 아주 가난했을지도 모른다는 뜻이기도 합니다. 결국 먹을 것이 없어서 종이 되기도 하는 사회, 노예가 있었던 신분제 사회였을 것으로 짐작할 수 있습니다. 또한 곡식으로 보상했다는 조항이 있는 만큼 곡식을 재산으로 보관했던 부자도 있었을 테고요. 이때도 부가 어떤 집단에 집중되어 있었음을 알 수 있지요.

대통령이 현대판 왕이 될 수 없는 이유

이렇게 법을 가만히 들여다보면 그 사회가 어떤 사회인지 알 수 있어요. 그럼 이번에는 지금 대한민국의 법은 어떤가 한번 볼까요. "사람을 죽인 자는 사형에 처한다"는 고조선의 8조법* 같은 내용이 현재 대한민국의 형법 제250조에도 있습니다. 그러면 물건을 훔친 자는 어떻게 될까요? 이것도 형법의 내용인데요, 고조선에서 도둑질한 자를 노비로 삼았던 것과 달리 현재 대한민국에서는 벌금 또는 징역형에 처합니다.

그런데 생각해볼 점이 있습니다. 요즘 사회는 옛날과는 비교도 안 될 만큼 복잡합니다. 함무라비 법전이나 고조선 8조법 정도로는 어림없어요. 사람도 많고 사회가 복잡해진 만큼 별의별 법이 다 있습니다. 도로교통법, 사립학교법, 음식점에 관한 법 등등 거의 모든 단어에 법만 붙이면 될 정도로 법이 많아서 거의 수만 개의 법이 있다고 볼 수 있어요. 지금 이 순간에도 법이 만들어지고 있는가 하면 사라지고 있기도 합니다. 하지만 쉽게 만들어지지도 않고 사라지지도 않으며, 법 중의 법이라 일컫는 최고의 법이 있으니, 그것이 바로 헌법입니다.

---

* 팔조지교(八條之敎)는 고조선 사회의 법률이다. 팔조법금(八條法禁)이라고도 하며, 고조선 사회가 가부장 중심의 계급 사회로서, 사유 재산을 중히 여겼으며, 응보주의(應報主義)에 따른 형법을 지녔던 당시의 사회상을 반영하고 있다. 『한서(漢書)』 지리지(地理志)에 그중 3조목이 전해지고 있다. 내용은 다음과 같다.
1. 사람을 죽인 자는 즉시 사형에 처한다.
2. 남에게 상해(傷害)를 입힌 자는 곡물로써 배상한다.
3. 남의 물건을 훔친 자는 데려다 노비로 삼는다. 단, 자속(自贖)하려는 자는 1인당 50만 전을 내야 한다.

법 중의 법 헌법, 그중에서도 가장 중요하다고 볼 수 있는 제1조
는 무슨 내용일까요?

대한민국은 민주공화국이다. 대한민국의 주권은 국민에게 있고 모든 권력은
국민으로부터 나온다.

우리 모두에게 익숙한 조항이지요. 여기서 "대한민국은 민주공화
국이다"라고 했을 때의 '민주民主'가 의미하는 바가 곧 국민이 주인이
라는 뜻입니다. 또 '공화국共和國'은 더 이상 왕이 다스리지 않고 나
라의 주인인 국민이 스스로 다스리는 나라라는 의미를 담고 있습니
다. 앞에서 언급했던 고조선이나 바빌로니아는 모두 왕이 다스리고
있었죠? 조선도 마찬가지고요. 그래서 옛날이야기들을 보면 우리나
라나 외국이나 하나같이 왕이나 왕자, 혹은 공주들 이야기가 빼놓
지 않고 등장합니다.

그런데 사람들의 의식 수준이 높아지고, 인간 개개인에 대한 존엄
성의 자각이 중요시되면서 역사에 왕들의 나라는 사라지고 그 자
리를 공화국이 차지하게 됩니다. 혹은 왕이 있어도 그저 상징적으로
존재할 뿐 더는 나라를 다스리지 않게 되었지요. 지금도 지구상에는
왕이 존재하는 나라가 더러 있습니다. 영국만 해도 그 유명한 엘리자
베스 Elizabeth Alexandra Mary, 1926~ 여왕이 있잖아요? 하지만 영국의 엘리자베
스 2세는 나라를 다스리지 않습니다. 우리나라도 치면 대통령과 마
찬가지인 총리가 국정을 돌봅니다. 이런 나라를 뭐라고 하지요? 네,

엘리자베스 2세 대관식
(허버트 제임스 건 경 그림)

입헌군주국이라고 합니다. 일본도 마찬가지죠. 천황이 존재하긴 해
도 실제 국가의 대표로서 중대사를 결정하고 다스리는 사람은 총리
입니다. 그리고 이런 일을 하는 총리는 국민투표를 통해서 뽑습니
다. 우리나라의 대통령도 마찬가지예요. 우리는 대선大選이라 부르는
선거를 통해 5년마다 국민의 대표인 대통령을 뽑습니다.

 왕과 대통령, 총리의 차이는 무엇일까요? 먼저 왕은 국민이 뽑지
않습니다. 태어나는 순간부터 '장차 왕이 될 인물'로 대우받아요. 아
버지가 왕이니 왕자로 태어났다가 나중에 그 자리를 고스란히 물려
받는 겁니다. 만일 아버지가 왕이 아니었는데 왕이 된 자가 있다면,
그는 왕국을 처음 세운 사람일 겁니다. 왕국을 처음 세운 공으로 그
나라 백성들의 주인이 되어 백성들을 자식처럼 먹여 살리고 동시에

신하로 부릴 수 있게 된 것이지요. 그래서 왕국에서는 국민들을 백성百姓, 또는 신민臣民이라고 부릅니다. 앞에서 잠시 살펴본 바빌로니아의 함무라비 왕은 정복왕이라고 했잖아요? 정복당한 나라의 백성 입장에서는 왕이 바뀐 것입니다. 바뀐 왕이 어떤 정책을 펴느냐에 따라 정복당한 나라의 백성들도 그 운명은 달라지겠지요. 정복 국가의 백성을 모두 노예로 삼는 왕도 있을 것이고, 왕족이나 귀족만 죽이고 나머지 백성에겐 살 길을 열어주는 왕도 있을 테니 말입니다.

옛날에는 대부분의 나라에 왕이 있었고 왕이 직접 나라를 다스렸습니다(군주제). 그런데 지금은 아시다시피 왕이 있어도 왕이 다스리지 않아요. 국민이 뽑은 총리가 다스리거나(입헌군주제), 아예 왕이 없이 국민이 뽑은 대표로서 대통령이 나라를 다스립니다(대통령제). 그러면 이렇게 말할 수 있겠지요? "대통령이 국민을 다스릴 수 있는 이유는 국민 스스로 대통령을 대통령으로 뽑았기 때문이다"라고 말입니다. 우리나라는 민주주의 국가이므로 국민이 주인인데 그 국민을 다스리는 대통령의 권한은 국민으로부터 나와야 하는 것이지요. 이런 것을 우리는 '민주적 정당성'이라 일컫는데요. 바로 헌법 제1조 "대한민국의 주권은 국민에게 있고 모든 권력은 국민으로부터 나온다"의 핵심 내용이기도 합니다.

이루어질 수 없는 사랑

여러분, 『운영전雲英傳』*이라는 소설에 대해 들어본 적 있나요? '수성 궁 몽유록'이라는 다른 이름으로 불리기도 하는 이 소설은 작자가 누구인지 알려져 있지 않습니다만, 조선시대에 살았던 궁녀 운영의 슬픈 사랑을 다룬 이야기로 '한국판 로미오와 줄리엣'이라 불리기도 합니다.

조선시대 임금 중에서 제일 유명하신 분은 한글을 만든 세종대왕 입니다. 제가 앞에서 왕국에서는 왕의 아들로 태어나면 왕자가 되고, 저절로 왕의 자리를 물려받아 또 왕이 된다고 했잖아요? 그런데 왕의 아들은 대개 한 명이 아닙니다. 많은 아들 중 한 명만 왕이 되고 나머지 왕자들은 '대군大君'이라는 칭호를 받고 왕족으로 살아갑니다. 세종대왕에게도 아들이 여러 명 있었어요. 첫째 아들은 왕세자가 되어 나중에 문종 임금이 되고, 둘째는 나중에 세조 임금이 됩니다. 그중에 셋째 아들로 안평대군安平大君†이라는 분이 있었어요.

세종대왕은 안평대군에게 많은 땅과 재물을 내려주었습니다. 나이 열셋에 이미 자신의 궁을 지어 나와 살았다고 합니다. 안평대군은 그곳을 '비해당'이라 불렀습니다. 비해당은 '게으름 없이 임금 한 분만을 섬기라'는 뜻으로 아버지인 세종이 지어준 이름이라고 합니다. 그곳을 이 책에서는 '수성궁'이라고 이르는데 지금 수성궁은 없

* 옆의 QR코드를 스캔하면 운영전의 본문을 읽을 수 있다.
† 조선 세종의 셋째 아들(1418~1453). 이름은 용(瑢), 자는 청지(淸之), 호는 비해당(匪懈堂)·낭간거사(琅玕居士)·매죽헌(梅竹軒). 수양 대군의 세력과 맞서다가 계유정란 때 사사(賜死)되었다. 시문과 글씨에 뛰어났다.

어졌지만, 그 옛터가 지금도 서울 경복궁 서쪽 어딘가에 남아 있다고 합니다. 안평대군은 서예 솜씨가 아주 뛰어난 사람이었습니다. 당시 중국에서도 그의 글씨를 얻어갔을 정도로요. 그는 또한 풍류를 즐겨서 많은 선비들을 초대해서 시를 지으며 함께 즐겼다고 합니다.

『운영전』의 주인공 운영은 나이가 어린 궁녀였어요. 원래 궁녀들은 궁 안에 살면서 살림살이를 도맡아 하는 살림꾼들입니다. 음식도 만들고 빨래도 하고 한복도 지었지요. 안평대군은 이런 궁녀들 중에서 특히 어리고 예쁜 궁녀 열 명을 뽑아서 교육을 시켰습니다. 여자들이라고 해도 한시를 짓고 교양을 쌓을 수 있다고 생각했기 때문입니다. 당시 상황에서는 매우 파격적이었지만 안평대군은 전혀 개의치 않고, 궁녀들에게 좋은 책을 읽히고 시도 짓게 했습니다. 서툰 표현은 고쳐주고 또 잘 지었다 싶으면 상을 주기도 하면서 글짓기 공부를 독려했습니다. 덕분에 이 열 명의 궁녀들은 당대에 유명했던 시인이나 학자들처럼 책을 읽고 능수능란하게 글을 쓸 수 있게 되었습니다. 비록 과거 시험을 치를 수는 없었지만 만일 시험을 본다면 합격할 수 있을 만한 뛰어난 실력을 갖추게 된 것입니다.

그러던 어느 날 안평대군이 김진사라는 젊은 선비를 수성궁에 초대합니다. 김진사는 열 살 때부터 시를 잘 짓고 글을 잘 쓰기로 이름이 자자했던 인물인데요. 나이 열넷에 이미 과거에 합격하는 바람에 사람들은 그를 김진사라고 불렀습니다. 김진사의 소문을 들은 안평대군은 그를 궁으로 초대합니다. 김진사가 수성궁에 들어오자 안평대군은 김진사에게 시를 지어달라고 청합니다. 때마침 옆에 있던 운영에게는 먹을 갈아주라고 지시하고요. 김진사는 즉시 훌륭한 시를 써내려갑니다. 그때 먹물 한 방울이 운영의 손가락에 톡 튀어서 떨어졌지만, 김진사의 멋진 모습과 재주에 이미 마음을 빼앗긴 운영은 먹물을 닦지 않고 그대로 놓아둡니다.

그때부터 운영은 잠도 못 자고, 밥도 못 먹습니다. 매일 멍하니 창밖만 내다보았어요. 상사병이 난 것입니다. 그런데 김진사도 마찬가지였어요. 그날 운영을 보고 첫눈에 반해 사랑하게 된 것입니다. 그역시 밥도 못 먹고 매일 매일 여위어갔습니다. 두 사람 모두 서로를 그리워하는 마음만 키워가고 있었지요. 그러던 중 기회가 찾아옵니다. 김진사가 다시 안평대군의 초대를 받아 수성궁에 온 거예요. 운영은 이때 몰래 김진사에게 편지를 전하고, 운영의 마음을 확인한 김진사는 마침내 한밤중에 수성궁 담장을 넘어와 아슬아슬한 사랑을 나눕니다. 하지만 두 사람의 사랑 이야기는 결국 안평대군의 귀에 들어가고, 노발대발한 그는 운영에게 다른 남자를 사랑하느냐며 집요하게 추궁합니다. 이에 운영은 절대 아니라고 시치미를 뗐지만 마음의 괴로움을 이기지 못했고, 마침내 목을 매고 자살합니다. 김진사는 운영이 죽은 것을 알고 운영을 위해 부처님께 기도한 뒤 나흘 동안 아무것도 먹지 않고 누워서 스스로 죽음을 택합니다.

아름답지만 이상하고, 애잔하지만 속상한 이야기

여러분, 이 이야기는 아름답기도 하지만 어딘가 좀 이상하지 않나요?

서로 사랑하면 만나서 사귀고 연애하다가 결혼하면 되잖아요? 그런데 운영과 김진사는 왜 서로 사랑하는 마음이 생겼을 때 기뻐하기는커녕 오히려 괴로워했을까요?

답은 운영의 신분에 있습니다. 운영은 궁녀였잖아요. 궁녀란 궁 안에 살면서 왕과 그의 가족들이 불편 없이 살아가도록 궁궐의 모든 살림을 도맡아 하는 사람들입니다. 침실을 담당하는 지밀나인, 옷을 만드는 침방나인, 수를 놓는 수방나인, 식사를 담당하는 소주방나인 등등 일에 따라 다른 이름으로 불렸는데요. 궁녀들은 궁 안에서 평생 살면서 결혼도 하지 않고 살림만 했습니다. 〈대장금〉이라는 드라마를 혹시 아세요? 그 드라마의 주인공이었던 '장금'이도 수라간에서 음식을 만들었던 궁녀로 소주방 나인이었습니다.

보통 궁녀들은 어린 나이에 입궁하여 선배 상궁으로부터 교육과 훈련을 받습니다. 요즘 표현으로 궁 안에서의 전공과 진로가 정해지고, 최종적으로 정식 궁녀가 될 때, 궁녀들은 한꺼번에 성년식을 치렀는데, 이때 입는 옷이 바로 일반인이 결혼식 때 입는 옷이었답니다. 그러니까 성년식이란 곧 왕이라는 한 남자와 결혼하여 평생을 그를 위해 헌신하며 살겠다고 약속하는 자리였던 셈입니다.

이처럼 궁녀들과 내시들은 평생 결혼하지 않은 채 왕의 여자로서, 또 왕의 남자로서 살았습니다. 그러다가 병이 들거나 늙어서 죽을 때가 되면 본가로 돌아가야 했는데요. 궁궐 안에서는 왕족 외에 누구도 죽거나 아파서는 안 되었기 때문입니다. 늙고 병든 궁녀들은 대개 본가의 동생이나 조카가 데려 갔고, 친척이 아예 없는 경우엔

조선시대의 궁녀

'궁말'이라는 곳에 모여 살거나 절에 기거했다고 합니다. 참 쓸쓸한 만년이지요? 서울 삼성역 근처에 가면 봉은사라는 절이 있습니다. 그곳 영산각에는 탱화 여러 점이 걸려 있고, 그 아래 보시한 사람들의 이름이 죽 적혀 있는데요. 그중에 궁녀들의 이름이 많이 있다고 합니다. 은퇴한 궁녀들이 말년에 절에 자신을 의탁하면서 모아두었던 재산을 보시한 것입니다.

제가 여러분에게 조금 낯선 궁녀 이야기를 꺼낸 이유가 궁금하시죠? 바로 국가의 권리, 그리고 개인이 가지는 인권에 대해 생각해보기 위해서입니다. 자유롭게 사랑하고, 자유롭게 결혼하고, 자유롭게 거주지를 선택할 수 있는 권리는 우리가 인간으로서 당연히 누려야 하는 개인의 권리입니다. 이러한 인간의 권리가 지금 우리 헌법에는

'인간의 존엄과 가치', '자기결정권', '직업 선택의 자유', '거주 이전의 자유' 등으로 명기되어 있거나 헌법 전체에 그 내용이 녹아 있습니다.

다시 운영의 이야기로 돌아가볼게요. 운영의 삶을 '일상'의 틀로 본다면 그다지 큰 문제가 없어 보입니다. 궁궐에서 마음대로 먹고 자고, 시를 짓고, 공부도 할 수 있으니 말입니다. 어디 그 뿐인가요? 권력자인 안평대군의 총애를 받습니다. 그만하면 자유롭게 잘 살고 있는 것 같아요. 그러나 '법'의 틀을 적용해서 본다면 문제가 달라집니다. 운영은 사실 왕의 소유물이나 다름없는 존재였습니다. 자기 인생에 가장 중요한 배우자를 선택할 권리, 살 곳을 선택할 거주 이전의 자유, 자기 운명 결정권 등이 허락되지 않았으니까요. 어떻게 이런 관계가 가능했냐고요? 그 시대는 한 사람의 절대 권력자인 왕이 나라를 다스리는 체제였기 때문입니다.

3·1운동과 대한민국

우리나라가 '국민이 주인인 민주국가'가 된 것은 일제 강점기에서 해방된 이후입니다. 프랑스가 왕국에서 공화국으로 넘어난 계기는 1789년에 일어났던 프랑스 혁명인데요. 프랑스 혁명으로 시민들은 왕과 왕족을 모두 단두대에서 사형시키고 왕이 없는 나라를 만들었습니다. 러시아도 마찬가지입니다. 러시아에서도 1917년 볼셰비키 혁명이 일어나 황제였던 니콜라이 2세를 퇴위시키고 니콜라이 2세와 그 가족들을 모두 살해합니다. 이렇게 역사상 국가의 형태를 왕국에서 공화국으로 급격히 바꿀 때 왕의 존재를 그 후손에 이르기까지 세상에서 그 흔적을 지워버리곤 했지만, 영국은 왕을 처형하는 대신 계약을 맺어서 왕으로 하여금 '나라를 다스리는 권력'을 내려놓게 했습니다. 존재하되 다스리지 않는 왕의 입지는 이때부터 시작된 것이지요. 또한 이때의 혁명은 피를 흘리지 않고 국가 형태를 바꾸는 데 기여했다고 하여 흔히 '명예혁명'이라고 부릅니다. 아직도 영국에 왕과 왕족이 남아 있는 배경을 이해하시겠지요?

우리나라는 왕정에서 공화국으로 바뀌는 그 사이에 일본에 의해 합병되고 말았습니다. 그때 일본은 우리나라의 주권을 넘겨받는 대신 왕족들을 일본 왕족과 결혼을 시키는 등 여러 방법을 통해 예우해주기로 합니다. 그래서 한국인의 왕과 왕조가 사라져버렸습니다.[*] 그리고 3·1 운동이 일어난 그해 상하이에 대한민국 임시정부大韓民國 臨時政府, Provisional Government of the Republic of Korea, 1919.4.11~1948.8.15가 생겼는데요. 임시정부를 세웠던 독립 운동가들의 활동과 유관순, 윤봉길, 안중

---

[*] 조선 왕가가 어떻게 사라졌는지 궁금하다면 고종의 아들로 대한제국의 마지막 황태자였던 영친왕과 고종의 막내딸 덕혜옹주, 그리고 고종의 손자이자 의친왕의 아들인 흥영군 이우에 대한 이야기를 찾아보자. 특히 덕혜옹주의 이야기는 영화로 만들어져서 한동안 비운의 공주에 대한 관심을 뜨겁게 일깨웠다. 덕혜옹주는 한일합방이 완전히 이루어져 '이씨왕조'가 '이태왕가'로 일본의 왕실에 편입된 이후인 1912년에 태어났다. 고종에게 덕혜옹주는 말년의 고종에게는 삶의 유일한 낙이었던 사랑스러운 존재였다. 하지만 1919년 고종의 갑작스러운 죽음 이후 덕혜옹주의 운명은 자신의 의지와 상관없이 흘러간다. 고종의 흔적을 지우려는 일본의 정책에 따라 강제로 일본 유학길에 올랐다가 일본의 왕족 일원인 쓰시마 도주 소 다케유키와 정략결혼을 하게 되었고, 이후 일본이 세계대전에서 패망하고 미군정을 받게 되면서 일본 왕족으로서의 대우와 특권도 박탈당한 채 성신분열증에 시달리기도 했다. 이후 소 다케유키와 이혼하고 1962년 51세가 되었을 때 우리나라로 돌아와 창덕궁 낙선재에서 말년을 보냈다. 흥영군 이우는 영친왕과 마찬가지로 일본에 볼모로 잡혀 있었던 왕족이다. 일본 왕가와 정략결혼을 할 뻔했지만 끝까지 고집해 한국 여성과 결혼했으며, 일본 장교로 복무하던 중 1945년 8월 히로시마 원폭투하 때 폭격에 의해 34세를 일기로 사망했다.

대한민국 임시정부 국무원 기념사진(1919년 10월 11일).
앞줄 왼쪽부터 신익희, 안창호, 현순. 뒷줄 김철, 윤현진, 최창식, 이춘숙이다

상하이에 있는
임시정부 자취

근 같은 순국선열들의 희생, 그리고 한국인으로서의 정체성을 잊지 않은 전 국민의 염원으로 대한민국이 탄생했다고 할 수 있습니다. 그래서 우리 헌법은 이 내용을 명시하기 위해 전문前文을 다음과 같이 시작합니다.

> "유구한 역사와 전통에 빛나는 우리 국민은 3·1운동으로 건립된 대한민국 임시정부의 법통과 불의에 항거한 4·19 민주 이념을 계승하고…"

그리고 마침내 제2차 세계대전이 끝나고, 우리나라는 일제 강점에서 해방되는데, 바로 이때 우리는 독립국으로 재탄생하면서 자연스럽게 헌법 제1조에 "대한민국은 민주공화국이다"라고 선언하는 것입니다. 이로써 왕이 다스리지 않고 국민이 다스리는 나라, 국민의 손으로 뽑은 대통령이 다스리는 민주주의 국가, 법치 국가임을 만천하에 공표한 것입니다.

자기 주도적인 삶은 민주주의 국가에서만 가능하다

고대 함무라비 왕이 다스렸던 바빌로니아 왕국, 8조법으로 사회 질서를 유지했던 고조선, 그리고 조선시대 궁녀의 삶 등을 둘러보니 어떤 생각이 드나요? 국민이 주인이 된 나라에서 산다는 것이 어떤 의미인지 여러분 각자 음미해보았으면 좋겠습니다.

자기 주도적으로 사는 것은 행복한 삶의 필수 조건입니다. 대한민국이 민주공화국인 것과 우리 개인의 삶이 자기 주도적으로 되는 것은 매우 밀접한 연관이 있습니다. 운영처럼 자신의 운명을 원하는 대로 결정할 수 없는 삶은 자기 주도적인 삶이라고 할 수 없어요. 누구와 결혼할 것인지, 어떤 직업을 가질 것인지, 어디서 살 것인지 등등 이 모든 것은 자신의 운명을 결정하는 중요한 선택입니다. 그런데 이 같은 결정에 대한 주권을 스스로 가지는 것은 국민이 주인인 민주주의 국가에서만 가능한 일입니다. 그런 의미에서 대한민국은 민주공화국이기에 모든 국민이 인간으로서의 존엄과 가치를 지니고 행복을 추구할 권리를 가집니다. 그리고 국가는 개인이 가지는 불가침의 기본적 인권을 확인하고 보장할 의무를 지게 되는 것입니다.

대한민국은 민주공화국이며, 모든 권력은 국민으로부터 나온다는 것(헌법 제1조), 모든 국민은 인간으로서의 존엄과 가치를 가지며 행복을 추구할 권리를 가지고 국가는 개인이 가지는 불가침의 기본적 인권을 확인하고 이를 보장할 의무를 진다(헌법 제10조)는 조항은 바로 그래서 우리 헌법의 핵심 가치로서 존중되어야 합니다.

무엇이 유대인들을 미국인으로 살게 했을까?

#유대인의 디아스포라 #헌법 정신의 가치 #헌법 정신 vs. 영토

헌법 전문(前文)

'정치·경제·사회·문화의 모든 영역에 있어서 각인의 기회를 균등히 하고'

제3조 대한민국의 영토는 한반도와 그 부속 도서로 한다.

하나의 국가가 성립하려면

국가의 3요소는 국민, 주권, 영토입니다. 국가로 인정받으려면 그 인적 요소로서의 '국민'과 다스리는 힘으로서의 '주권', 국가가 존재할 공간적 요소로서의 '영토'가 반드시 필요합니다. 국민이 없는 국가란 있을 수 없고, 주권이 없으면 자연 상태로 흩어져 있거나 다른 나라의 지배를 받고 있다는 뜻이겠지요(일제 강점기의 우리나라가 그 예입니다). 그런데 국민과 주권만 있고 영토가 없다면 어떻게 될까요?

영토가 없었던 국민의 가장 유명한 예로 유대인을 들 수 있습니다. 지금은 이스라엘의 국민인 이들은 2천 년 동안 자신들만의 영토가 없는 채로 유랑민으로서 세계 각국에 흩어져 살았습니다. 유대인들의 역사는 『구약 성서』에 상세히 기록되어 있는데요. 기독교나 천주교에 대해서 잘 모른다고 해도 바다가 갈라진 모세의 기적이라든지, 지혜의 대명사로 불리는 솔로몬 왕, 블레셋의 장군인 대단한 거인 골리앗을 돌을 던져 물리친 다윗, 그리고 십자가형을 당한 예수 그리스도를 모르는 사람은 아마 거의 없을 것입니다. 이 유명한 분들을 키워드로 해서 이스라엘 역사를 간단히 훑어볼게요.

모세의 기적부터 바빌론 유수까지

유대인들은 히브리족이라고 불리는 아브라함의 자손입니다. 원래 유목민이었던 아브라함의 자손들은 '가나안'*에 정착했어요. 그런데 흉년이 들어 먹을 것이 없어지자 이들은 이집트로 흘러들어가 노예와 다름없는 생활을 하게 됩니다. 이 과정을 다룬 이야기가 구약의 창세기 편에 아주 흥미진진한 서술되어 있는데요. 이때 모세가 하느님의 계시를 받아 약속의 땅인 가나안으로 자기 민족을 이끌고 대이동을 감행합니다. 이집트 군사들이 쫓아와 거의 붙잡히게 되었을 때, 모세가 지팡이를 들자 홍해가 갈라져서 히브리인들은 무사히 홍해를 가로질러 건너고, 그 뒤를 쫓던 이집트 군사들은 모두 물에 빠져 죽습니다. 이 사건이 바로 '모세의 기적'이에요. 이 이야기는 그림, 조각품, 영화, 애니메이션 등 수많은 예술 작품의 모티브가 되어 지금까지 회자되고 있습니다.

---

* 현재 팔레스타인으로 불리는 지역이다.

찰톤 헤스톤이 모세 역을 맡았던 추억의 고전 〈십계〉(좌),
출애굽 이야기를 다룬 애니메이션 〈이집트 왕자〉(우)의 포스터(네이버영화)

모세의 기적이 벌어진 시대 배경은 기원전 1300년경인데, 모세는 이집트에서 히브리인들을 이끌고 나와 40년 이상 광야생활을 하다가 비로소 가나안 땅, 즉 지금의 팔레스타인†에 이릅니다. 그러고 나서 기원전 1020년경 이곳에 처음으로 이스라엘 왕조‡를 세웁니다. 그 초대 왕이 사울Saul, B.C 1020~1010§이고, 두 번째가 자기보다 훨씬 크고

---

† 지금의 이스라엘과 요르단을 합친 일대를 일컫는다.
‡ 헤브라이 왕국, 혹은 통일 이스라엘 왕국이라고 부른다.
§ 예언자이자 판관인 사무엘에 의해서 왕이 되었다. 암몬의 나하스가 쳐들어와 야베스를 포위하자 사울은 33만 대군을 이끌고 무찔렀다. 이후 아들 요나단을 보내 베냐민 땅에서 블레셋을 무찌르고 21만 대군을 이끌고 아말렉을 공격해 아말렉을 이집트로 완전히 쫓아버리고 아말렉의 왕 아각을 처형했다. 그러나 사무엘과의 불화로 사무엘과 헤어졌고 이후 사무엘은 베들레헴에서 다윗을 새 왕으로 세운다. 그 뒤 사울은 계속 블레셋과 싸우면서 자신의 종이 된 다윗을 내보내 블레셋을 무찔렀으나 백성들이 다윗을 따르자 다윗을 죽이려 했으나 실패했다. 이후 블레셋 왕 아기스의 대공격으로 아들들을 잃고 결국 블레셋에게 포위되자 자살한다. 구약의 「열왕기상/하」에 등장한다.

빛의 화가 렘브란트가 그린 사울과 다윗

피터 파울 루벤스의 솔로몬의 재판

힘센 장수 골리앗을 돌팔매로 처치한 것으로 유명한 다윗^{David, B.C}^{1107~B.C 1037},[*] 그다음이 지혜로운 사람의 대명사가 된 솔로몬^{Solomon, B.C}^{971~B.C931까지치세}[†]입니다.

그런데 이 팔레스타인이라는 지역은 지도를 가만히 보면 알 수 있듯이 소위 지정학적 요충지입니다. 동쪽으로는 메소포타미아, 서쪽으로는 이집트 사이에 끼어 있거든요. 메소포타미아는 '강(포타미아)의 가운데(mezzo)'라는 뜻인데, 이때의 두 강은 티그리스 강과 유프라테스 강입니다. 메소포타미아 문명을 발달시킨 민족으로 수메르, 히타이트, 셈, 아모리족을 들 수 있는데요. 앞에서 등장했던 함무라비 왕(제1왕조 6대왕)이 다스렸던 바빌로니아가 바로 메소포타미아 남동쪽에 있었습니다. 함무라비 왕 때 바빌로니아는 전성기를 이루어 주변 이민족들을 많이 정복했고, 그 결과로 얻은 넓은 영토와 정복민들을 잘 다스리기 위해 함무라비 법전을 만들었다고 했지요? 이후에도 바빌로니아 왕국은 페르시아에 정복될 때까지 천 년 동안 번성합니다. 그 왕성한 정복 전쟁 중에 히브리인들을 바빌로니아로 끌고와서 노예로 부리며 지배한 적이 있는데, 이것이 기원전 580년경의

---

* 이스라엘 왕국의 제2대 왕으로서 40년간(B.C 1077~B.C 1037) 통치했다. 이스라엘 유다 지파 이삭의 여덟 아들 중 막내로 태어났으며, 목동, 음악가, 시인, 군인 ,정치가, 예언자, 왕이었다. 히브리어 성경(구약성경)에서 매우 탁월하게 언급되는 인물이다. 성경에서는 예수 그리스도를 다윗 왕가의 자손으로 언급하고 있다.

† 구약성서에 기록된 이스라엘 왕국의 제3대 왕이다. 기원전 971년부터 기원전 931년까지 유다와 이스라엘의 민족을 다스린 것으로 여겨진다. 솔로몬 혹은 샬로모라는 말은 '평화'를 뜻한다. 다윗 왕의 아들로 이집트 왕녀와 결혼하여 동맹을 맺고, 국내 건설과 국경 방위에 힘썼다. 예루살렘 신전을 비롯한 장대한 도시를 건설하는 한편, 외국과의 통상을 맺어 이스라엘 전성기를 이루어 '솔로몬의 영화'라고 칭송되었지만, 과중한 세금과 사치스러운 생활로 이스라엘 왕국 분열의 원인을 제공한다. 지혜가 뛰어났으며, 문학에도 뛰어나 이스라엘 문학의 시조라 일컬어진다. 많은 작품 중 「잠언」과 「전도서」가 있다.

일로 역사에서는 '바빌론 유수'라고 부릅니다. 여러분 혹시 〈히브리 노예들의 합창〉*이라고 알려진 아름다운 곡을 아세요? 이 곡의 원제는 '금빛 날개를 타고 날아가라, 내 상념이여Va, pensiero, sull'ali dorate'인데요. 당시 설움 당한 이야기를 노래로 만든 것입니다. 이때부터 히브리인들을 유대지방에서 왔다고 하여 '유대인'이라고 부르기 시작했습니다.

모세의 기적 전후부터 바빌론 유수까지, 얼핏 듣기만 해도 유대인의 역사는 참으로 기구합니다. 자신의 영토 안에서 온전하게 정착하여 살아온 기간보다 외지에서 떠돈 기간이 훨씬 길잖아요? 이집트에서는 종살이를 했고, 출애굽 이후에는 광야에서 떠돌았고, 바빌로니아에서는 노예 생활을 했으니 말입니다.

귀향에서 디아스포라까지

유대인들이 자신의 고향인 이스라엘로 돌아오게 된 것은 페르시아가 바빌로니아를 멸망시켰을 때입니다. 페르시아는 서아시아를 통일하고 대제국을 건설했지만 피정복민에게 비교적 관대한 정책을 펼쳤는데, 이때 유대인들도 이스라엘 땅으로 돌아갈 수 있었습니다. 유대인 입장에서는 페르시아의 지배를 받게 된 게 오히려 행운이었던 셈입니다. 페르시아는 유대인에게 종교의 자유와 상업 활동의 자유

---

* 이탈리아의 주세페 베르디라는 탁월한 국민음악가가 작곡한 오페라 〈나부코〉에 나오는 유명한 합창곡이다.

를 인정해주었고, 그 덕분에 유대인들 가운데서도 정치적으로 고관이 되거나 많은 재산을 모은 거부들이 등장할 수 있었지요. 그리고 이렇게 종교의 자유를 누리게 됨으로써 유대 민족은 단결을 도모[†]하게 됩니다.

페르시아 제국은 오늘날의 이란 지역에 세워진 나라입니다. 동쪽으로는 인더스 강 유역, 서쪽으로는 이집트, 그리스 일부까지 지배했지요. 일찍이 서아시아를 가장 먼저 통일한 나라는 아시리아였습니다. 하지만 아시리아는 피정복민을 가혹하게 대했고 그 바람에 각지에서 반란이 끊이지 않았어요. 결국 아시리아는 얼마 못 가 멸망하게 됩니다. 이에 비해 페르시아는 피정복민이라 해도 세금과 병역 의무만 다한다면 그들이 존중하는 옛 신전을 복구해주는 등 피정복민들의 종교와 관습을 존중해주었기에 오랫동안 존속하고 발전할 수 있었습니다.

하지만 이런 평온한 시대는 마케도니아 왕국의 젊은 왕 알렉산더의 등장으로 종말을 고합니다. 페르시아가 마케도니아에 정복당해 속국이 되었기 때문입니다. 이후 기원전 129년에 유대인들은 드디어 하스모니아 왕조를 세우고 유대 국가로서 솔로몬 시대에 버금가는 번영을 누리지만 이 역시 100년도 못 되어 로마 제국의 한 주로 편입됩니다. 그리고 바로 이때 예수 그리스도가 팔레스타인의 베들레헴에서 태어나지요. 하지만 예수 그리스도는 이후 로마에서 임명한

---

† 이 사건을 유대인들은 바빌론에서 핍박 받을 때 울부짖으며 기도한 데 대한 하느님의 응답이라고 생각한다. 즉 하느님이 바빌론에서 자신들을 해방시키기 위해 페르시아를 도구로 사용했다고 생각했다.

예루살렘에 있는 '통곡의 벽'. 이름에서 알 수 있듯이 이 '통곡의 벽'은
유대인들이 나라를 잃은 설움과 아픔이 절절히 배어 있는 유적이다.

이스라엘 왕과 바리새파* 사람들에 의해 '유대인의 왕'이라 조롱 받으며 십자가형에 처해집니다.† 당시 이스라엘의 집권층이었던 바리새인‡들에게 예수 그리스도는 종교적으로나 정치적으로 반역적인 인물이었기 때문입니다.

이후 유대인들은 로마의 통치에 대항하여 여러 차례 반란을 일으켰고, 132년경 로마는 유대인들을 모두 이스라엘 땅에서 추방합니다. 이때부터 유대인들은 그들 고유의 문화와 종교 공동체를 유지하면서 세계 각지에 흩어진 채 살아가게 되는데요. 이런 현상을 '디아스포라Diaspora'§라고 합니다.

영토가 없어도 괜찮아?

디아스포라는 1948년 제2차 세계대전이 끝나면서 '이스라엘'이라는

---

* 히브리어 '페루쉼'에서 유래한 말로서 '분리된 자', '분리주의자', '구별된 자', '거룩한', '신성한', '배타적인 신앙의'라는 뜻. 율법을 지극히 세심하게 지키면서 불결한 것과 부정한 자들(세상, 이방인들)로부터 분리된 사람들이라는 의미다. 사두개파, 엣세네파와 함께 유대교의 3대 종파 중 하나다(마 12:2; 행 15:5; 빌 3:5).(라이프 성경)

† 이 이야기는 신약성서에 나온다.

‡ 바리새인들은 자신들이 신과 율법을 누구보다도 진지하게 받아들인다고 자부했다. 하지만 예수는 몇 차례나 그들을 꾸짖으면서 '위선자들'이라고 불렀다. 예수는 또한 그들이 말하는 대로 실천하지 않는다며 비난했다(마태복음 23:3). 대다수 바리새인들은 사제들의 회유를 받아 예수의 처형을 지지했다. 공교롭게도 사도 바울 역시 바리새인이었으나 그는 자신이 말한 대로 실천한 사람이었고, 그리스도교를 탄압하다가 개종한 뒤 시대를 통틀어 가장 위대한 그리스도교 전도사가 되었다. 신약성서에 수록된 그의 몇 가지 서신들을 보면 그가 바리새인들의 율법주의를 얼마나 배격했는지 알 수 있다. 바리새라는 말은 대략 '초연한 사람'이라는 뜻이므로 원래는 신앙심이 독실하다는 의미다. 그러나 예수가 그들이 독선적이라고 자주 말했기 때문에 바리새의 의미도 달라졌다.(『바이블 키워드』, 2007. 12. 24., 도서출판 들녘)

§ '흩어진 사람들'이라는 뜻으로, 팔레스타인을 떠나 온 세계에 흩어져 살면서 유대교의 규범과 생활 관습을 유지하는 유대인을 이르던 말이다.

국가가 탄생하기까지* 거의 2천 년 동안 계속되었고, 국가 수립 이후 지금까지도 많은 유대인들은 팔레스타인 땅으로 돌아가지 않고 미국, 유럽 등에서 디아스포라 생활을 계속하고 있습니다.† 지금 팔레스타인 지역 이스라엘에는 300만 명이 넘는 유대인들이 자신의 영토에서 이스라엘 국민으로 살아가고 있는데요. 당연한 결과겠지만 이렇게 자신들만의 영토로 돌아온 유대인과 디아스포라 생활을 계속하고 있는 유대인들 사이에는 점점 문화적인 격차가 심해지고 있다고 합니다.

그러고 보니 유대인들은 로마인에게서 쫓겨난 그때부터가 아니라 아브라함으로 시작된 히브리족이었을 때부터 이미 디아스포라의 민족이었습니다. 원래 살던 가나안, 즉 지금의 팔레스타인에 기근이 들자 이집트로 흘러들어 갔고, 다시 가나안으로 모세를 따라 대이동을 했다가 바빌론으로 끌려갔으며, 훗날 페르시아가 예루살렘으로 이들을 돌려보냈을 때에도 일부는 가지 않고 남아서 유배생활을 했으니까요. 심지어 로마 제국 시대에는 팔레스타인에 사는 사람들보다 로마에 사는 유대인들이 훨씬 많았다고 합니다.

이렇게 디아스포라 생활에 익숙한 유대인들에게 영토란 어떤 의미일까요? 디아스포라 생활을 가장 잘 대변하는 단어는 '박해'입니다. 유대인들은 다른 나라에서 이민족과 섞여 살면서도 자신만의 고유

---

* 영국의 '벨푸어 선언(Balfour Declaration)'을 계기로 이스라엘이 탄생한다.
† 오늘날 전세계에 사는 약 1,450만 명의 유대인들 가운데 310만 명 가량이 이스라엘에, 590만 명 이상이 미국에, 그리고 210만 명 이상이 소련에 살고 있다고 한다.

한 풍습을 지키고 종교 생활을 유지하는 것으로 유명합니다. 그들은 이것이 바로 자신들의 정체성을 지키는 일이라고 굳게 믿었고 또한 정체성을 지키기 위해 자녀들을 독특한 방법으로 교육시켰습니다. 그 덕분인지 유대인들 중에는 아인슈타인을 비롯해서 수많은 노벨상 수상자들과 예술가, 사업가 등 인류 역사에 큰 영향을 미친 인물들이 많습니다. 발명왕 토머스 에디슨, 미래학자 앨빈 토플러, 투자의 귀재 조지 소로스, 구글 창업자인 세르게이 브린과 래리 페이지, 페이스북의 창시자 마크 저커버그도 유대인입니다. 이렇게 유대인들이 탁월한 성취를 이루자 유대인의 교육 방식에 대해 전 세계적으로 관심이 쏠리고 있지요. 또한 이들은 미국이나 소련 등지에서 이미 사회의 주류가 되었기에 굳이 팔레스타인 땅으로 돌아갈 필요성을 느끼지 못합니다. 페르시아에서 정치적 고관이 되고 부유한 상인이 되었던 그 호시절好時節을 지금 미국에서 미국 시민이 되어 그대로 누리고 있으니까요.

인간을 인간으로서 살게 하는 힘, 헌법 정신

미국은 건국헌법, 수정헌법을 거치면서 정치적, 경제적 자유를 확대시켜왔고, 자유라는 가치의 우산 아래에서 여러 민족들이 조화를 이루면서 살아가는 법을 몸소 익혔습니다. 물론 전쟁 끝에 평화조약이 생기듯 미국의 경우 역시 영국으로부터의 독립전쟁이나 노예제 폐지를 둘러싼 남북전쟁 같은 내전 등 갖은 투쟁을 거치면서 자유와 평등을 획득했습니다. 이 모든 소중한 가치를 피의 대가를 치르고 배운 셈입니다. 이런 토양이 있기에 미국은 서로 다른 민족이 평화롭게 공생하는 땅이 되었고, 유대인들도 큰 무리 없이 섞여 이제는 두각을 나타내는 민족이 된 것입니다.

미국에서는 지금도 다양한 민족들이 함께 모여 살기에 인종간의 갈등, 빈부갈등이 원인이 된 크고 작은 사건들이 자주 일어납니다. 그래서인지 그럴 때 대통령이 국민들 앞에 나서서 피해자들을 다독이고 혼란스러운 국민들에게 자유와 관용의 가치를 일깨워주는 내용의 연설을 발표하는데 이럴 때 헌법정신을 매우 일상적인 언어로 이야기합니다.

예컨대 오바마^{Barack Obama} 대통령 재임 시절 올란도에서 끔찍한 총기 사건이 일어났습니다. 오마르라는 아프가니스탄 계 미국인이 올란도에 있는 게이 나이트클럽에 무장한 채 침입하여 인질극을 벌이며 총기를 난사했던 사건입니다. 경찰과 대치하는 도중 60명에 가까운 민간인이 사망하고, 50명 넘게 중상을 입었던 미국 역사상 9·11 테러 이후 최악의 테러 사건이었습니다. 그때도 오바마 대통령은 피해자들과 유족들을 위로하고 지원하기 위해 성명서를 발표했는데요. 다양한 민족들이 함께 살기 위해서는 이들을 하나로 묶어주는 근본 가치로서 '평등과 인간의 존엄성'을 수호해야 한다고 강조했습니다. 그러고는 충격에 빠진 미국 시민들에게 희생자들의 목숨을 앗아간 남자의 혐오가 아니라 희생자들이 살아온 삶처럼 서로 돌보며 서로의 생명을 존중하는 이타적인 삶의 방식이야말로 '미국을 상징하는 정신'이라고 미국인으로서의 정체성을 분명하게 일깨워주었습니다. 서로를 사랑하고 돌보는 것이 곧 혐오와 폭력에 맞서는 일이므로 공포에 굴하지 말고 서로를 탓하지 않으며 그 대신 '미국인의 정신'으로 하나가 되어 국민과 나라를 지키자고 격려했습니다. 이런 언어들이 바로 헌법 정신의 표현입니다. 그리고 이것이 국민들의 마음에 스며들 때 굳이 헌법 몇 조를 외우지 않아도 헌법이 힘을 가지고 사람들 사이에 존재하게 되고 우리는 그 위대한 힘을 믿게 됩니다.

유대인들이 자신의 영토인 이스라엘 땅으로 돌아가지 않고도 미국에서 살 수 있는 배경, 그것은 바로 유대인들이 교육을 통해 자신들의 정체성을 유지하는 것과 동시에 미국인으로서의 정체성을 갖게 하는 헌법 정신의 존재가 그들을 보호해주거나 적어도 보호해줄 것을 믿기 때문이 아닐까요?

망국의 운명을
고스란히 같이하다

#청년 외교관 이위종 #축제 때의 뼈다귀 #경계인으로서의 삶

> 제3조   대한민국의 영토는 한반도와 그 부속도서로 한다.
>
> 제5조   제1항 대한민국은 국제평화의 유지에 노력하고 침략적 전
> 쟁을 부인한다.
>
> 제2항 국군은 국가의 안전보장과 국토방위의 신성한 의무
> 를 수행함을 사명으로 하며, 그 정치적 중립성은 준
> 수된다.

미션 임파서블

옆의 사진을 보세요. 헤이그 특사로 파견되었던 이준李儁, 이상설李相卨, 이위종李瑋鍾의 모습입니다. 제가 중학교에 다닐 때에도 역사 교과서에 실렸던 사진이죠. 1907년 고종 황제가 국호를 조선에서 대한제국으로 바꾸고 을사늑약*을 무효화하고자 고군분투하던 때, 네덜란드 헤이그에서 중요한 국제회의가 열렸습니다. 고종은 각 나라 대표

---

* 대한제국 광무 9년(1905)에 일본이 한국의 외교권을 빼앗기 위하여 강제적으로 맺은 조약. 고종 황제가 끝까지 재가하지 않았기 때문에 원인 무효의 조약이다.

1907년 헤이그 특사로 파견되었던 이준, 이상설, 이위종(왼쪽부터)

1907년에 개최된 제2차 헤이그 회담(The Second Hague Conference in 1907)

들 앞에서 일본이 우리나라 외교권을 박탈한 내용의 조약을 일방적으로 맺은 것이 무효임을 알리려고 이들을 파견했습니다. 중학생 시절의 저는 이것이 그저 역사 속 한 장면을 보여주는 사진이라 생각했지만, 지금은 이 사진의 의미가 사뭇 다르게 다가옵니다. 몇 년 전 우연히 신문에서 읽었던 이위종에 대한 기사 때문인데요. 이위종은 다른 두 사람에 비해 훨씬 젊어 보입니다. 그도 그럴 것이 이위종은 당시 갓 스무 살을 넘긴 청년이었거든요.

저는 우연히 읽게 된 신문기사에 감동 받아 100년 전의 그 시절 그때로 시간여행을 했는데요. 덕분에 나라를 잃은 한 청년의 비장하면서 순결한 목소리가 귀에 매섭게 꽂혀 한동안 가슴이 먹먹했답니다. 이위종은 그야말로 조국의 운명과 자신의 운명이 일치된 삶을 살았던 인물이었습니다. 외교관인 아버지를 따라 미국, 러시아, 프랑스 등지에서 외국 생활을 했던 그는 스물네 살 청년임에도 불구하고 영어는 물론 프랑스어와 러시아어 등 7개 국어에 능통했던 명실상부한 '국제인'이었습니다. 러시아 공사였던 아버지 밑에서 서기관으로 일하기도 했던 이위종은 이상설이 정사正使로, 이준이 부사副使로 헤이그에 파견될 때 함께 부사로 임명되어 통역과 문서 작성을 전담했습니다. 회의장 앞에서 배포했다는 「왜 대한제국을 제외하는가?」라는 불어로 된 성명서도 그가 작성했습니다.

그들은 서울에서 출발해서 블라디보스토크를 거쳐 북간도, 베를린, 브뤼셀을 지나 두 달 만에 헤이그에 도착했습니다. 하지만 초청장이 없다는 이유로 회의 참석을 거부당합니다. 실제로는 일본이 대한제국의 회의 참석을 반대했기 때문에 길이 막힌 것이었어요. 사실 당시의 국제 정세는 일본과 미국이 가쓰라-태프트 밀약Taft-Katsura agreement*으로 한국과 필리핀에 대한 침략을 서로 눈감아주기로 했던 터라 만국평화회의라는 것은 강대국들이 벌인 '그들만의 잔치'에 지나지 않았습니다. 애당초 국제회의에서 을사늑약의 무효를 확인받으려던 헤이그 특사의 밀명은 문자 그대로 '미션 임파서블'이었던 셈입니다.

우연이 만들어낸 필연

그런데 멋진 우연이 개입합니다. 만국평화회의장에 들어가지 못한 채 좌절하여 계단에 앉아 있던 이위종을 윌리엄 스테드라는 신문기자가 발견한 것입니다. 그는 이위종과 인터뷰를 했고 그 내용을 신문에 실었습니다. 그러자 대반전이 일어납니다. '축제 때의 뼈다귀'라는 제목의 이 기사 중 이위종과 윌리엄 스테드의 인터뷰 부분을 함께 볼까요?

---

* 러일전쟁 직후 미국의 필리핀에 대한 지배권과 일본 제국의 대한제국에 대한 지배권을 상호 승인하는 문제를 놓고 1905년 7월 29일 당시 미국 육군 장관 윌리엄 하워드 태프트와 일본 제국 내각총리대신 가쓰라 다로가 도쿄에서 회담한 내용을 담고 있는 대화 기록이다. 각서에 따르면 일본 제국은 필리핀에 대한 미국의 식민지 통치를 인정하며, 미국은 일본 제국이 대한제국을 침략하고 한반도를 '보호령'으로 삼아 통치하는 것을 용인하고 있다. 이 밀약은 대한제국에 대한 일제의 식민지배와 필리핀에 대한 미국의 식민지배를 상호 양해한 일종의 신사협정이었고, 이 합의로 대한제국에 대한 미국의 개입을 차단한 일제는 같은 해 11월 17일 대한제국에 을사늑약을 강요했으며, 미국은 이를 사실상 묵인했다.

기 자 : 여기서 무엇을 하십니까? 왜 딱한 모습으로 나타나서 이 모임의 평온을 깨뜨립니까?

이위종 : 흔히 제단이 헤이그에 있다고 말하는, 법과 정의, 평화의 신을 혹시라도 이곳에서 만날 수 있으리라 기대하며 먼 나라에서 왔습니다.

기 자 : 드 마르땅(de Martens)씨*가 1899년 숲 속의 집(제1차 만국평화회의 장소)에서 이 제단을 찾았습니다.

이위종 : 1899년, 그때부터 법의 신께서는 무명의 신이 되셨군요. 도대체 이 방에서 대표들은 무엇을 하는 것입니까?

기 자 : 그들은 전 세계의 평화와 정의를 보장하기 위한 조약들을 체결할 것입니다.

이위종 : (조소 어린 웃음과 함께) 조약들이요? 조약이란 도대체 무엇입니까? 내가 그것에 대해 말해보겠습니다. 내가 알고 있습니다. 왜 대한제국이 이 회의에서 제외됐습니까? 조약들이란 바로 위반되도록 만들어지는 것에 지나지 않기 때문입니다.

(중략)

기 자 : 하지만, 우리가 여기서 무엇을 할 수 있겠습니까?

이위종 : 그렇다면, 이 세상에 정의란 없군요. 여기 헤이그에서조차도. 당신들은 우리 한국인들에게 이렇게 얘기하려는 것이로군요. 결국, 가증스럽게 당한 치욕을 회복할 길은 없고, 정당한 조약이 불법적으로 위반됐다고 항의해도 무시되며, 또 한 나라의 독립은 그것의 국제적인 보

---

* 당시 헤이그 국제회의에 참석한 러시아 대표, 법학자이자 외교관이며 국제중재인. 헤의그 국제회의에서 해상법위원회 의장으로 활동했다고 한다.

장 여부와 관계없이 침탈당할 수 있는 것이라고….

기　자 : 당신은 일본이 강대국임을 잊고 있습니다.

이위종 : 그렇다면, 당신들이 말하는 법의 신이란 유령일 뿐이며, 정의를 존중한다는 것은 겉치레에 지나지 않고 당신들의 기독교란 한낱 위선에 불과합니다. 왜 대한제국이 희생되어야 합니까? 대한제국이 약자이기 때문입니까? 도대체 무엇을 위해서 정의, 권리, 그리고 법에 대해 말할 수 있겠습니까? 왜 대포가 유일한 법이며 강대국들은 어떤 이유로도 처벌될 수 없다고 솔직히 시인하지 않습니까?"

기　자 : 하지만…(변명했다)

이위종 : (참지 못하고 말을 이었다) 싫습니다. 정의에 대해 나에게 말하지 마십시오. 당신은 소위 말하는 평화주의자가 아닙니까? 그렇다면, 나에게서 당신 신념과 어긋나는 점을 찾아보십시오. 대한제국은 무장하지 않는 나라였습니다. 그리고 대한제국은 침략적 야심이라고는 전혀 없는 나라였습니다. 대한제국은 평화롭게 조용히 살아갈 것만을 원했습니다.

(중략)

대한제국이 주변 강대국들에 대항해 성공적으로 국토를 방어해내기 어려운 나라라고 말하지 마십시오. 대한제국은 구릉 하나하나가 천연 요새를 이루는 산악 국가이며, 이천만 우리 민족은 우리나라를 극동의 스위스처럼 만들 수 있었습니다. 그러나 우리는 전쟁을 원하지 않았습니다. 우리는 평화를 사랑하는 국민이었습니다. (중략) 내가 여기 이 문 앞에 앉아 있다는 이 사실은, 칼이 아니라 법과 정의, 평화의 신을 신뢰하는 다른 나라들이 겪을 운명을 보여주는 것에 지나지 않습니다.

윌리엄 스테드는 다음과 같이 덧붙이며 인터뷰기사를 마무리합니다.

정의를 갈망하며 회의장 문 앞에 앉아 있는 이위종을 홀로 남겨두고 기자
는 떠나왔다. 분명 올라프Olaf 왕의 사가saga의 메아리를 들은 듯했다.
"무력이 세계를 지배한다.
세계를 지배해왔다.
세계를 지배할 것이다.
온유함은 연약한 것이다.
승리하는 것은 바로 무력이다." (후략)

윌리엄 스테드에게 이위종과의 만남은 매우 인상적이었을 것입니
다. 윌리엄 스테드는 이위종과의 일문일답을 〈평화회의보〉에 실었
고, 이 인터뷰 기사가 각국 신문기자들에게 널리 알려지면서 이위
종은 결국 세계 각국의 기자들이 모이는 회의에 귀빈으로 초대되어
연설할 기회를 얻게 됩니다. 이때 '한국을 위한 호소'라는 연설을 통
해 이위종은 을사늑약이 강제로 체결된 경위와 일본의 침략상을 낱
낱이 지적하여 폭로하고, 대한제국은 독립국으로서 황제와 온 국민
은 독립을 열망하고 있으니 전 세계가 한국의 독립에 협조해줄 것
을 유창한 프랑스어로 호소하여 열국의 주목을 받습니다. 그의 열
정적인 호소는 각국 언론인은 물론 각국 대표 및 수행원들에게까지
감명을 주었고 이후 매일 같이 각국 신문에서 한국의 사정을 논하
게 되어 그 호소문의 전문이 게재되고 한국에 대한 여론이 일어났

다고 하니, 만국평화회의에 참석할 수 없었음에도 그는 미션을 완수한 셈이 된 것입니다.

경계인으로 살아가기

하지만 이위종은 이 일로 인해 고국에 돌아갈 수 없는 신세가 됩니다. 당시 친일정부와 일제 통감부가 그들이 해외에 있는 동안 궐석재판을 열어 이상설에게는 사형을, 이준과 이위종에게는 무기징역을 선고했기 때문입니다. 이후 부친 이범진이 있는 러시아 페테르부르크로 간 이위종은 그곳에서 1910년 한일합방 소식을 듣게 되고 1년 뒤인 1911년에는 러시아 주재 공사인 부친 이범진이 자결합니다. 이범진은 을사늑약으로 외교권이 박탈된 뒤에도 송환에 응하지 않고 러시아에 머물며 외교관으로서 군자금을 모아 의병들을 지원하였으며, 공관을 빼앗기고 아파트로 들어가 살면서도 대한제국 공사로서의 소임을 다하였습니다. 그러나 경술국치로 모든 희망이 사라지자 무력감에 스스로 목숨을 끊은 것입니다.

우리의 조국 대한은 이미 죽었습니다. 전하께서는 모든 권리를 빼앗겼습니다. 소인은 적에게 복수할 수도, 적을 응징할 수도 없는 무력한 상황에 처해 있습니다. 소인은 자살 이외에는 다른 아무것도 할 수 없습니다. 소인은 오늘 생을 마감합니다.

이위종에겐 러시아 귀족이었던 아내와 세 딸이 있었는데요. 당시 러시아는 혁명 직전의 어수선한 시기였으므로 처가의 입지도 불안했고 곧이어 몰락하게 됩니다. 그리고 이들 가족은 부친 이범진의 사망 후 심한 생활고에 맞닥뜨리게 되지요. 당시 상황을 적은 서신을 보면 그가 얼마나 힘든 생활을 하고 있었는지 알 수 있습니다. 하지만 그는 일본의 도움을 받기보다 죽는 것이 낫다고 생각했습니다.

저는 극빈 상태에 처해 있습니다. 어제 러시아 외무부 직원이 제게 전하기를 일본 대사관에서 저를 도울 수 있다고 했습니다. 저는 비록 무척 곤궁하나 그와 같은 원조는 거절합니다. 그런 수치스러운 운명을 맞는 것은 스스로 목숨을 끊으신 제 선친 뒤를 따르는 것만 못합니다.

이후 이위종은 가족 부양과 생계를 위해 주류 판매장에 자리가 나는 것을 기다리며 진정서를 내기도 했고, 1912년 교통부 소관인 페테르부르크 역에서 세관의 화물 관리원으로 자리를 얻어 잠시 일하기도 했습니다. 하지만 이런 생활인으로서의 삶은 오래가지 못했습니다. 아내와 별거하고, 연금은 모두 세 딸을 키우는 아내에게 돌린 채, 자신은 혈혈단신으로 조선인도 러시아인도 아닌 경계인으로서의 삶을 시작합니다.

그러나 이후의 행적은 분명하지 않습니다. 일설에는 러시아 혁명에 참여하여 한국의 독립을 이뤄줄 것은 러시아라고 주장했다는 붉은 군대의 장교 '이위청'이 이위종이라는 주장도 있었으나 역사가들은 대체로 그가 러시아 혁명 때 처형당했거나 세계대전 중인 1917년 경 사망했을 것이라고 추측했습니다. 그런데 2000년대에 들어와서 이위종이 썼다는 자서전이 구소련 문서에서 발견되면서 그가 적어도 자서전을 제출한 1924년까지 생존해 있었다는 사실과 더불어 1917년 이후의 모호했던 행적에 대해서도 어느 정도 밝혀지게 되었습니다.

자서전에 의하면 그는 제1차 세계대전 중이었던 1915년, 페테르부르크의 블라디미르 군사학교에 들어가 장교 훈련을 받은 후, 정식 소위로 임관하여 1916년에는 러시아군의 장교로 서부 전선에 배치되었으며, 1917년 8월까지 여러 전선戰線에 참가합니다. 1917년 10월 러시아 혁명이 성공하자 독일과 단독 강화조약이 이루어지고 러시아군이 동원 해제 되었을 때 모스크바로 돌아왔다가 1918년경 볼셰비키에 입당해서 붉은 군대 산하 '제3국제연대'에 입대해 지휘관으로 활동했다고 합니다. 당시 러시아는 혁명으로 정권을 장악한 볼셰비키 당과 그에 맞서는 러시아 황제 등 서구 자본주의 국가의 지원을 받는 구세력들 간에 내전內戰*이 계속되던 중이었고, 당시 체코군의 봉기를 빌미로 서구 열강들이 군대를 파견해 간섭하면서 내전은 국제전의 양상을 띠게 되었습니다. 이때 러시아 지역 내의 많은 소수 민족들이 혁명 세력인 레닌의 민족 자결 원칙에 고무되어 붉은 군대의 편에서 내전에 참여했다고 하는데, 이위종도 그 당시에는 조

---

* 적백 내전(赤白內戰, 1917년 10월 25일~1922년 10월)은 10월 혁명 이후에 볼셰비키가 페트로그라드를 장악하자 옛 러시아 제국 영토를 둘러싸고 여러 당파와 교전 세력이 전투를 벌인 전쟁을 말한다.

선의 독립이 사회주의 혁명을 성공시킨 러시아의 도움을 받아 이루 어질 수 있다고 믿었던 듯합니다. 내전 중에는 백색 군대를 격퇴하 고 이르크추크를 탈환하는 등 무공을 세우고, 군을 나온 뒤에는 공 산당 간부로 활동했다고 하는데요. 그의 자서전이란 바로 이즈음 그 가 공산당에 제출했던 러시아어로 된 3장짜리 이력서를 말합니다.[*]

잔칫상의 뼈다귀, 죽음을 기억하라!

그의 삶을 살피다 보면 우리가 지금 주권을 가진 어엿한 독립국가 의 국민으로 살고 있다는 사실에 새삼 감사하게 되고, 또한 한국인 으로서의 정체성이란 과연 무엇인지도 함께 고민하게 됩니다.

청년 이위종은 조선시대에 양반 가문에서 태어나 당시로서는 드 물게 미국에서 소학교를 다녔고, 프랑스에서 육군사관학교를 나왔으 며, 러시아에서 외교관으로 활동하다가 러시아 귀족 아가씨와 결혼 하기 위해 유교를 버리고 러시아 정교로 개종했습니다. 그리고 고종 의 특사로 일본과 제국주의에 반대하는 외교 활동을 펼치다 실패하 자 연해주에서 의병 활동을 했으며, 러시아 황제 군대의 장교로 제 1차 세계대전에 참전했고, 나중에는 러시아 볼셰비키 당의 산하 군 대에서 혁명군을 도왔습니다.

그는 조선인이자 근대인이었고, 러시아 장교이자 항일 운동가이며,

---

[*] 『근대인 이위종의 생애와 시대인식』, 윤상원, 한국인물사연구, 제20호.

외교관이자 의병이었습니다. 그의 활동은 대륙을 넘나들고 그의 변신은 그 짧은 생애 동안 명문가의 자제에서 특사, 화물관리인, 의병, 러시아 장교 등으로 변신을 거듭하며 몇 개의 삶을 살아냈습니다. 하지만 그가 되고자 했던 가장 진정한 모습은 '자유와 평화를 누리는 해방된 조국 대한민국의 평범한 한 사람'이 아니었을까요?

월리엄 스테드가 이위종의 인터뷰를 다룬 〈축제 때의 뼈다귀(해골)〉이란 제목의 기사 전문은 이렇게 시작됩니다.

이집트인들에게는 잔칫상에 뼈다귀(해골) 하나를 올려놓는 습관이 있다. 회식을 즐기는 사람들로 하여금 '죽음을 생각하라'는 의미라고 한다. 불멸의 신의 섭리로 열리게 된 이번 헤이그 잔치에 불행하게도 이집트의 뼈다귀가 나타났다.

그 이집트의 뼈다귀가 바로 망국의 조짐을 보이는 대한제국의 밀사 이위종이었던 것이지요. 당시 제국주의의 열강에게 식민지로 먹혀들어가는 약소국은 비단 대한제국뿐만이 아니었을 것입니다.

죽음을 기억하라!Memento mori! '축제 때의 뼈다귀'라는 제목은 약소국의 호소에 침묵하는 만국의 무심함에 대한 영국인 기자의 조용한 항의 또는 경고의 표시였겠지요.

내가 여기 이 문 앞에 앉아 있다는 사실은, 칼이 아니라 법과 정의, 평화의 신을 신뢰하는 다른 나라들이 겪을 운명을 보여주는 것에 지나지 않습니다.

그 영국인 기자가 '잔칫상의 뼈다귀'를 떠올린 것은 아마도 이위종이 만국평화회의장 입장을 거부당하고 문 앞의 계단에 앉아서 이 말을 하던 바로 그 순간이 아니었을까요?

성실히 일하는 것도 때로 죽을죄가 될 수 있다고?

#악의 평범성 #예루살렘의 아이히만
#권위가 반인륜적일 때 죄를 피하는 법

> 조국의 민주개혁과 평화적 통일의 사명에 입각하여 정의 인도와 동포
> 애로써 민족의 단결을 공고히 하고
>
> **제5조**　제1항 대한민국은 국제평화의 유지에 노력하고 침략적 전
> 　　　　　쟁을 부인한다.
>
> **제19조**　모든 국민은 양심의 자유를 가진다.
>
> **제21조**　제1항 모든 국민은 언론 출판의 자유와 집회 결사의 자유
> 　　　　　를 가진다.

나치 전범의 재판

1961년 이스라엘의 예루살렘에서 희대의 재판이 열렸습니다. 바로 아르헨티나에서 체포한 나치 전범 '아이히만'에 대한 재판이었어요. 제2차 세계대전이 끝난 지 이미 10년이 넘은 뒤의 일입니다.

　1930년대 독일에서는 정권을 잡은 나치는 제2차 세계대전 중 세계 인구의 5천만 명을 죽음으로 내몰고 유대인 600만 명을 학살하는 반인륜적 범죄를 자행했습니다. 아이히만은 당시 나치 정부의 고위 관료로서 유대인 학살의 책임을 맡아 그 끔찍한 직책을 '성실히

수행'한 인물입니다. 전쟁이 끝날 무렵 독재자 히틀러는 권총으로 자살했고, 대다수 고급 관료들은 뉘른베르크에서 전범 재판을 받고 처형되었습니다. 아이히만은 10년 넘게 세계 각국으로 도피 생활을 하던 중 아르헨티나에서 체포되어 예루살렘의 전범 재판소로 넘겨 졌고, 수개월에 걸친 재판 끝에 결국 교수형에 처해집니다.

이때 한나 아렌트Hannah Arendt, 1906~1975라는 유대인 철학자가 미국 《뉴요커》라는 잡지사의 의뢰를 받아 그 재판을 처음부터 끝까지 경 청한 후 보고서를 작성해 기고했는데요. 그 보고서를 엮어 출판한 책이 바로 『예루살렘의 아이히만: 악의 평범성에 대한 보고Eichmann in Jerusalem: A Report on the Banality of Evil』입니다.* 그런데 아렌트의 보고서는 당시 큰 논쟁을 불러 일으켰을 뿐 아니라 이스라엘의 유대인들로부터 비 난을 받으면서 결국 그녀는 동족인 유대인들로부터 적으로 간주되 기에 이릅니다. 그 이유가 무엇일까요?

'악의 평범성'이라는 말의 힘

한나 아렌트는 1906년 독일에서 태어난 유대인 여성입니다. 그녀는 나치가 독일에서 정권을 잡고 유대인을 2급 시민으로 박해할 때 미 국으로 망명했습니다. 그녀의 저작 『예루살렘의 아이히만: 악의 평범 성에 대한 보고』는 현대의 고전이 되었는데, 이 책의 부제는 "악의

---

* 그 당시 한나 아렌트가 재판을 관찰하면서 겪은 경험을 다룬 영화도 있다. 〈한나 아렌트〉라는 제목 의 영화로 한나 아렌트 개인의 생애와 시대적 배경도 함께 다루고 있다.

예루살렘에서 재판 중인
아이히만(1961)

평범성에 대한 보고서"입니다. 이 책이 현대의 고전이 된 이유이면서 동시에 한나 아렌트가 유대인들로부터 비난을 받게 된 이유가 바로 이 "악의 평범성"이라는 표현 때문이라고 해도 과언이 아닙니다.

아이히만에 대한 재판은 전쟁에서 살아남은 유대인들에겐 매우 중요한 재판이었습니다. 당시 유대인들의 신생 국가였던 이스라엘의 수상 벤구리온은 이 재판이 전 세계에 방영되기를 바랐습니다. 아이히만을 사형에 처해 반유대주의의 종말을 보여주는 동시에 나치의 잔혹성을 고발함으로써 인류에게 모종의 교훈을 주고 싶었겠지요. 유대인들 역시 재판을 통해 나치의 일원으로서 학살의 주범 노릇을 한 아이히만이 어떤 거대한 악성惡性을 지닌 인물임이 증명되기를 기대했습니다. 하지만 한나 아렌트는 재판이 진행될수록 혼란을 느낍니다. 아이히만에게서 특별히 혐오스럽거나 끔찍한 악행을 저지를 만큼 잔인하고 냉혹한 모습을 볼 수 없었기 때문이지요. 대신 아렌트가 확인한 것은 그의 무능함이었습니다. 우리 주위에서 일상적으로 볼 수 있는 평범함과 무능함, 바로 그것이지요. 그는 자기에게 중요한 일이나 사건에 대해 제대로 기억하지 못했으며 상투적인 표현을 단어 하나 틀리지 않고 일관성 있게 반복했습니다. 이를 테면 아이히만은 계속해서 "나는 명령을 따랐을 뿐입니다. 히틀러는 당시 그 누구라도 따라야 하는 독일 최고 지도자인 총통이었기 때문입니다"라고 앵무새처럼 같은 말을 되뇌었습니다.

독일은 제1차 세계대전에 패한 뒤 막대한 보상금을 승전국에 지급해야 하는 조약에 묶여 있었습니다. 이에 따라 화폐 가치가 하락하여 돈이 종잇조각보다 못하게 취급되는 인플레이션이 만연했던 시기였습니다. 이처럼 격심한 혼란기에 히틀러는 독일을 재무장하고 강한 나라로 만들려면 영토 전쟁도 불사해야 한다면서 공격적인 정책을 내놓아 다수의 지지를 얻게 됩니다. 그러고는 곧 독일을 이끄는 총통의 자리에 앉게 됩니다. 히틀러의 수족 아이히만은 "모든 것이 틀린 것은 아니지만 이 하나 만큼은 확실합니다. 그 사람은 노력을 통해 독일 군대의 하사에서 거의 8,000만에 달하는 사람의 총통의 자리에 도달했습니다. 그 성공만으로도 이 사람에게 복종해야 할 충분한 이유가 되지 않을까요?"라고 말했습니다. 그의 이 말은 곱씹어볼 필요가 있습니다. 누구라도 권위에 복종하는 것이 차라리 쉬운 일인 반면 권위를 거부하는 데엔 흐름에 저항할 수 있는 자발적인 사고의 힘이 요구되기 때문입니다.

판사들은 그의 증언이 불성실하고 공허한 말뿐이라고 판단했지만 한나 아렌트의 생각은 달랐습니다. 그의 언어구사의 빈곤함은 표현의 무능함이자 생각의 무능함이며, 이는 곧 타인의 입장에서 생각할 수 있는 능력이 없다는 결론을 내린 것입니다. 그의 악은 도덕성이 결여된 잔혹함이 아니라 타인과 공감하는 능력이 결여된 것, 비판적으로 생각하기를 포기한 데서 비롯되는 무능함으로서 이는 도처에 흔한 것이라고 지적한 것입니다. 즉, 아이히만에게서 발견한 것은 병적인 잔혹함이나 거대한 악이 아니라 우리 주변에서 흔히 볼 수 있는 사고의 무능함이 불러온 평범한 악에 불과하다는 것입니다. 바로 이 주장이 유대인들의 심기를 건드린 것이지요.

동화주의자, 시온주의자

아이히만은 재판 과정에서 자신이 그의 동료들과 함께 저지른 엄청난 규모의 악행에 대해서 모두 시인하고 인정하면서도 어떤 후회도 어떤 양심의 가책도 느끼지 않는다고 했습니다. 그는 "오로지 상부의 명령에 따랐을 뿐이며 때로는 유대인을 추방한 것이 유대인의 이주를 도와준 것이었다"라고 주장하기도 했습니다. 아이히만은 도대체 어떤 근거로 "유대인을 추방한 것이 도와준 것이었다"라고 인식할 수 있었을까요?

당시 유럽에서는 기독교와 천주교 등 예수를 믿는 종교가 주류를 이루었고 유대인은 예수를 죽인 민족이라고 하여 반유대주의 분위기가 뿌리 깊게 자라고 있었습니다. 이런 분위기에서 유대인 중에는 그럼에도 불구하고 유럽인의 문화를 받아들여 유럽인으로서 정체성을 가지고 살기를 바라는 '동화주의자'들이 있었는가 하면, 유대인만의 고향 시온으로 돌아가기를 원하는 무리들, 소위 '시온주의자'들도 있었습니다.

독일 나치가 정권을 장악한 뒤 유대인 문제에 대해 내린 첫 번째 해결책은 바로 '추방'이었어요. 이 첫 번째 정책에 따라 아이히만은 대단한 열정과 조직력으로 몇 십만 명의 유대인들을 독일에서 팔레스타인으로 이주시켰는데요. 이를 두고 아이히만은 이 같은 추방 또는 이민이 유대인 문제의 가장 적절한 해결책이었고, 따라서 자신은 유대인들의 시온주의에 적극 동감하는 입장에서 원하는 대로 도와주었을 뿐이라고 주장한 것입니다.

여기서 잠깐 동화주의자와 시온주의자에 대해 알아볼까요? 앞서 유대인들의 디아스포라에 대해 살펴본 것처럼, 유대인들은 자신의 고향인 팔레스타인으로 돌아가기를 원했고, 결국 제2차 세계대전이 끝났을 때에는 영국의 밸푸어 선언 이행으로 팔레스타인에 이스라엘을 세우게 됩니다. 이렇게 시온으로 돌아가 유대인들만의 국가를 세우자는 운동이 시오니즘이며, 시오니즘 운동에 동참한 사람들이 시온주의자들입니다. 이 시오니즘은 유럽에서 자신들만의 영토 없이 객^客으로 살아가는 유대인들에게나 반유대주의가 정치적으로 이용되면서 분쟁의 위기에 서게 되는 유럽인들에게나 모두 좋은 해결책이 될 수 있었습니다.

시온주의자 중 유명한 사람이 알베르트 아인슈타인입니다. 우리가 천재 물리학자로 알고 있는 아인슈타인은 원래 독일 국적의 유대인으로 스위스 공과대학에서 박사 학위를 받고 베를린 과학아카데미에서 활동했으나 늘 반유대주의의 벽에 부딪혀야 했습니다. 그는 1921년 노벨물리학상을 받은 이후 유럽과 세계 각국을 돌아다니며 강연할 때마다 독일의 군국주의를 비판하면서 세계 평화와 반전을 주장했고 시오니즘을 지지했습니다. 이런 그를 독일에서는 공산주의자로 몰기도 했지요. 1932년 미국에서 강연 중일 때 히틀러가 정권을 잡았다는 소식을 듣게 된 그는 그 길로 독일 영사관을 찾아가 독일 국적을 영구히 포기하고 미국에서 망명 생활을 시작합니다. 그리고 미국 대통령에게 독일의 군국주의의 위험과 핵무기 개발에 대처할 것을 촉구하는 편지를 썼습니다.

한편 유대인들 중에는 현재 자신이 발 딛고 살고 있는 유럽 국가에서 그들과 함께 섞여서 세속 문화를 받아들이면서 유럽인의 정체성을 가지고 동화되어 사는 것을 원했던 사람들도 있었습니다. 그들을 동화주의자라고 했는데요. 당시 유대인 지도자층에는 동화주의자들이 많았을 뿐 아니라 이들 중에는 나중에 유대인 학살을 집행하는 데 협조한 사람들도 많았습니다.

그러고 보면 한나 아렌트는 '악의 평범성'이라는 표현으로, 유대인 자신조차도 유대인 학살의 책임에서 완전히 자유로울 수 없다는 것을 표현하려 했고, 이는 유대인인 자신에게도 뼈아픈 진실일 수밖에 없다는 것을 말하고자 했던 것이 아닐까요? 『예루살렘의 아이히만』에서 가장 인상 깊었던 부분은 당시 유대인 지도층이 어떻게 유대인 학살자 수가 증가하는 데에 기여했는지를 지적하는 부분[*]입니다. 이 재판에서 아이히만은 피고인으로서 분명히 가해자이고, 검찰이 대변하고 있는 이스라엘과 유대인은 명백한 피해자로 드러났어야 하지만, 한나 아렌트가 증거 자료들을 통해서 본 것은 그 이상의 진실이었습니다. 즉 그 긴박했던 시절, 나치의 유대인 정책에 아무런 저항을 느끼지 않았던, 오히려 반유대주의를 지지했던 다수의 독일인들뿐 아니라 자신에 대해서만큼은 특별 케이스를 요구한, 그래서 자신과 가족의 목숨만은 부지할 수 있었지만 특별 케이스에 해당하지 않는 동족의 죽음에 대해서는 암묵적으로 동의했던 저명한 유대인 지도층에서부터, 동화주의자들, 사회주의자들, 그리고 양심을 지키기 위해 차라리 취업을 포기했던 평범한 독일 사람들에 이르기까지 유대인과 독일인들 각계각층의 반응과 행동을 다양하게 소개함으로써 유대인 학살의 책임과 원인을 단순히 아이히만 개인의 악행과 도덕성 문제로만 보는 데 의문을 제기한 것입니다. 이것이 한나 아렌트가 동족인 유대인들로부터 비난을 받고 적으로 간주된 이유겠지만, 그녀가 지금까지 세상에 영향을 미치는 철학자로 남게 된 배경이기도 합니다.

[*] 제6장, 최종해결책: 학살, 제7장, 반제회의, 혹은 본디오 빌라도

유대인 이야기, 우리 이야기

이들의 이야기는 남의 이야기이면서 동시에 나의 이야기가 될 수 있습니다. 유대인 학살 이야기는 너무나 끔찍하고, 그러한 시련기의 유대인들의 분열은 유대인이라는 특별한 민족에게만 일어난 듯 보이지만, 실은 어디서나 일어날 수 있는 보편적인 이야기입니다. 1930년대 즈음 우리나라에서도 그 비슷한 일이 일어나고 있었거든요.

히틀러에 반대했던 아인슈타인이 독일 국적을 완전히 포기하고 미국에서 망명 생활을 시작했을 즈음, 우리나라는 일제 강점기였습니다. 1919년 3월 1일 독립 만세 운동이 일어나자 일본은 한국인들이 고유의 정체성과 정신적인 독립성을 유지하는 것이 일본의 식민 정책에 심각한 위협이 될 수 있다는 것을 깨달았습니다. 이후 일본은 한국인들이 고유의 정체성을 버리고 일본에 동화되도록 하기 위해 '내선일체內鮮一體'를 앞세우며 조선어 사용을 금지하고, 〈조선일보〉와 〈동아일보〉를 폐간하는 등 일체의 민족 문화 활동을 방해합니다. '내선일체' 론은 내지內地(본국)인 일본과 선鮮(조선)이 한 몸이라는 이론입니다. '일선동조' 론도 마찬가지로 이는 "일본과 조선은 조상이 같다"는 주장입니다. 이후 일본은 1937년 중일전쟁 때 우리 민족을 전쟁에 투입하려는 목적으로 민족말살정책을 더욱 강화했고, 창씨개명운동을 펼쳐 아예 이름을 일본식으로 바꾸게 하면서 이름을 바꾸지 않을 경우 학교에 입학도 허가하지 않았습니다. 그 후 1942년 제2차 세계대전 때 일본은 우리 민족을 징집해서 전쟁에 동원하기 위해서 내선일체론을 더 강력히 주입하고, 일선동조론을 내

세워 일본의 조상신인 아마테라스天祖大神의 신주를 조선인의 가정에 걸어놓고 숭배하도록 강요합니다. 한국인으로서의 정체성을 완전히 소멸시키겠다는 의도였지요.

이때 일본의 민족말살정책에 협조했던 조선인 지식인*들이 있습니다. 이들을 동화주의자라고 표현할 수도 있겠군요. 독일과 다른 점이라면 독일에서는 당시 집권당인 나치가 반유대주의를 표방하면서 유대인들의 법적 권리를 제한해서 2등 시민으로 살게 하거나 추방하거나 학살하는 정책을 취했던 데 비해 일본은 아예 한국인으로서의 정체성을 해체시키고 일본인으로 둔갑시켜 한국의 젊은이들을 전쟁에 동원시켰다는 점입니다. 어린 소녀들조차 군부대의 위안부로 강제로 끌어갔고, 전쟁이 끝났을 때엔 조선인들을 대량 학살해서 구덩이에 매몰했습니다. 즉 독일인들이 유대인을 싫어하면서 쫓아내거나 지구상에서 소멸시킬 작정이었던 반면 일본은 조선인들을 자신을 위한 살아 있는 도구로 이용하려 했던 것입니다.

이런 어두운 시대에 조선인만의 나라를 조선 땅에 세우겠다는 희망을 품고 독립운동을 하고 상해에 임시정부를 세웠던 사람들은 어쩌면 시온주의자 같은 꿈을 꾸었는지도 모르겠습니다. 일본으로부터 해방되어 독립한 조선인들만의 나라를 조상 대대로 살아온 한반도에 언젠가 다시 세울 꿈을 꾼 것이지요. 그렇다면 한국의 동화주의자들이 꾼 꿈은 무엇이었을까요? 슬프게도 영원히 한 몸이 될 수

---

* 이광수, 김활란, 최남선, 박중양, 윤치호와 같은 사람이다.

없는데도 한 몸이 될 수 있다는 헛된 희망을 가지고 자신을 속이면서 분열된 자아로 망각과 오판 속에서 그 시대를 살아갔던 게 아닐까요? 해방된 조국을 기대하지 않았기에 조국의 해방이 오히려 그들에게는 재앙이 되었을 당시 한국의 동화주의자들은 자신이 나중에 친일파로 불리며 역사의 심판대에 오르게 될 운명이라는 것을 그때는 결코 알지 못했을 것입니다.

불행한 과거를 기억해야 하는 이유

다시 아이히만 이야기로 돌아갑시다. 1939년 독일의 폴란드 침공으로 제2차 세계대전이 시작되면서 나치는 유대인에 대한 새로운 해결책으로 집단수용소(아우슈비츠)와 강제거주구역(게토)을 세워 이곳에 유대인을 수용합니다. 이때 300만 명의 폴란드계 유대인들은 전쟁 발발과 동시에 학살되었습니다. 그리고 저 유명한 폴란드의 아우슈비츠 수용소에서는 유대인 문제에 대한 소위 '최종 해결책'이 실행되었습니다. 최종 해결책이란 일종의 은어였는데요. 바로 유대인을 신체적으로 전멸시키는 일이었습니다. 독가스를 사용하거나 총살 후 구덩이에 묻어버리는 방식으로 말입니다. 이때 나치는 수백만의 유대인들을 학살했는데요. 머리카락을 잘라 밧줄을 만들고 시체를 이용해 비누를 만들거나 생체 실험도 했다고 합니다. 이 잔혹한 역사적 사실을 아우슈비츠 수용소는 이제 박물관으로 남아 우리에게 전해주고 있습니다.

아우슈비츠 수용소는 1979년에 유네스코 세계문화유산으로 지정되었는데요. 입구에 다음과 같은 글귀가 쓰여 있습니다.

The one who does not remember

his history is bound to live through it again. _George Santayana

자신의 역사를 기억하지 못하는 사람은

다시 그 일을 겪게 된다. _조지 산타야나

홀로코스트로 불리는 이 잔혹한 대규모 유대인 학살은 분명 불행한 과거입니다. 하지만 유대인들은 그 불행한 과거를 계속해서 기억하려고 애를 씁니다. 게다가 한나 아렌트라는 용감한 유대인 철학자는 불행한 역사에 대해, 피해자로만 남기를 거부하고, 진실을 똑바로 바라보기를, 인간의 보편적인 조건으로서의 악의 평범성, 사고의 무능, 타인의 입장에서 생각하지 못하는 무능을 인간의 문제로 제기하면서 동족에게도 책임 의식을 요구했습니다.

우리 누구도 깨어 있지 않으면 평범한 악의 유혹에서 결코 자유로울 수 없습니다. "용서는 하되 잊지는 말자." 이것은 유대인들이 홀로코스트를 기억하며 자주 되뇌는 말 중 하나입니다. 용서하지 않으면 새로운 관계를 맺을 수가 없고 미래가 과거에 묶입니다. 그렇다고 해서 기억하지 않으면 그 불행을 되풀이하게 됩니다. 이것이 바로 우리가 용서하되 기억해야 하는 이유이며, 불행한 과거일수록 더욱더 잊지 않고 제대로 바라보고 잘 기억해야 하는 이유입니다.

거대악을 피하고 공동선을 실현하기 위하여

전쟁을 준비하고 다른 민족을 말살하는 정도의 반인륜적 범죄는 거대악巨大惡에서 비롯되는 것 같아 보입니다. 하지만 한나 아렌트가 말하는 평범한 악에 개인이 자신의 자유를 내어줄 때 개인은 거대악이라는 수레바퀴의 한 톱니가 됩니다. 자유의지를 가진 우리 각자는 공동선共同善을 실현할 수도 거대악을 실현할 수도 있는 칼의 자루를 쥐고 위태로운 외줄을 걸어가고 있습니다.

자유로운 개인이 평범한 악으로 거대악을 실현하는 데 힘을 보태지 않으려면 형식적인 권위에 무조건 복종하는 사고의 무능함을 피할 수 있어야 하고 사고의 무능함을 피하기 위해서 우리는 헌법에 열거된 인권에 대한 감수성을 키우도록 끊임없이 스스로, 그리고 서로를 일깨워야 합니다. 나 자신만이 아니라 타인의 자유를 존중하고 진정한 자유인이 되기 위해 서로를 깨우치고 격려하는 것, 그것은 바로 권력기구인 국가가 거대괴물로 변해 반인륜적인 범죄로 나아가지 않도록 예방하는 기본적이고도 가장 효과적인 수단입니다.

조국을 위해 조국을 떠나다
_어느 독립운동가의 꿈

독립운동가 이회영의 후손, 서울에 임시정부기념관을 만들다

2019년 4월 13일은 임시정부 수립 100주년 기념일입니다. 2018년 4월 13일자 한 신문에는 '오늘 임정 수립 99년, 이종찬 임시정부기념관 건립위원장 인터뷰'란 제목의 기사가 실렸습니다. 일제가 패망한 뒤인 1945년 11월 3일 대한민국임시정부 요인들이 환국還國을 앞두고 중국 중경*청사 앞에서 찍은 기념사진도 함께 있었고요. 잃었던 조국을 되찾기 위해 나라를 떠났던 인사들이 기나긴 망명 생활을 청산하고 조국으로 돌아오면서 사진을 찍은 것입니다. 그날 느꼈을 감흥이 얼마나 벅찼을지 감히 상상이 안 됩니다.

사진 맨 위에는 '대한민국 임시정부 환국기념, 대한민국 이십칠년 십일월삼일†'이라고 적혀 있고 아래쪽 설명에는 '앞줄 왼쪽부터 조소앙, 이시영, 김규식, 김구, 홍진, 유동열, 신익희 선생'이라

---

* 원래 상해에 있던 임시정부는 1933년 중일전쟁으로 상해가 위험해지자 중경으로 옮겼다.
† 대한민국 임시정부 수립 년인 1919년이 연호로 1년이므로 1945년은 대한민국연호로 27년이 된다.

1945년 11월 3일 환국 20일 전 중경청사 앞에서
기념 촬영하는 임시정부 요인들(제공:서울특별시)

고 적혀 있습니다. 이 중 이시영 선생은 우리나라 헌법에서 대한민국이 법통을 이어 받았다고 하는 임시정부의 국무위원을 지내고, 1948년 대한민국 정부 수립 때 초대 부통령을 지낸 분입니다. 이 기사에서 인터뷰를 하고 있는 이종찬 임시정부 기념관 건립위원장은 이시영 선생의 조카로서 바로 이회영 선생의 친손자입니다.

이회영, 이시영 형제는 고종 때 이조 판서를 지낸 이유승의 넷째, 다섯째 아들로서 조선 선조 때의 유명한 재상 오성 이항복의 10대 후손입니다. 이들은 1910년 한일합방으로 조선 왕조가 사라지자 자신이 소유하던 모든 땅과 재산을 다 팔아 일가친척을 모두 이끌고 압록강을 건너 만주로 이주합니다. 그리고 그곳에서 한인 자치기구인 경학사耕學社‡를 조직하고, 신흥강습소§를 세워 그

‡ 경학사는 남만주에 세워진 한인자치기구로, 밭을 갈며(耕)공부하다(學)는 한자처럼 그 설립 목적은 교민들에게 농업을 장려해 생활을 안정시키고 교육을 시켜 구국이념을 갖게 하려는 것이었다. 당시 남만주는 조선이 망하자 이회영 선생 일가 외에도 많은 조선인들이 이주해오고 있었으며, 독립운동의 기지로 애국청년을 키우는 산실로서 역할을 하고 있었다.
§ 신흥무관학교(新興武官學校)의 전신(前身)으로 독립군을 양성하기 위해 세운 한인 교육기관이다. 교육비는 모두 무료였기에 이회영 일가는 재산을 여기에 다 쏟아 부었을 것이다.

곳으로 몰려드는 조선의 청장년들을 독립운동 지도자로 양성시키는 등 독립운동에 헌신했습니다. 이회영의 형 석영도 양자로 갔던 집안 어른의 만석지기 재산을 상속 받은 자산가였는데 그 역시 이회영의 뜻에 동조해 전 재산을 팔아 만주로 향했고, 이를 독립운동 자금에 모두 보탰습니다.

그들이 1910년 겨울, 칼바람을 맞으며 압록강을 건널 때 말 100여 필에 사람을 태우고 짐을 실어 60여 명이 500리 길을 지나 국경을 넘어가는 장면을 상상하면 토르가 "아스가르드는 영토가 아니라 국민이다"라고 하면서 우주선을 타고 떠나던 장면과 겹쳐 보이기도 하지만, 영화처럼 화려하기보다는 그 먼 얼음길을 조국을 등지고 가는 모습이 비장하면서도 처연하게 느껴집니다.

타지에서 구상한 수준 높은 국가의 모습

이들이 조국을 떠나 만주로 향한 것은 하루아침에 결정한 일은 아니었습니다. 특히 이회영은 1896년경 일본이 조선의 내정에 간섭하자 침략의 위기감을 느낍니다. 그는 조선 최고 명문가의 자제였음에도 벼슬길에 나아가지 않고 경기도 개성부 인근에 인삼 농장을 사들여 경영하면서 그 수익금으로 항일 의병을 위한 자금을 조달했습니다. 일찍이 개화사상을 받아들여 감리교로 개종해 결혼식도 교회에서 올렸던 이회영은 아버지 이유승이 사망하자 집안의 노비들을 모두 자유민으로 해방시켰고, 독립협회와 만민

공동회에 참여해 계몽운동에 앞장섰습니다. 그의 개화사상은 실생활로도 이어진 것으로 유명합니다. 과부가 된 여동생을 집으로 데려와 죽은 사람으로 부고를 낸 다음 새로 시집을 보내기도 했습니다. 1905년 일본이 외교권을 박탈했던 을사늑약이 체결되자 비밀결사인 신민회를 조직하고 을사 5적의 암살을 모의했으나 실패로 돌아가자 형제들과 함께 해외에서 독립운동을 하기로 마음먹고 1906년에 만주에 민족교육기관인 서전서숙을 세우는 등 해외에 무력 항쟁기지를 설립할 구상을 하면서 전 재산을 처분했습니다. 앞서 헤이그 밀사로 파견되었던 이상설 역시 이회영의 가까운 친척으로, 이상설을 서전서숙의 교장으로 초빙하고 헤이그 밀사 파견을 고종에게 건의했던 것도 이회영이었습니다.

이회영, 이시영 형제는 나라가 위기에 처했을 때 지도층이 보여줄 수 있는 노블레스 오블리주 최고의 모범을 보여주었습니다. 이회영은 독립운동을 전개하던 1923년경 "사람은 자유롭고 평등한 생활을 목적으로 하며 그 실현을 위해 노력하는 것이 옳은 길이다"라는 결론에 이르면서 무정부주의자가 되었습니다.

당시 독립운동에 헌신했던 선조들은 사회주의자였거나 무정부주의자였거나 민족주의자였어요. 이처럼 제각기 다른 이름들을 붙이고 있었지만 그들이 목표로 했던 것은 단 하나, 조국의 해방과 자유롭고 평화로운 나라의 건설이었습니다. 그래서 방법을 모색하는 데 있어 실험과 모험을 두려워하지 않았지요. 마치 이위종이 러시아가 혁명으로 사회주의 국가로 탄생하는 것을 보고 우리나라도 사회주의자들의 연대와 지원으로 해방될 수 있지 않을까 하는 희망을 품었던 것처럼, 이회영 역시 전 세계의 무정부주의자들의 연대와 지원으로 독립할 수 있을지 모른다는 희망을 가졌던 것입니다.

1932년 그는 일제 경찰에 붙잡혀 고문 끝에 생을 마감합니다. 그래서 대한민국이 해방되는 것을 보지 못하고 말았습니다. 대한민국 임시정부의 환국을 기념하는 사진에도 그의 동생 이시영만 있고 정작 본인의 모습은 없습니다. 하지만 이회영은 1962년 대한민국 건국훈장 국민장에 추서되었으며, 임시정부 기념관이 건립될 때에도 사진 속의 인물들과 함께 우리가 기념하고 뜻을 받들어야 할 가장 중요한 독립운동가 중 한 분임이 분명합니다.

이회영 선생의 친손자 이종찬 위원장은 인터뷰에서 "임시정부 기념관을 준비하면서 어떤 측면에 특히 중점을 두고 있느냐"라고 하는 질문에 이렇게 대답했습니다.

"자라나는 세대들이 우리 독립운동과 임시정부를 보다 넓은 시각에서 이해할 수 있게 만들고 싶다. 독립운동가들이 쫓겨 다니면서 싸움만 한 것이 아니라 잃어버린 나라를 되찾아 수준 높은 국가를 만들려고 했다는 점을 강조하려 한다. 그래서 세계사적 시각과 문화적 재조명에 역점을 두고 있다."

실제로 이회영 선생이 생전에 독립된 나라를 꿈꾸며 구상했던 글을 보면 수준 높은 국가를 만들려고 했던 그의 이상적인 국가관을 엿볼 수 있습니다.

> 권력의 집중을 피하고 분권적인 지방자치단체의 연합으로서 중앙정치의
> 기구를 구성하며, 경제 건설에 있어서는 재산의 사회성에 비추어 일체의
> 재산은 사회적 자유 평등의 원리에 모순이 없도록 민주적인 관리 운영의
> 합리화를 꾀하여야 한다. 그리고 교육은 물론 사회전체의 부담으로 실시
> 하여야 할 것이다.

나라를 잃었을 때 나라를 되찾고 또 수준 높은 국가를 만들려
고 했던 선조들의 고민은 바로 그 시대에 요구되는 '시대정신'이
었습니다. 오늘날 대한민국의 헌법은 그 고민이 오롯이 녹아 있는
귀중한 유산임을 꼭 기억해야겠습니다.

셋째 시간

인간은 무엇으로 사는가?

_시민의 기본권

오스카에게는 있고
아몬에게는 없는 것

#인간으로서의 존엄과 가치 #인간이 무엇이기에

> **헌법 제10조** 모든 국민은 인간으로서 존엄과 가치를 가지며…
> 우리 연합국 국민들은 우리 일생 중에 두 번이나 말할 수 없는 슬픔
> 을 인류에 가져온 전쟁의 불행에서 다음 세대를 구하고, 기본적 인
> 권, 인간의 존엄 및 가치, 남녀 및 대소 각국의 평등권에 대한 신념을
> 재확인하며, (중략) 더 많은 자유 속에서 사회적 진보와 생활수준의
> 향상을 촉진할 것을 결의하였다.

전 인류가 동의하는 가치란 무엇인가?

우리 연합국 국민들은 우리 일생 중에 두 번이나 말할 수 없는 슬픔을 인류
에 가져온 전쟁의 불행에서 다음 세대를 구하고, 기본적 인권, 인간의 존엄
및 가치, 남녀 및 대소 각국의 평등권에 대한 신념을 재확인하며, (후략)

이 글은 어디에 있는 내용일까요? 바로 유엔 헌장의 첫 부분 전문
前文에 있는 내용입니다. '일생 중에 두 번이나 말할 수 없는 슬픔을

인류에 가져온 전쟁의 불행'이란 바로 두 차례에 걸친 세계대전을 뜻합니다. 이 불행한 전쟁이 다시는 일어나지 않도록 "기본적 인권, 인간의 존엄 및 가치, 남녀 및 각국의 평등권에 대한 신념을 재확인 한다"라고 하는 내용이 맨 먼저 나옵니다. 그리고 우리 헌법에서도 제10조에 기본권 규정으로서는 제일 처음 등장하는 문구이기도 합니다.

> **헌법 제10조** 모든 국민은 인간으로서의 존엄과 가치를 가지며, 행복을 추구할 권리를 가진다. 국가는 개인이 가지는 불가침의 기본적 인권을 확인하고 이를 보장할 의무를 진다.

유엔, 즉 국제연합國際聯合, United Nations은 1945년 10월 24일, 제2차 세계대전 종전 이후 출범했습니다. 이 기구는 당시 세계대전을 겪고 있던 각 나라들이 더는 참혹한 전쟁에 고난을 겪지 않도록 무력 사용을 자제하자는 데 공감하는 분위기에서 구상되었고 종전 후 탄생했습니다. 기구의 목적이 '국제 평화와 안전 유지'인 만큼 평화 유지 활동이 실제로 힘을 발휘할 수 있도록 유엔군을 창설했고, 침략국에 대해서는 실제로 강력하게 제재하고 불가피한 경우 군대를 파견하기도 합니다. 1950년 한국전쟁 때 우리나라에 유엔군을 파견했던 것이 대표적인 예입니다.

이 국제기구가 창설될 즈음, 전 세계는 전쟁의 참혹함을 피부로 느끼고 있었습니다. 무고한 사상자들이 속출하고 인류의 미래를 가

늠하기조차 힘든 나날이 계속되자 사람들은 그제야 전쟁 뒤에 숨은 탐욕과 무지를 걷어낼 빛과 같은 지혜를 갈구하게 되었습니다. 유엔 헌장의 제일 앞에 "기본적 인권, 인간의 존엄 및 가치, 남녀 및 각국의 평등권에 대한 신념을 재확인한다"라고 하는 문구가 나오는 이유는 '기본적 인권, 인간의 존엄 및 가치, 남녀 및 각국의 평등권'이야말로 전 인류가 동의할 수 있는 가치라는 것, 그리고 이 개념이 바로 평화를 성취할 수 있는 조건이자 길이 된다는 것을 뼛속 깊이 인정했기 때문입니다.

제2차 세계대전이 얼마나 참혹했던가는 숫자만 봐도 알 수 있습니다. 전쟁에 참여한 사람만 전 세계 인구의 4/5였고, 6년 동안 5천만 명이 죽었다고 합니다. 특히 나치에 의해 자행된 수백만 명의 유대인 학살, 프랑스에서 벌어진 비시정부하의 프랑스인들의 희생과 잇따른 1만 2천 명에 달하는 피의 숙청, 일본군이 벌인 중국 민간인 학살 등등 제2차 세계대전이 더욱 참혹했던 이유는 무장 군인이 아니라 일반 시민들 수백만 명이 학살되었기 때문입니다. 우리나라도 참화에서 비켜갈 수 없었지요. 당시 우리나라는 일제 강점기하에 있었기에 일본이 주축 국으로 세계대전에 참가해 연합군과 싸우는 바람에 우리의 젊은이들 역시 강제로 징용을 당했고, 그들은 낯선 일본 땅으로 끌려가 군수 기지에서 강제 노동을 하거나 일본의 황국 신민이 되어 전쟁에 나서야 했습니다. 어린 소녀를 포함한 젊은 여인들이 일본 군대의 위안부로 끌려가서 노예처럼 살다가 학살된 사건은 아직도 한일 외교 관계의 큰 숙제로 남아 있습니다.

쉰들러 리스트

제2차 세계대전을 배경으로 한 영화는 무수히 많지만, 저는 특히 〈쉰들러 리스트Schindler's List〉(1993)와 〈피아니스트The Pianist〉(2002), 그리고 최근에 나온 영화 〈사울의 아들Son of Saul〉(2015)을 추천하고 싶습니다. 그중에서 전쟁의 광기와 악인, 희생자들의 비참한 모습, 거기에 맞서는 의인의 활약상을 대조하여 묘사함으로써 메시지를 분명히 드러낸 〈쉰들러 리스트〉를 잠시 소개해볼까 합니다. 인간의 존엄과 가치에 대해 생각하는 데 도움이 될 것 같습니다.

(좌로부터) 〈쉰들러 리스트〉 〈피아니스트〉 〈사울의 아들〉 포스터

이 영화는 제2차 세계대전 중 유대인들 수십만 명이 6년 동안 조직적으로 나치에 의해 수용소에 보내지고, 거기서 강제 노동을 당하다가 무참하게 살육되었던 당시 상황을 생생히 보여줍니다. 무엇보다 인간의 존엄이 짓밟히는 전쟁의 광기 속에서 인간이기를 포기

한 자들과 비록 광기의 한가운데 있지만 어떻게든 인간성을 지켜내고자 했던 인물들이 대조를 이루면서 "만일 우리 자신이 그때 그 상황에 놓였더라면 과연 어떤 태도를 취했을까?"하는 질문을 스스로에게 던지게 해줍니다.

아몬 괴트는 폴란드에 있는 유태인 수용소의 책임자로 독일군 장교였어요. 그는 아침에 일어나면 자기 방 베란다에서 일종의 아침 체조처럼 '모닝 살인'을 합니다. 총을 들어 운동장에서 일하고 있는 유대인 중 한 명을 사격 연습하듯 아무런 이유 없이 쏘아 죽이는 것입니다. 그러고 나서 그 시체를 자신이 키우는 애완견에게 먹이로 줍니다. 아몬 괴트는 실존 인물로서 훗날 전쟁이 끝난 뒤 전범 재판에서 사형 선고를 받았습니다. 그는 유대인을 사사로이, 오직 자기 마음에 들지 않는다는 이유—한 명이 탈출했으니 그 방에 남은

'모닝 살인' 중인 아몬 괴트

아몬 괴트(좌)와 오스카 쉰들러(우)

이스라엘에 있는 쉰들러 묘지

사람도 다 죽어야 한다거나, 너무 천천히 걷는다거나, 하녀가 스프를 데우지 않았다거나 하는 등의 이유—로 죽었는데, 그렇게 죽은 유대인만 500명에 이른다고 합니다.

이 영화의 주인공 쉰들러도 처음엔 평범한 사업가에 지나지 않았습니다. 독일인이었던 그가 폴란드에 온 이유도 유대인들의 노동력을 공짜로 사용할 수 있는 그릇공장을 인수해서 돈을 벌기 위해서였습니다. 당시 유대인들은 나치의 반유대 정책에 의해 법으로도 인권을 가진 인간이 아니었습니다. 동물 이하의 취급을 받으며 수용소에서 죽을 때까지 강제 노동에 시달리거나 아몬 괴트 같은 독일 군인에게 이유 없이 죽임을 당하는 처지였습니다. 그리고 쉰들러는 유태인이 아니었기에 한발 물러서서 그저 노동력을 공짜로 이용하여 이윤을 많이 남길 꿈에 부풀었던 소시민에 지나지 않았던 것이지요.

쉰들러의 공장에는 스텐이라는 유능한 회계사가 있었는데, 그 역시 유대인이었습니다. 어느 날 그라코프 마을을 폐쇄하라는 명령이 내려지고 독일군은 아침부터 마을을 돌아다니며 사냥하듯이 소위 '인종 청소'를 감행합니다. 이때 쉰들러 공장의 노동자들과 회계사 스텐도 수용소로 끌려가지요. 쉰들러는 수용소 책임자인 아몬 괴트와 전략적으로 친분을 쌓아 공장이 다시 가동되도록 하지만 쇠약해져서 노동력이 떨어진다는 판정을 받은 유대인들은 짐짝처럼 열차 속에 포개진 채 죽음만이 기다리고 있는 집단 수용소로 이송되었습니다.

이런 세월을 겪는 동안 차츰 쉰들러의 내면에 변화가 일어납니다.

그러고는 마침내 자신의 이웃인 유대인들을 구하기로 결심합니다.

쉰들러는 괴트에게 자신의 고향인 체코에 공장을 세우고 싶은데 그러려면 노동력이 필요하다고 하면서 협상을 시도합니다. 결국 유대인 한 사람 한 사람에게 가격을 매긴 뒤 그간 자신이 모아두었던 전 재산을 털어 그들을 '매입'합니다. 쉰들러는 스텐을 포함해 자신의 공장에서 일했던 유대인 1,100명의 명단을 작성해서 이들을 체코로 빼돌렸고 자유롭게 살도록 도왔는데요. 이때의 명단이 바로 '쉰들러 리스트'입니다.

전쟁이 끝나자 외견상 나치 당원이었던 쉰들러는 전범으로 분류됩니다. 이때 쉰들러가 구해낸 유대인들과 그의 가족들은 쉰들러의 구명을 위해 진정서를 작성하고, 자신들의 금니를 뽑아 반지를 만들어 쉰들러에게 건넵니다. 이를 받아든 쉰들러는 더 구할 수 있었는데 더 구하지 못한 것을 자책하며 오열하지요. 그들이 준 반지에는 "한 생명을 구한 자는 전 세계를 구한 것이다"라는 탈무드의 글귀가 새겨져 있었습니다.

오스카 쉰들러에겐 있는데 아몬 괴트에겐 없는 것

이 영화를 보고 있으면 아몬 괴트라는 인물이 정말 괴물처럼 다가옵니다. 같은 인간으로서 어떻게 그리도 냉혹하고 잔인할 수 있었는지 믿어지지 않습니다. 어쩌면 그는 거의 악마이거나 악령에 사로잡힌 자가 아니었을까요? 그런데 만일 내가 그 시대에 살았더라면, 독일에서 태어나 군인이 되었더라면, 나 역시 아몬 괴트처럼 행동하지 않았을까? 상상도 하기 싫지만 한번 자문해봅니다. "나라면 차라리 거지가 되는 한이 있어도 군인을 그만두겠다"라고 할 수도 있지만 어쩌면 소극적으로 군인 지위를 유지하면서 주어진 명령에 따라 임무를 수행하지 않았을까요? 앞의 장에서 보았던 예루살렘의 아돌프 아이히만처럼 말입니다.[*]

이 고민은 아마 아몬 괴트라는 인물을 연기했던 배우가 가장 많이 해보았을 것 같아요. 그래서인지 아몬 괴트 역을 맡았던 배우 파인스는 인터뷰에서 이런 말을 했습니다. "악은 집단적인 것이다. 그때 사람들은 자신이 악을 저지르고 있다기보다 어떤 '일'을 하고 있다고 생각한 것 같다. 아몬 괴트는 악행과 살인을 그의 일상적인 업무로서 여기고 있었을 것이다." 이런 깨달음이 있었기에 파인스는 아몬 괴트 역을 소름끼치도록 잘 소화해냈던 것 같습니다.

악은 집단적인 것이어서 그 안에 있는 사람을 둔감하게 만듭니다. 옆 사람도 또 다른 옆 사람도 뭔가 같은 일을 하고 있으면, 그것이 비록 나쁜 일일지라도 "하면 안 돼"라는 생각보다는 "나도 해야 되나? 해도 괜찮겠지" 하면서 의심하던 마음이 옅어지게 됩니다. 그렇다면 악이란 것이 아몬 괴트라는 고유한 한 인간의 마음에만 존재했던 걸까요, 아니면 악행을 통해 이것을 본 사람들에게 전염되기라도 한 것일까요? 이 문제에 대해 앞에서 소개한 『예루살렘의 아이히

---

[*] 둘째시간 〈성실히 일하는 것도 때로 죽을죄가 될 수 있다고?〉

만』의 저자 한나 아렌트는 "인간은 생각하고 비판하기를 멈추는 것만으로도 악에 이를 수 있다"라고 경고한 바 있는데요.[*] 저는 여기서 한 가지 분명한 사실만 짚고 넘어가겠습니다.

한때 '있다 없다 게임'이 유행한 적이 있습니다. "엄마한테는 있는데 아빠한테는 없는 것, 형에게는 있는데 누나한테는 없는 것, 삼촌한테는 있는데 이모한테는 없는 것, 책상에는 있고 의자에는 없는 것, 컴퓨터에는 있고 마우스에는 없는 것, 연필에는 있고 지우개에는 없는 것" 등등인데요. 답이 무엇일까요? 네, 한글 '받침'입니다. 이 놀이를 오스카 쉰들러와 아몬 괴트에게 대입해볼게요. "오스카에게는 있는데 아몬에게는 없는 것은?" 바로 "인간의 존엄과 가치에 대한 믿음"입니다. 이것이 의인과 악인이 가까워질 수 없는 큰 차이를 만듭니다.

인간이 무엇이기에

전쟁이라는 상황은 종종 가치관이 뒤집히는 순간을 연출합니다. 우선 총을 들고 인간의 목숨을 빼앗는 상황이 정당화되지요. 집단적인 광기에 빠진 상태라고 할까요? 현기증 나는 이런 상황에서 오스카 쉰들러처럼 의인으로 행동하려면 대단한 용기가 필요하겠지요. 아몬 괴트와 같은 악인이 되지 않는 데도 마찬가지입니다. 그런 시

---

[*] 〈예루살렘의 아이히만〉, 한나 아렌트, 한길사, 제172장

대에 태어난 사람으로서 아몬 괴트가 되기보다는 차라리 거지가 되기로 결정하는 것 역시 엄청난 용기를 요구하는 결정일 테니까요.

실제로 히틀러 이름으로 서약하기보다 대학 경력을 포기하고 공장에서 단순한 노동자가 되기를 결정한 젊은이들도 있었고, 히틀러가 집권했을 때 친위대로 징집되자 입대를 거부하고 사형 선고를 받은 젊은이들도 있었습니다. 그들은 처형당하기 전날 가족에게 마지막으로 보내는 편지에 "우리는 그런 끔찍한 일로 우리의 양심에 부끄러운 짓을 하기보다 차라리 죽는 쪽을 택하겠습니다"라고 썼다고 합니다.[†] 그런 용기는 어디서 나올까요? 저는 인간의 존엄과 가치에 대한 무한한 신뢰가 나약한 인간을 딛고 일어서 용기를 내게 해주는 첫 번째 요소라고 생각합니다.

인류가 제2차 세계대전을 겪은 후 만든 유엔 헌장에는 '인간의 존엄과 가치'가 명시되어 있습니다. 이 개념은 곧 인간 정신의 승리를 촉구하는 깃발이자 인류가 나갈 미래를 위한 나침반입니다. 사람들은 어떻게 '인간의 존엄과 가치'를 유엔 헌장에 삽입하는 데 동의했을까요. 그 당시에도 세상에는 여전히 악과 광기에 편승하고자 하는 사람들이 많았을 텐데 말입니다. 분명 전쟁이라는 광란의 소용돌이 속에서도 빛을 발견하고, 그 빛을 향해 나갈 수 있게 해준 어떤 힘이 있었을 것입니다. 그리고 바로 그 힘은 오스카 쉰들러처럼 인간의 존엄과 가치를 믿은 사람들에 의해 발휘되었을 것입니다.

† 『예루살렘의 아이히만』, 한나 아렌트 지음, 한길사, 제172장

제2차 세계대전을 겪은 세대는 전쟁에서 살아남은 자들도 이제 거의 사라지고 없지만 유대인 학살을 비롯한 인종 청소가 야만적이고 반인륜적이라는 것, 그리고 이런 극악무도한 짓이 한 인간의 내면에서 인간의 존엄과 가치를 부인한 데서 비롯된 것임은 명백한 교훈으로 남았습니다. 그것이 바로 유엔 헌장이 '인간의 존엄과 가치'를 맨 앞자리에 새겨둔 이유입니다.

이제 '인간이 무엇이기에 이토록 기억해주십니까?'라는 글을 읽으며 이야기를 마무리하겠습니다. 이 내용은 시편 8장 5절에 있는 것으로 미국 하버드대학교 철학과 건물 '에머슨 홀'에 새겨져 있답니다.

악인들은 옳지 못한 생각으로 저희끼리 이렇게 말한다.
"의인에게 덫을 놓자. 그자는 우리를 성가시게 하는 자, 우리가 하는 일을 반대하며, 율법을 어겨 죄를 지었다고 우리를 나무라고, 교육받은 대로 하지 않아 죄를 지었다고 우리를 탓한다. 하느님을 아는 지식을 지녔다고 공언하며, 자신을 주님의 자식이라고 부른다. 우리가 무슨 생각을 하든 우리를 질책하니, 그를 보는 것만으로도 우리에게는 짐이 된다. 정녕 그의 삶은 다른 이들과 다르고, 그의 길은 유별나기만 하다. 그는 우리를 상스러운 자로 여기고, 우리의 길을 부정한 것인 양 피한다. 의인들의 종말이 행복하다고 큰소리치고, 하느님이 자기 아버지라고 자랑한다. 그의 말이 정말인지 두고보자. 그의 최후가 어찌 될지 지켜보자. 의인이 정녕 하느님의 아들이라면 하느님께서 그를 도우시어 적대자들의 손에서 그를 구해주실 것이다. 그러니 그를 모욕과 고통으로 시험해보자. 그러면 그가 정말 온유한지 알 수 있을 것이고,

그의 인내력을 시험해볼 수 있을 것이다. 자기 말로 하느님께서 돌보신다고 하니 그에게 수치스러운 죽음을 내리자."

이렇게 생각하지만 그들이 틀렸다. 그들의 악이 그들의 눈을 멀게 한 것이다. 그들은 하느님의 신비로운 뜻을 알지 못하며, 거룩한 삶에 대한 보상을 바라지도 않고, 흠 없는 영혼들이 받을 상급을 인정하지도 않는다. 정녕 하느님께서는 인간을 불멸의 존재로 창조하시고 당신 본성의 모습에 따라 인간을 만드셨다. 그러나 악마의 시기로 세상에 죽음이 들어와 죽음에 속한 자들은 그것을 맛보게 된다.

인간을 차별할 수 있는 정당한 이유가 존재할까?

#헌법 제11조 #평등권 #차별 금지 사유
#역사적 경험 #인권 의식의 진화

헌법 제11조

① 모든 국민은 법 앞에 평등하다. 누구든지 성별·종교 또는 사회적
신분에 의하여 정치적·경제적·사회적·문화적 생활의 모든 영역
에 있어서 차별을 받지 아니한다.

② 사회적 특수계급의 제도는 인정되지 아니하며, 어떠한 형태로도
이를 창설할 수 없다.

③ 훈장 등의 영전은 이를 받은 자에게만 효력이 있고, 어떠한 특권도
이에 따르지 아니한다.

헌법상의 '차별 금지 사유'

헌법 제11조는 우리나라 국민이라면 누구나 누리는 헌법상의 기본
권 중 평등권에 관한 조항입니다. 제1항에서 "모든 국민은 법 앞에
평등하다"라고 평등권을 선언한 뒤, "누구든지 성별, 종교 또는 사회
적 신분에 의해 정치적, 경제적, 사회적 문화적 생활의 모든 영역에
서 차별을 받지 않는다"라고 분명하게 밝히고 있습니다.

여자라고 해서 또는 남자라고 해서 차별 받지 않고, 어떤 종교를 믿는다고 해서 또는 믿지 않는다고 해서 차별 받지 않으며, 사회적 신분이 다르다고 해서—직업에 따라, 빈부에 따라— 차별 받지 않을 권리가 있다는 것입니다. 이렇게 "성별, 종교, 사회적 신분에 의해 차별 받지 않는다"라고 하는 표현 가운데 '성별, 종교, 사회적 신분'을 '차별 금지 사유'라고 이릅니다.

이 같은 차별 금지 사유는 차별이 발생하는 이유가 시대마다 지역마다 다른 양상으로 전개되고 있으므로 각국의 헌법 역시 조금씩 다른 '차별 금지 사유'를 반영하고 있습니다. 우리나라 헌법은 성별 외에도 종교 또는 사회적 신분에 따른 차별을 금지하고 있는데요. 독일에서는 이와 관련하여 평등 조항에 "성별, 가문, 인종, 언어, 고향과 출신, 신앙, 종교적 또는 정치적 견해 때문에 불이익을 받거나 우대받지 아니한다"라는 내용을 명기했습니다. 유럽연합(EU) 헌법은 "성별, 인종, 피부색, 민족적 또는 사회적 출신, 유전적 특징, 언어, 종교 또는 신념, 정치적 또는 기타 견해, 소수민족, 재산, 출생, 장애, 연령 또는 성적 취향에 근거한 모든 차별은 금지된다"라고 분명하게 밝혔고요.

최근 우리나라에는 외국인들이 취업이나 결혼을 위해 많이 입국하고 있는데 그들 중에는 우리나라에서 아이를 낳고 가정을 이루면서 아예 한국 국적을 취득해 귀화한 이들도 있습니다. 이렇게 어느덧 우리나라가 구성원이 다양해져서 다문화가정을 포용해야 할 분위기가 되었습니다. 이에 따라 최근 헌법 개정을 논의하면서 차별 금지 사유에 인종과 언어를 추가하자는 의견이 나오고 있는 실정입니다. 하지만 인종과 언어에 의한 차별은 사회적 신분에 의한 차별로 해석할 수도 있고, 불합리한 차별이라면 차별 금지 사유에 열거되지 않았다고 해서 차별이 허용되는 것은 아니므로 굳이 인종과 언어를 차별 금지 사유로 추가할 이유는 없어 보입니다. 해석상 합리적인 사유에 의한 구별이 아니라면 모두 차별로 판단할 수 있으니까요. 즉 헌법이 개정되지 않더라도 인종과 언어에 의한 불합리한 차별은 현행 헌법 해석상 금지되는 것이라는 뜻입니다. 이렇게 헌법이 해석을 유연하게 할 수 있도록 포괄적으로 규정하고 있는 특성을 '헌법의 개방성'이라고 합니다. 다만 인종과 언어를 차별 금지 사유에 추가한다면, 인종과 언어에 의한 차별 금지 사유가 좀 더 명백해지고 다른 해석의 여지를 없애는 정도의 효과를 기대할 수 있겠지요.

'캐리 벅 사건'은 합법을 가장한 부당한 차별이다

우리나라는 단일민족국가여서 인종과 언어에 의한 차별 문제가 최근에 이슈화되었지만, 유럽이나 미국에서는 일찍부터 인종과 언어에 의한 차별 문제가 가장 큰 이슈였어요. 정복 전쟁이나 정치적 혹은 종교적 박해로 고향을 떠나 이주하는 일이 잦아 일찌감치 여러 민족이 섞여 살아야 했고 이미 수백 년 동안 이 문제를 두고 갈등과 반목, 또는 화해의 길을 걸어왔으니까요. 이들 대륙에서 차별 금지 사유로 인종, 언어, 유전적 특징, 소수민족 등등 다양한 내용들을 망라하는 배경입니다.

이처럼 차별 금지 사유들은 그 나라의 역사적 경험과 떼려야 뗄 수 없는 관계를 맺고 있습니다. 과거 독일은 유대인들을 열등한 민족으로 차별하면서 이들의 삶을 유린했습니다. 그들은 단지 유대인이라는 이유만으로 독일 나치에 의해 집단수용소에 감금되었다가 학살을 당했는데요. 이 사건은 인종이 다르다는 이유만으로 차별을 받았던 최악의 경우라고 할 수 있습니다.

미국도 인종 차별의 흑역사로부터 결코 자유롭지 못합니다. 유대인이라는 이유로, 흑인이라는 이유로, 아시아인이라는 이유로 사람들을 차별한 역사를 가지고 있습니다. '개와 유대인 출입 금지'라는 표어는 놀랍게도 독일이 아니라 미국에서 먼저 나온 것입니다. 그뿐일까요? 서부 개척이 활발하던 당시 미국은 값싼 노동력 유입을 위해 중국인 이민자들을 받았는데 이때 중국인 여성의 입국은 금지시켰습니다. 중국인들이 미국 땅에서 아이를 낳고 인구수를 불려나가는 것을 방해하려고요. 심지어 정신장애인이나 범죄자, 부랑자 등 사회적으로 열등한 사람에 대해 강제 불임 시술을 시행하기도 했습니다. 1927년 미국 연방대법원에서는 캐리 벅*이라는 여성에 대한 강제 불임 시술이 미국 헌법상 인정될 수 있는가에 대한 헌법적 판단을 내렸는데요. 당시 대법관이었던 올리버 웬들 홈스 Oliver Wendell Holmes, 1809~1894†는 강제 불임 시술을 규정한 법률이 합헌이라고 판단

---

* 일명 '벅 대 벨' 사건이라고 하는 캐리 벅 사건 및 인권 침해 및 차별에 대한 내용을 좀 더 알고 싶은 독자는 QR코드를 스캔해보자.
† 올리버 웬들 홈스 대법관에 대해서는 극과 극의 평이 있다. 미국의 사상가, 의사, 수필가이면서 대법관을 지낸 명망가이지만, 만들어진 사이비 영웅으로서 어두운 면을 파헤친 평전도 있다(『미국법의 사이

하면서 놀랍게도 다음과 같은 내용을 판결문에 쓰기도 했습니다.

사회 전체의 이익 때문에 가장 우수한 시민의 생명을 희생시키는 일도 적지 않다. 사회가 무능력자로 차고 넘치는 것을 막고자 (…) 사회에 적응할 능력이 없는 사람들의 자손이 범죄를 저질러 처형되거나 혹은 저능으로 말미암아 굶어죽을 때를 기다리는 것보다는 그들의 출산을 금지하는 것이 사회에 이익이 된다. (…) 예방접종을 강제할 수 있는 것과 같은 원리로 나팔관 절제도 강제할 수 있다고 해야 한다. 삼대가 저능으로 판명된 때에는 출산을 금지할 이유는 충분하다.

이는 유전적 특징을 이유로 사람을 차별한 것이고, 아이를 낳을 수 있는 권리를 심각하게 침해하여 개인의 생명과 재산을 보장해야 마땅한 헌법의 기본권 규정을 위반한 것입니다. 그 배경에는 20세기 초 미국과 유럽을 흔들었던 '우생학'이 있었습니다. 우생학은 인간의 유전과 유전 형질을 연구하는 '학문'으로서 결함이 있는 유전자를 제거하여 인류를 '개선'하는 것이 주된 '목적'이었는데요. 당시 미국에서는 이 우생학 이론을 받아들여 이에 기초해 사회 부적격자에게 불임 시술을 허용하는 법률이 생겨났습니다. 캐리 벅은 그중 하나인 '일정한 때 주립 수용시설 수용자들을 대상으로 불임 시술을 시행하는 법률'(1924년, 버지니아 주)에 따라 불임 시술을 받게 되었던

비 영웅 홈즈 평전』, 청림출판).

것입니다.*

　이런 끔찍한 인권 침해적 법률이 20세기 초 미국에서 만들어지고 또 헌법 최고 권위자인 대법관들에 의해 합헌으로 인정됨으로써 위 판결 이후 미국 내에서만 약 6만 명의 사람들이 불임 시술을 받았다고 합니다. 이 판결은 당시 독일 나치 우생학 지지자들의 열렬한 환영을 받았는데요. 이 사건이 그 후속 행동에 영향을 미쳤음은 자명한 일입니다. 하지만 이후 인권에 대한 의식이 진화하면서 버지니아 주 정부는 2002년에 "과거 주 의회가 우생학의 이름으로 저지른 잘못과 이 때문에 일어난 피해에 '깊은 유감'을 표한다. 버지니아가 우생학 운동에 참여한 데 진심으로 사과한다"라고 하는 성명을 발표했습니다. 과학의 발전에 따라 우생학이나 이에 근거한 불임 시술법은 아무 근거가 없는 허위임이 명백히 밝혀졌고, 이 판결을 분석한 법학자 및 역사학자들은 그 판결이 장애인에 대한 편견에 기대어 정치적 목적을 이루고자 했던, 즉 과학이라는 미명하에 허위 이론을 동원한 예일 뿐이라고 판단했습니다.† 다행히 현재 미국은 '인종주의자'라는 딱지를 가장 불명예스러운 것으로 인식하고 있습니다.

---

*　더 자세한 내용은 『세상을 바꾼 법정』(신주영 저) 중 '훌륭한 태생을 위한 유전자 개량' 편에서 도움을 받을 수 있다.
†　위 『세상을 바꾼 법정』 중 '훌륭한 태생을 위한 유전자 개량'에서 인용한 버지니아 주 의회의 사과문 내용 참고

우리의 꿈은 꽃처럼 피어난다

미국은 다민족 국가입니다. 같은 미국인이라 해도 조상을 따져 영국계 미국인, 아프리카계 미국인, 한국계 미국인, 유대계 미국인 등등으로 구별하여 부르는 이유이지요. 하지만 이들을 묶어주는 몇 가지 공통점이 있습니다. 콜럼버스가 신대륙을 발견한 후 유럽, 아시아, 아프리카 등지에서 각자의 사연을 가진 사람들이 모여들었다는 점, 처음에는 영국의 식민지로 출발했지만 시민혁명과 다름없는 독립전쟁을 함께 치러내어 자유와 독립을 얻었다는 점, 한 민족은 아니지만 각자 스스로를 해방시킨 자유로운 시민이라는 점인데요. 이것은 곧 미국의 정체성이자 미국 시민의 정체성이기도 합니다.

하지만 미국은 영국으로부터 독립한 후에도 다양한 문제에 봉착해야 했습니다. 특히 아프리카계 흑인들은 백인의 노예가 되어 동물이나 물건처럼 취급되었는데, 시민의 자격이 없음은 물론 인간으로서의 대우조차 받지 못했습니다. 따라서 그들은 목숨보다 소중한 자유를 쟁취하기 지난한 싸움을 시작합니다. 나중에 노예해방이 선언되고 헌법으로 노예제도가 폐지되면서 마침내 자유를 얻게 되었지만 사회 전반에 만연했던 차별의 분위기는 쉽사리 사그라지지 않았습니다. 흑인들은 여전히 인간다운 삶을 누리지 못했어요. 어떤 식당은 흑인의 출입을 금지했고, 어떤 학교는 흑인 아이들의 입학을 거부했고, 어떤 버스 회사는 흑인들을 아예 못 타게 하거나 자리에 앉지 못하게 했습니다. 지금은 당연히 여겨지는 평등이라는 가치가 그 당시엔 구별이라는 명목으로 버젓이 짓밟히고 있었던 것이지요.

「나에게는 꿈이 있습니다」라는 제목의 마틴 루터 킹Martin Luther King, Jr., 1929~1968 목사의 연설에 이런 부분이 있습니다.

> 나에게는 꿈이 있습니다. 언젠가 이 나라가 모든 인간은 평등하게 태어났다는 것을 분명한 진실로 받아들이고, 그 진정한 의미를 신념으로 받아들이며 살아가게 되는 날이 오리라는 꿈입니다. 언젠가는 조지아의 붉은 언덕 위에 예전에 노예였던 부모의 자식과 그 노예의 주인이었던 부모의 자식들이 형제처럼 식탁에 함께 둘러앉는 날이 오리라는 꿈입니다. 언젠가는 불의와 억압의 열기에 신음하던 저 황폐한 미시시피주가 자유와 평등의 오아시스가 될 것이라는 꿈입니다. 나의 자녀들이 피부색이 아니라 인격에 따라 평가받는 그런 나라에 살게 되는 날이 오리라는 꿈입니다.

지금도 어쩌면 구별이라는 명목으로 당연히 평등하게 누려야 할 인간으로서의 권리가 어디에선가 누군가에 의해 침해되고 있을 수 있습니다. 종교의 이름으로 자행되는 침략, 정치 노선이 다르다는 이유로 벌이는 동족 간의 학살, 비뚤어진 민족주의가 빚어내는 타 민족에 대한 인권 유린 등등 여전히 세상 어느 곳에서는 우리가 공기처럼 당연히 누리는 것을 쟁취하기 위해 목숨을 버리는 사람들이 있습니다. 마틴 루터 킹 목사의 '꿈'이 오랜 시간이 지난 오늘날에도 여전히 우리에게 유효한 이유입니다.

관행이 아닌
인간의 존엄에 반응하기

#성별에 의한 차별 #미투(Me Too) #위드유(With You)

헌법 제11조

① 모든 국민은 법 앞에 평등하다. 누구든지 성별·종교 또는 사회적 신분에 의하여 정치적·경제적·사회적·문화적 생활의 모든 영역에 있어서 차별을 받지 아니한다.

형법 제307조(명예훼손)

① 공연히 사실을 적시하여 사람의 명예를 훼손한 자는 2년 이하의 징역이나 금고 또는 500만 원 이하의 벌금에 처한다.[개정 1995.12.29]

② 공연히 허위의 사실을 적시하여 사람의 명예를 훼손한 자는 5년 이하의 징역, 10년 이하의 자격정지 또는 1천만 원 이하의 벌금에 처한다.[개정 1995.12.29]

형법 제310조(위법성의 조각)

제307조 제1항의 행위가 진실한 사실로서 오로지 공공의 이익에 관한 때에는 처벌하지 아니한다.

길고 깊은 성차별의 역사

성별에 의한 차별은 전 세계적으로 가장 역사가 깊고 보편적인 것입니다. 남편이 죽으면 아내가 함께 묻히는 순장殉葬을 비롯하여, 여성을 안방에 가두어 놓고 남성의 성적 욕구를 채우기 위해 시작했던 중국의 전족纏足, 여성의 신체를 드러내는 것을 금기시하는 이슬람 문화권의 히잡Hijab, 여성의 교육 금지, 정치 활동 금지 등등 불과 몇십 년 전까지만 해도 지구촌 여성들은 예외 없이 단지 '여성'이라는 이유로 차별을 당했습니다. 자유와 평등, 민주주의 확립에 선구자 역할을 했다고 여기는 미국에서도 1920년이 되어서야 여성 참정권*이 각 주의 비준을 받게 됩니다.

우리나라도 예외는 아니지요. 조선시대엔 대다수 여성들이 교육을 받지 못했고, 근현대기엔 오빠나 남동생을 교육시키기 위해 자신의 삶을 희생해야 했으며, 불과 십여 년 전까지만 해도 여성들은 취업이나 승진의 문턱을 넘지 못하고 좌절해야 했습니다. 우리나라의 남녀고용평등법†은 바로 이런 부당한 관행을 없애기 위한 법인데요. 여성들의 사회적·경제적 활동을 보장하기 위한 노력은 지금도 계속되고 있습니다.

그런데 여성들에게는 교육과 취업 문제가 해결된 후에도 더 심각하고 위험한 문제 상황들이 기다리고 있습니다. 원하는 단계까지 무

---

* 세계 최초로 여성에게 투표권을 준 나라는 뉴질랜드이다. 19세기 뉴질랜드의 정치 체계는 세계에서 가장 앞서 있었는데, 1879년에는 모든 성인 남성이 투표할 수 있게 되었고 1893년의 선거법으로 여성도 투표권을 얻게 되었다.

† 남녀고용평등과 일 가정 양립 지원에 관한 법률

사히 교육을 마친 뒤 바라던 곳에 취업해서 일을 시작하게 되었더라도 남성이 결정권을 가지고 있는 위치에서 여성을 억압할 수 있는데 그 경우에는 인간의 존엄성이 더 크게 침해될 수 있습니다. 성희롱과 성추행은 물론 심하게는 성폭력으로까지 이어지는데도 여성들은 이를 감수할 것을 강요당하는 정신적 갈등상황에 내몰리게 되기 때문입니다.

미투(Me Too)와 위드유(With You)

최근 우리나라에서도 미투 운동Me Too movement과 함께 그동안 감춰졌던 몇몇 유명인의 민낯이 드러나는 사건이 있었습니다. 그들은 대개 교수이거나 정치인, 문단의 최고 인사거나 영화계 거물이라는 각각의 권력을 악용하여 제자, 직원, 작가 지망생, 배우 지망생들을 성적으로 학대해왔습니다. 피해자인 여성들은 미국에서 먼저 시작한 미투 운동*의 경과를 지켜보면서 용기를 얻었고, 하나둘 자신의 피해사실을 공개하기 시작했습니다. 이에 한국 내 미투 운동은 SNS를 통해 순식간에 확산되었고, 검찰조직과 경찰조직은 물론 대기업 등 지위 체계가 확고하거나 큰 조직 어디서나 피해자들이 "미투!"를 외

---

* 미국에서 시작된 해시태그 운동이다. 2017년 10월 할리우드 유명 영화제작자인 하비 와인스타인의 성추문을 폭로하고 비난하기 위해 소셜 미디어에 해시태그(#MeToo)를 다는 행동에서 출발했다. 해시태그 캠페인은 사회 운동가 타라나 버크가 사용했던 것으로, 알리사 밀라노에 의해 대중화되었다. 밀라노는 여성들이 트위터에 여성혐오, 성폭행 등의 경험을 공개하여 사람들이 이러한 행동의 보편성을 인식할 수 있도록 독려했고, 이후 수많은 저명인사를 포함하여 많은 사람들이 자신의 경험을 밝히며 이 해시태그를 사용했다. 이후 이 운동은 전 세계적으로 퍼지게 되었다.

치고 일어서면서 그동안 얼마나 많은 여성들이 성적으로 학대를 당하고 고통 받았는지 드러나게 되었습니다.

어쩌다 이런 일이 생겼을까요? "그건 별 뜻이 없어. 그냥 우리 시절 관행이었어"라고 말하는 남성들이 있습니다. 그렇다면 관행에 기대어 범죄행위를 한 비겁함에 대해 반성해야 하고, 가해자가 아니라도 그걸 관행이라고 묵인한 사람들도 함께 반성해야겠지요. 그들 역시 피해자의 고통을 외면하고 방조한 책임에서 결코 자유롭지 않으니까요.

피해자들은 처음 조직 내 윗사람에게서 성폭력을 당했을 때, 자신이 몸담고 있는 단체나 조직에서 높은 지위에 있는 책임자에게 먼저 알리고 도움을 요청했습니다. 하지만 그들은 가해자를 징계하기보다 사건을 무마하려고 하거나 피해자에게 조직을 떠나도록 종용하는 사례가 더 많았던 것으로 밝혀졌습니다. 그래서 '미투'도 중요하지만 협조를 요청받은 책임자들의 '위드유With you'는 더욱더 중요합니다.

미국의 경우에는 성희롱 피해 '주장'만 나온 상황이라 해도, 즉 정확한 사실 확인 전이라 해도, 문제가 불거진 즉시 인사 조치를 취하고 이를 지키지 않을 경우 사업주에게 막대한 '징벌적 손해배상' 책임을 지웁니다. 피해자를 최우선으로 보호하는 것이지요. 독일은 어떨까요? 독일의 경우 피해자의 고발이 있으면 곧장 조사를 시작하고, 조사가 이루어지는 동안 피해자가 근무하지 않을 수 있도록 합법적인 '작업 거부권'까지 인정해줍니다. 그렇다면 우리나라는 어떨까요?

그러면 우리는 '무엇을 어떻게' 해야 하나?

우리나라의 경우 지난 2016년 한 해, 고용노동부에 접수된 직장 내 성폭력 진정 5백 56건 가운데 실제 검찰이 기소한 것은 단 1건에 불과한 반면 직장에서 성폭력을 당했다고 호소했던 피해자들은 10명 중 7명꼴로 회사를 떠났습니다.* 이 부분의 인권이 얼마나 말도 안되는 사각지대에 놓여 있었는지를 보여주는 단적인 예입니다.

한국의 미투 운동이 세계적으로 알려지면서 이는 제네바 유엔본부에서 열린 유엔 여성차별 철폐위원회에서까지 의제로 논의되었는데요. 5시간 가까이 이어진 회의에서 한국 성폭력 피해자들의 2차 피해가 가장 큰 문제로 지적되었습니다. 즉 미투를 외치면서 피해를 밝힌 뒤 오히려 명예 훼손죄나 무고죄로 고발될까 봐 전전긍긍하게 되는 현실을 유엔 여성차별 철폐위원회에서 지적하면서 한국 정부의 적절한 대응을 촉구한 것입니다. 피해를 입었다고 공표한 것 때문에 형사 처분을 받을 수 있다니, 어떻게 그런 일이 생길 수 있을까요?

우리나라 형법은 타인의 명예를 훼손한 경우를 벌하고 있는데요. 허위의 사실을 적시摘示한 경우뿐 아니라 사실을 적시한 경우 역시 모두 처벌하고 있기 때문에 피해 사실을 적시해서 이를 미투 운동 형식으로 공개할 경우 명예 훼손죄로 고소당할 위험이 있는 것입니다. 피해자의 미투 고백이 나올 때마다 우리나라 형법상의 명예 훼

---

* 가해자와 피해자의 삶, 시간 끄는 사이 피해자만 떠난다. 양효걸 입력 2018.03.01. MBC 뉴스보도 내용 중

손죄에 대해 위법성 조각사유를 확대†하자는 주장, 혹은 아예 피해자로서 사실을 적시한 경우엔 명예 훼손죄가 성립하지 않도록 법을 개정하자는 주장과 움직임이 나오고 있는 배경입니다.

하지만 법을 개정하지 않더라도 경우에 따라서는 미투 고백을 한 피해자가 명예 훼손죄로 처벌받지 않을 수도 있습니다. 즉 명예 훼손죄에 해당되는 행위를 하더라도 위법성이 조각될 수 있는 사유가 있으면 명예 훼손죄가 성립하지 않는데요. 현행 형법상 인정되는 명예 훼손죄의 위법성 조각 사유는 "진실한 사실을 적시하고 그것이 오로지 '공공의 이익'을 목적으로 한 경우"입니다. 그런데 공공의 이익은 특정단체나 구성원들의 이익을 위한 경우도 포함하고 주로 공익을 위한 것이었다면 부수적으로 사익을 위한 것이라도 된다는 것이 대법원 판례의 입장입니다. 즉 사건에 따라서는 법원이 위법성 조각사유를 보다 관대하게 해석함으로써 미투 고백을 한 피해자가 구제받는 경우가 생기는 것이지요. 따라서 미투 고백의 경우 진정한 피해자이고 현재 자신의 피해뿐 아니라 다른 사람에게도 미칠 피해를 방지하기 위한 경우라면 공공의 이익 목적이 있는 것으로 해석하고 위법성 조각사유를 인정해서 무죄로 판단할 수도 있습니다.

---

† 어떤 가해 행위가 형법상 '죄'로 성립하려면 우선 형법 조문의 구성 요건에 해당해야 하고, 구성 요건에 해당하더라도 위법성을 조각하는 사유가 없어야 하고 또한 책임 조각 사유가 없어야 한다는 3단계를 거쳐야 한다. 위법성을 조각하는 사유란 어떤 행위가 구성요건에 해당하더라도 그것이 위법하다고 판단할 수 없게 하는 사유를 말하는데, 명예 훼손죄에서 보듯 '공연히 사실을 적시하여 사람의 명예를 훼손하는 행위'가 있으면 형법 제307조 제1항 명예 훼손죄의 구성 요건에 해당하지만, '진실한 사실로서 그것이 오로지 공공의 이익을 목적으로 한 경우는 처벌하지 않는다'라고 하는 위법성 조각사유를 정한 형법 제310조에 따라 위법성이 조각되어 처벌받지 않게 된다. 그래서 위법성 조각사유를 확대하면 죄가 성립하는 범위도 좁아지므로 명예 훼손죄가 되지 않을 가능성이 높아지는 것이다.

반면 이 같은 공공의 이익 목적이 전혀 인정되지 않는 경우라면, SNS에 이름을 특정해서 공개하는 일에 신중을 기해야 합니다. 가해자라도 인권에 대한 보호의 필요성은 여전히 존재하고 공개적으로 성폭력의 가해자라고 낙인이 찍힘으로써 입게 되는 명예 훼손은 거의 회복이 불가능한 데다가 가족에게까지 영향을 미치기 때문입니다. 따라서 공익의 목적이 전혀 없다면 개인적으로 형사 고소를 하는 방법을 우선적으로 고려해야 합니다. 물론 이것은 사법司法 시스템이 이상적으로 작동하는 경우의 해결 방법이며 가장 좋은 것은 미투 고발을 하지 않아도 될 만큼 우리 사회가 성숙해지는 것입니다. 그래서 만에 하나 사건이 벌어질 경우 피해자가 도움을 요청하면 누구나 '위드유'로 제대로 대응하고, 공정한 절차에 따라 가해자는 응분의 처벌을 받는 등 사법적 정의가 실현되어야겠지요.

미투 운동을 '혁명'에 빗대는 글을 읽은 적이 있습니다. 미투 고백으로 가해자로 지목된 사람은 사회적 단두대에 선 것과 다름이 없다는 점에서, 그리고 미투 고백의 당사자가 아니더라도 사람들의 관계에 대한 태도와 행동에 미치는 파급력이 거의 혁명적이라는 뜻에서 쓴 글일 것입니다.

그러고 보면 미투 운동이 일어나면서 거의 시민혁명에 버금가는 출혈이 있었고 혁명으로 해소될 수밖에 없었을 만큼 고통스러웠던 억압과 모순이 개인과 사회에 존재하고 있었음을 이제 모두가 선명하게 보게 되었습니다. 이 또한 공통의 역사적 경험이 되어 '관행'에 기대기보다는 인간의 존엄에 대해 더 민감하게 반응하는 시민으로

진화하는 기회가 되고, 그렇게 나날이 정의롭게 진화하는 사람들이
모여 사는 성숙한 사회가 되기를 희망해봅니다.

봉건적 굴레에서 해방,
그러나 또 다른 속박으로

#봉건의 굴레에서 해방 #신분제 폐지
#사회적 특수계급의 부인 #자주독립 #신체의 자유

헌법

제11조   제2항 사회적 특수계급의 제도는 인정되지 아니하며, 어떠
　　　　 한 형태로도 이를 창설할 수 없다.

제12조   모든 국민은 신체의 자유를 가진다. 누구든지 법률에 의하
　　　　 지 아니하고는 체포 구속 압수 수색 또는 심문을 받지 아니
　　　　 하며, 법률과 적법한 절차에 의하지 아니하고는 처벌 보안
　　　　 처분 또는 강제노역을 받지 아니한다.

미국 헌법 수정 제13조

제1항   어떠한 노예 제도나 강제 노역도, 해당자가 정식으로 기소되
　　　　 어 판결로서 확정된 형벌이 아닌 이상, 미합중국과 그 사법권
　　　　 이 관할하는 영역 내에서 존재할 수 없다.

제2항   의회는 적절한 입법을 통하여 본조(本條)를 강제할 권한을
　　　　 가진다.

미국의 남북전쟁과 노예제의 폐지

미국이 독립전쟁으로 영국의 식민지에서 해방되었을 때 자유를 만
끽한 미국인들은 미국에 살고 있는 모든 사람들이 아니었습니다. 당

시 미국에는 아프리카에서 끌려 와 노예생활을 하는 많은 흑인들이 있었기 때문이지요.

미국은 독립전쟁을 치른 뒤 13개 주가 연합한 연방 국가를 탄생시켰고, 최초의 미국 헌법도 만들었습니다(1787년). 그 후 남부가 연방에서 탈퇴하려들자 북부는 이에 반대하면서 남북전쟁이 일어납니다. 남부는 왜 연방에서 탈퇴하려고 했을까요? 노예제도와 얽힌 문제 때문입니다.

미국에서 독립전쟁을 수행하고 국가 탄생 후 헌법을 기초한 사람들은 대부분 조상들이 종교의 자유와 삶의 기회를 찾아 동북부로 이주한 영국계, 네덜란드계, 독일계 등 유럽계 사람들이었습니다. 이들은 독립된 연방 국가를 세운 주도 세력으로서 집권층을 형성하고 있었는데요. 청교도나 퀘이커교도 등 개신교도가 대부분이었던 이들은 검소한 생활 습관을 바탕으로 새로운 땅에서 새로운 종교 사회를 건설하겠다는 부푼 꿈을 지니고 있었습니다. 그리고 이들이 자리 잡은 북동부에서는 자유민들의 노동에 의한 제조업과 상공업이 발달하고 있었습니다. 반면 남부의 사정은 달랐습니다. 이곳은 유럽에서부터 귀족생활을 하던 사람들이 식민지 시대에 미국 땅을 상속받아 이주했거나 장자 상속이 원칙인 유럽에서 장자가 아닌 차남들이 귀족생활을 유지하기 위해 재산 중 일부를 받아 건너온 경우가 대부분이었습니다. 그래서 대다수가 노예 노동에 의존한 대규모 장원을 경영하고 있었어요. 노예 노동이 없으면 경제가 유지될 수 없는 구조였습니다.

미국 북부 지역 사람들은 서부 개척으로 생겨나게 된 새로운 주에서도 노예제가 전면적으로 금지되기를 바랐습니다. 하지만 남부는 노예를 소유할 수 있는 권리를 지키기 위해 연방을 탈퇴하려고 했어요. 결국 남부의 의도를 저지하려 했던 북부는 이 문제를 두고 갈등할 수밖에 없었습니다. 이후 노예제를 반대하는 에이브러햄 링컨이 대통령에 당선되면서 남부는 연방 탈퇴를 실행에 옮기고자 선전포고를 감행합니다. 이로써 여러분이 잘 아는 남북전쟁南北戰爭 American Civil War, 1861~1865이 벌어지는데요. 남북전쟁은 미합중국의 북부와 남부가 벌인 내전內戰입니다. 하지만 이 전투에서 결국 북부가 승리하고 링컨은 노예해방 선언과 함께 미국 수정헌법 제13조를 헌법에 추가하게 됩니다.

남부와 북부 군인들이 총검을 사용해 전투 중이다(1862).

미국헌법의 수정 제13조와 대한제국의 홍범 14조

이렇게 미국에서 노예제 폐지 선언과 함께 헌법에 들어가게 된 미국의 수정헌법 제13조 내용을 한번 볼까요?

> **제1항** : 어떠한 노예제도나 강제 노역도, 해당자가 정식으로 기소되어 판결로서 확정된 형벌이 아닌 이상, 미합중국과 그 사법권이 관할하는 영역 내에서 존재할 수 없다.
>
> **제2항** : 의회는 적절한 입법을 통하여 본조(本條)를 강제할 권한을 가진다.

미국에서 노예 해방이 선언되고 수정 제13조가 추가되었던 1865년 즈음 우리나라에도 노예와 다름없는 노비가 있었습니다. 차이가 있다면 미국의 노예는 아프리카나 아시아 대륙에서 수입해온 다른 인종들이 대부분인 반면 조선의 노비는 같은 민족이었다는 점이지요. 조선은 당시 엄격한 신분제로 양반과 상민을 차별했고, 사농공상을 구별해 신분에 따라 직분이 정해지는 사회였습니다. 이러한 신분제가 타파되고 노비가 해방된 것은 미국보다 30년 후인 1894년 갑오개혁 때입니다. 갑오개혁 당시 고종은 '홍범 14조洪範十四條'를 발표했는데, 홍범 14조*는 우리나라 최초의 근대적 헌법으로 평가되는 것으

---

* 갑오경장 직후 1894년 12월 정치 제도의 근대화와 자주독립국가로서의 기초를 튼튼히 하기 위해 제정되었다. 우리나라 최초의 근대적 정책백서이자 최초의 헌법적 성격을 지닌다. 국왕이 우리나라의 자주독립을 처음으로 내외에 선포한 문서로서 의의가 크다. 내용은 아래와 같다;
  1. 청국에 의존하려는 마음을 버리고 자주 독립하는 기초를 확고히 할 것.
  2. 왕실 전범을 제정하여 왕위의 계승과 종실, 외척의 구별을 밝힐 것.
  3. 대군주가 정사를 친히 각 대신에게 물어 재결하며 왕비와 후궁, 종친이 간여하지 못하게 할 것.

로 시행 일자는 1895년(고종 32) 1월 7일입니다. 이것을 우리나라 최초의 근대적 헌법으로 평가하는 이유가 무엇일까요? 우선 그 내용에 조선에 대한 청의 종주권을 부인하고 왕비와 종친의 간여를 막기 위해 민비와 대원군을 배제시킨 것, 왕실 사무와 국정 사무를 나누고 의정부와 각 아문 직무 권한을 명확히 하는 등 통치 구조를 개혁한 것, 조세 징수를 법령으로 정한 것, 민법과 형법을 제정하여 국민의 생명과 재산을 보호한 것, 문벌을 타파하고 인재를 고루 등용하려 한 것 등 국민의 자유와 권리에 관한 조항이 있기 때문입니다. 따라서 서구의 〈권리장전〉이나 〈권리선언〉과 마찬가지로 자유를 보장하는 내용이 포함된 입헌주의 헌법으로 평가할 수도 있는 것이지요.

또한 갑오개혁 때 설치된 군국기무처軍國機務處는 입법권을 가진 초정부적 회의기구로 200건이 넘는 구체적인 개혁 법안들을 만들어 노비가 해방되고 양반과 상민의 차별이 철폐되었으며 조혼이 금지되는 등 봉건적 제도를 폐지하는 데 기여했습니다. 프랑스의 시민혁명처럼 급격한 사회 변화를 가져온 것은 아니었지만 개혁 정책에 따른

4. 왕실 사무와 국정 사무를 나누어 서로 혼합하지 아니할 것.
5. 의정부와 각 아문의 직무 권한을 명확히 할 것.
6. 국민에 대한 조세 징수는 법령으로 정해서 함부로 거두지 말 것.
7. 조세의 부과와 징수, 경비 지출은 모두 탁지아문이 관할할 것.
8. 왕실 비용을 솔선 절감하여 각 아문 및 지방관의 모범이 되게 할 것.
9. 왕실 비용 및 각 관부 비용은 1년 예산을 세워 재정의 기초를 세울 것.
10. 지방 관제를 속히 개정하여 지방 관리의 직권을 제한할 것.
11. 나라 안의 총명한 자제를 널리 파견하여 외국의 학술과 기예를 보고 익히게 할 것.
12. 장교를 교육하고 징병제를 실행하여 군제의 기초를 확정할 것.
13. 민법과 형법을 명확하게 제정하고, 국민의 생명과 재산을 보전할 것.
14. 문벌에 구애받지 않고 사람을 쓰고, 세상에 퍼져 있는 선비를 두루 구해 인재의 등용을 넓힐 것.

점진적인 변화가 분명히 있었던 것입니다. 그러니 홍범 14조와 갑오개혁은 미국의 수정헌법 제13조와 노예해방 선언과 같은 맥락의 역사적 문서 또는 사건이라고 할 수 있습니다.

하지만 갑오개혁이나 홍범 14조에 대한 역사적 위상은 미국의 노예해방 선언이나 수정헌법 제13조와 사뭇 다릅니다. 남북전쟁에서 북부를 승리로 이끌고 노예해방을 선언했던 링컨 대통령은 미국을 자유 민주공화국으로 재탄생시킨 위대한 지도자로 추앙받지만, 홍범 14조를 발표했던 고종은 노비를 해방시키고 나라를 개혁한 왕으로 기억되지 않으니까요. 심지어 개혁을 주도했던 내각 대신 박영효는 일본으로 망명했고, 총리 김홍집은 광화문에서 백성들에게 '왜倭대신'이라며 뭇매를 맞고 비참한 최후를 맞아야 했습니다.

미국 수정헌법 제13조가 헌법으로 편입된 이후 각 주에 노예제도를 옹호하는 법들을 폐기하고, 제2항에서 정한 대로 적절한 입법으로 노예무역을 금지시키는 법을 제정하는 등 역사적 임무를 잘 수행하였고, 현재까지도 유효한 헌법 조항으로 살아서 효력을 발휘하고 있는 데 비해* 홍범 14조와 갑오개혁에 대한 역사의 평가는 일본이 한국으로 진출하는 데 유리한 환경을 만들어주었을 뿐이라는 등 다소 부정적인 의견이 지배적입니다.

---

* 1807년에 〈노예수입 금지법〉과 1807년의 〈영국 노예무역법〉으로 공식적으로 노예의 수입을 금지시키고 대서양 노예무역을 금지하기 위해 군대의 무력이 개입했으며, 국내의 노예제도를 없애기 위한 여러 안들이 제시되었다. 이후 수정 제14조(전 노예의 시민권의 보호)와 수정 제15조(선거권에 관한 인종에 의한 제한의 금지)가 추가되었다. 수정 제13조로부터 제15조에 이르는 3개를 〈리콘스트럭션 수정〉이라고 부른다.

홍범 14조가 권리장전이 될 수 없는 이유

왜 갑오개혁의 역사적 의미가 이렇게 저평가되고 있을까요? 개혁을 주도한 총리대신 김홍집은 왜 광화문에서 뭇매를 맞아 최후를 마쳤을까요? 갑오개혁으로 양반과 상민의 신분차별이 철폐되고, 노비가 해방되었으며, 과부의 재혼이 허용되는 등 인간으로서의 자유와 권리가 크게 향상된 것을 고려하면 그런 의문이 생깁니다. 그런데 갑오개혁의 배경과 그 이후 조선의 운명을 잘 들여다보면 그 답을 알 수 있습니다. 바로 갑오개혁의 주체 세력과 사상적 기반에 중대한 결함이 있기 때문입니다.

홍범 14조가 발효되기 전 내각에 참여했던 박영효는 10년 전 갑신정변이 실패했을 때 일본에 망명한 급진 개화파이자 친일파 인사로 일본이 데려와서 개혁을 주도하게 했습니다. 이런 이유로 2년여에 걸친 갑오개혁과 을미개혁은 일본의 간섭으로 진행되었고, 이때 일본이 신경 쓴 것은 국민의 권리 신장이 아니라 조선에 대한 청의 영향력을 배제하는 것과 고종을 고립시켜 국정에 대한 결정권을 내각으로 옮기면서 내각을 친일화함으로써 장차 이루어질 한일합병을 한결 손쉽게 하는 것이었습니다. 실제로 나중에 대한제국의 외교권이 넘어간 을사늑약은 고종이 없는 자리에서 내각대신 중 다섯 명이 중명전에서 서명했으며, 그들 중 대부분은 합방 후 일본의 귀족 작위를 받았습니다.

갑오개혁이나 홍범 14조가 겉으로는 노비제 폐지나 양반과 상민 차별 철폐로 대다수 조선인들을 봉건적 굴레에서 해방시킨 듯 보이

을사조약이 조인된 중명전

중명전에 전시된 을사조약 문서

지만 실제로는 일본에 협조하는 지배세력은 일본의 귀족으로 흡수하고 반대세력은 제거해서 조선의 상류 지배계층을 모두 없애고, 일반 평민들은 모두 노예와 다름없는 식민지의 하류시민을 만들어버린 것입니다.

이후 일본은 세계대전을 일으켰고 조선인들을 전쟁과 군수물자 수송을 위해 강제 징집과 강제 노역에 대동했는가 하면, 어린 여성들을 위안부로 강제 동원했습니다. 이런 결과를 생각하면 갑오개혁으로 노비제가 폐지된 것, 문벌이 타파된 것, 조세 법령주의로 재산권을 보장한 것 등을 가지고 인권이 향상되었다는 평가는 차마 할 수 없는 것입니다.

시민혁명과 계몽주의 vs. 동학농민운동과 천도교

그런데 갑오경장이 일어났던 1894년(갑오년)에 홍범 14조와 별반 다르지 않은 내용의 문서가 만들어지고 또한 갑오개혁에 맞먹는 역사적 사건이 있었으니 바로 전봉준의 폐정개혁안弊政改革案과* 동학농민운동입니다.

갑오동학농민전쟁은 고부에서 1차로 일어났는데 고부군수 조병갑의 수탈에 항거한 농민들의 봉기로 시작되었습니다. 고부의 동학 접

---

* 동학농민운동 당시 농민군이 내놓은 개혁안이다. 모두 12개의 조항으로 이루어졌는데 호남 지방을 점령한 농민군이 정부와 전주 화약을 맺으면서 요구했던 개혁안이다. 신분제 철폐, 과부의 재가 허용, 부패한 관리 처벌, 세금 제도 개선, 토지 제도 개혁 등이 주 내용이다.

주接主†였던 전봉준은 1만여 명의 농민을 무장시키고 있을 만큼 세력이 대단했습니다. 전봉준은 어떻게 이처럼 많은 수의 농민을 무장시키고 동원할 수 있었을까요?

원래 동학은 최제우가 창시한 종교입니다. 당시 중국을 통해 유입된 서학(천주교)에 대응해 동학이라 부른 것으로 유불선 사상의 핵심을 흡수하고 천주교의 사상까지 흡수해 '인내천'을 핵심 사상으로 하여 '후천개벽後天開闢'을 통해 만민 평등의 지상 천국을 건설하려 했습니다. 최제우의 포교 활동이 시작된 지 6개월 만에 3천여 명의 제자가 모였고, 이듬해엔 전국 각지에 일종의 교회인 '접소接所'를 설치하고 책임자인 '접주'를 두어 교세를 확장했습니다.

동학의 기본 사상은 '신분과 남녀 차별 없이 모든 인간이 곧 하늘이요 같은 하느님'이라는 것이었으니 당시 민중에게는 가히 혁명적이었을 겁니다. 따라서 선비에서 농민에 이르기까지 열렬히 환영을 받았어요. 이러한 동학사상은 봉건적 신분제와 양반 중심 권력 구조를 가진 유교 국가인 조선에서는 천주교만큼 위험한 것이어서 정부는 동학 세력의 확장에 위협을 느끼고 1863년 최제우를 체포하고 이듬해 3월 참형에 처합니다. 죄명은 '혹세무민'이었습니다. 즉, "세상을 현혹시키고 민중을 속였다"라는 것이었어요. 하지만 2대 교주 최시형에 의해 교세는 더욱 확장되었고, 이를 발판으로 교도들은 교

---

† 동학에서 교구 또는 포교소, 즉 접의 책임자를 일컫는 말이다. 포주(包主) 혹은 장주(帳主)라고도 한다. 동학의 창시자 최제우가 포교를 시작한 지 3~4년 만에 급격히 교세가 확장되자 포교소로서 각 지방에 접소를 설치하고 거기에 책임자인 접주를 두었는데 이들은 그 지방 교도들의 관할과 새로운 교인에 대한 전도 및 포교를 담당했다.

조 최제우의 억울함을 풀어달라는 '교조신원운동'을 벌입니다.

'교조신원운동'이란 말 그대로 불법 사교 집단으로 규정되어 참형을 당한 1대 교주 최제우의 억울함을 풀어달라는 것으로서 나라에 동학을 공인하라고 요구한 것과 다르지 않습니다. 이를 테면 유교가 국교였던 조선에서 종교의 자유를 주장한 것이었어요. 하지만 무엇보다도 그들은 조선의 왕실과 세도가인 집권층이 당시 청에 막대한 조공을 바치고 일본의 경제적 수탈에 속수무책으로 당하고 있는 등 무능과 부패로 백성의 생활이 피폐해진 데 대한 문제 의식를 크게 느끼고 있었고, 그 모든 것의 근본적인 해결 방향을 봉건적 신분제의 타파와 외세 배격이라고 본 것입니다. 따라서 신분과 남녀 차별이 없이 모든 인간이 하늘이라는 인내천 사상, 보국안민輔國安民, 만민평등萬民平等의 동학사상은 당시 사회 변혁에 방향을 제시해줄 수 있는 사상적 기반이 되기에 모자람이 없었던 것이지요.

이것은 마치 서구의 시민혁명에서 계몽주의가 사상적 기반이 되어주었던 것과 유사합니다. 루소의 사회계약설, 로크의 천부인권설 등 "국가는 목적이 아니라 수단으로서 존재하며, 개인에게 천부적으로 인정되는 인권을 보장하기 위해 권력을 국가에 위임한 것일 뿐이다"라고 하는 계몽주의 사상이 왕권신수설王權神授說*을 기반으로 한 절대왕정을 타도하고 국민이 주인인 민주국가의 탄생을 가져온

---

* 국왕의 권리는 신에게서 받은 절대적인 것이므로 국민이나 의회에 의하여 제한되지 않는다는 설. 영국과 프랑스의 국왕이 교황, 신성 로마 황제, 봉건 제후를 누르고 왕권을 확립하는 데에 뒷받침이 된 주장으로 영국의 필머, 프랑스의 보댕 등이 주창했다. 군권신수설, 군주신권설, 신권설, 신수설, 제왕신권설이라고도 부른다.

사상적 배경이 되었던 것처럼 말입니다.

동학농민운동은 왜 성공한 시민혁명이 되지 못했을까?

그런데 동학농민전쟁은, 서구 프랑스혁명이나 미국독립전쟁에서처럼 시민계급이 왕정을 공화정으로 체제를 바꾸거나 민주공화국을 건설함으로써 시민혁명을 완성하고 권력을 쟁취한 것과 달리, 결국 지도자인 전봉준, 김개남, 손화중은 체포되어 사형을 당하고 농민군은 일본군과 정부군에 진압되어 혁명을 완성시키지 못하고 희생되고 말았습니다. 왜 그렇게 되었을까요? 그 이유를 동학농민운동의 전개 과정을 통해 자세히 살펴보겠습니다.

1863년경 고부 군수 조병갑이 부당한 고율의 세금을 거둬들이는 등 수탈을 일삼자 농민들은 민장民狀을 제출해서 시정을 요구합니다. 하지만 받아들여지지 않아요. 이에 전봉준은 60여 명의 농민들을 모아 함께 폐정을 시정해줄 것을 요구하지만 이때에도 관아의 뜰에서 쫓겨났을 뿐이었습니다. 결국 이들은 그 다음해 무장봉기로 고부 군수를 쫓아내고 단숨에 고부 관아를 점령했습니다.

조정에서는 민심 수습책으로 다시 고부 군수를 파견하고 안핵사按覈使†를 보내 조사를 시켰지만 안핵사는 농민들을 폭도로 지목하면

---

† 조선 후기 지방에서 사건이 발생했을 때 그것을 처리하기 위해 파견했던 임시관직을 이른다. 대개 민란 발생 시에 문제를 수습하기 위한 긴급 대책의 일환으로 파견했는데 목사·군수 등 인접 지역의 수령이 주로 임명되었고, 때로 경관(京官)이 파견되기도 했다. 주로 사건의 전말과 상황을 상세하게 조사하여 조정에 보고하고 그 처리 방안을 건의하거나 조정의 지시에 따라 이를 수습했다.

서 반란을 일으킨 자들을 모두 감옥에 가두었습니다. 이에 전봉준은 각 지역의 다른 동학 지도자들과 연합해 '제폭구민除暴救民, 보국안민'의 기치 아래 전국적인 무장봉기를 일으켰는데요. 정읍, 고창, 무장 등에서 연승을 거둔 데 이어 중앙 정부군까지 격파하고 전주성에 무혈 입성하기에 이릅니다. 농민군은 감옥에 갇힌 백성들을 석방하고 무기를 압수했으며, 탐관오리를 비롯한 양반·지주·부호들을 징계하고 재물을 빼앗아 빈민에게 나누어주었습니다.

당시 정권을 장악하고 있던 민비는 농민군이 이미 너무 강대해져서 스스로 대응하기엔 역부족이라는 사실을 깨닫고 청에 파병을 요청하는데요. 임오군란 때와 마찬가지로 청군은 기다렸다는 듯 군대를 상륙시켰고 일본 역시 지배력을 빼앗길세라 톈진조약天津條約[천진조약]에*에 의거해 인천에 대부대를 상륙시킵니다. 이 같은 외세의 개입은 동학 농민군이 바라던 바가 아니었으므로 농민군은 정부군과 전주화약을 맺고 일단 해산하는데요. 이때 내세운 조건이 바로 폐정개혁안입니다.

그런데 이 기회에 일본은 경복궁을 점령해 민씨 정권을 몰아내면서 청일전쟁을 도발하고 김홍집 내각을 성립시켜 개혁을 주도하게 합니다. 이때 개혁 기구인 군국기무처는 입법권을 가진 초정부적 회의 기구로 1차 개혁 기간 동안 200건이 넘는 안건을 처리하면서 갑신정

---

* 1858년에 청나라와 영국·프랑스·미국·러시아의 4개국 공사가 톈진에서 맺은 조약으로 크리스트교의 신앙 및 포교의 자유, 모든 항구의 개방 등이 그 내용이다. 조선 고종 22년(1885)에 일본의 이토 히로부미[伊藤博文]와 청의 이홍장(李鴻章)이 톈진[天津]에서 맺은 조약을 일컫기도 한다. 조선에서 청·일 양국의 군대를 철수시킬 것, 장차 조선에 파병할 경우에 상대국에 미리 알릴 것 등이 그 내용이다.

변 때 혁신 정강을 많이 반영했고, 동학 농민군의 폐정개혁안도 수용했습니다. 이때 신분제 폐지, 조혼금지, 과부의 개가 등이 허용되었고 과거제도 폐지되었습니다. 모두가 폐정개혁안이 반영된 결과였지요. 일본이 청일전쟁에 주력하느라 간섭이 심하지 않았기에 가능했던 일이었습니다.

청일전쟁에서 승리한 일본은 조선의 내정에 더욱 적극적으로 간섭하기 위해 군국기무처를 폐지하고 갑신정변 때 망명했던 박영효를 데려옵니다. 그리고 김홍집, 박영효가 함께하는 연립내각을 성립시키고, 농민군을 토벌하려고 했는데요. 이는 제2차 농민 봉기의 원인으로 작용합니다. 하지만 일본군의 우세한 화력을 견디지 못한 농민군은 패퇴하고, 전봉준과 손화중, 김개남 등 지도자들은 체포되어 사형을 당합니다. 이후에도 농민군은 황해도·경상도 등지에서 산발적

전봉준

으로 저항했지만, 양반·부호·관료층이 조직한 민보군에 의해 철저히 괴멸되었습니다. 민보군·수성군들은 도주한 농민군의 집에 불을 지르는가 하면 귀순한 동학도들까지 체포하여 살해하고 재산을 약탈하는 등 농민군 세력을 초토화했습니다.

갑오동학농민운동의 사상적 배경이나 농민군의 전력은 프랑스의 시민혁명이나 미국의 독립전쟁 저항군에 못지않았습니다. 그런데 운명을 가른 차이점이 있습니다. 미국이 독립전쟁을 할 때엔 제3국인 프랑스가 영국정부가 아닌 미국의 저항군을 도왔지만, 농민군이 저항할 때 조선의 집권 세력은 반란을 진압하기 위해 청의 군대를 불러들여 결국 농민군이 전주화약을 하게 만들었고, 이틈에 일본이 경복궁을 점령하고 갑오개혁을 주도하면서 농민군 토벌에 나서 우세한 전력으로 진압함으로써 갑오농민운동은 실패한 혁명이 되고 말았습니다.

청군과 일본군이 아니라 농민군의 손을 잡았더라면

어쩌면 조선의 집권 세력은 청을 불러들여 농민군을 진압할 것이 아니라 농민군과 연합해서 일본을 몰아냈어야 하지 않았을까요? 실제로 동학농민군은 처음부터 반외세를 주장했고, 폐정개혁안도 노비 해방, 양반과 상민의 차별 철폐, 부당한 조세의 폐지 등 인권 향상과 재산권 보장 등 봉건제도의 폐지와 억압으로부터의 자유를 내용으로 하고 있었으니 시민혁명의 권리장전과 그 내용이 같은 것이고 이 내용을 전주화약의 조건으로 내걸어 갑오개혁 때 반영되기도 했지요.

사실 전봉준은 프랑스 혁명에서처럼 한 나라의 왕을 없애고 공화국을 세운다거나 자신이 왕이 된다거나 하는 혁명을 꿈꾼 게 아니었습니다. 전봉준이 원했던 것은 폐정 개혁과 외세의 배격 즉, 재산권의 보장과 봉건적 굴레에서 해방되는 것, 그리고 자주독립국가가 되는 것이었습니다.

상상하기는 힘들지만, 만일 고종과 민비가 농민군을 자신의 편으로 삼았더라면, 청군을 부르지 않았더라면, 그래서 일본군이 들어오지 않았더라면, 그 전에 개화파와 함께 입헌군주국을 세웠더라면, 그리고 부국강병에 힘썼더라면, 그랬더라면 개화파가 일본과 손을 잡고 갑신정변을 일으키지 않았을 것이고, 갑신정변의 혁신 정강은 고종이 스스로 반포하는 입헌주의 헌법이 되었을 것이며, 군국기무처는 개혁을 주도하는 국회國會가 되었을 것이고, 친일파 내각이 등장해서 을사늑약에 조인하는 일도 없었을 것입니다.

결국 유럽과 신대륙의 근대국가들이 시민혁명을 성공시키면서 봉건적 굴레에서 해방되고 입헌군주제 또는 민주공화국의 형태로 민주주의국가로 진보한 것과 달리 일본의 간섭으로 봉건적 신분제의 굴레에서 벗어난 조선은 그보다 더한 속박의 식민지로 전락하고 말았습니다. 그리고 이후 1948년 자유로운 민주공화국 형태의 대한민국으로 탄생하기까지는 39년*의 암흑기를 거쳐야 했습니다..

* 일제강점기 36년, 미군정기 3년

위안부 문제가 아직도 외교 문제로 남아 있고 이제 할머니가 된 그분들의 신산한 삶이 보도될 때마다, 다시 독도 문제가 신경을 건드릴 때마다, 강제 징집되고 군수물자 생산에 동원된 젊은 조선 청년들이 죄 없이 구덩이에 파묻히는 영상을 보게 될 때마다, 그때 그 역사적인 사건이 일어났던 시점으로 되돌아가 어느 한 꼭지라도 되돌리고 싶은 마음이 드는 것은 비단 저 혼자만의 경우가 아니겠지요.

인간다운 생활을 할 권리를 보장받는 법

#곽씨 부인과 출산휴가 #법적으로 보장받는 권리

헌법 제34조

① 모든 국민은 인간다운 생활을 할 권리를 가진다.

② 국가는 사회보장·사회복지의 증진에 노력할 의무를 진다.

③ 국가는 여자의 복지와 권익의 향상을 위하여 노력하여야 한다.

④ 국가는 노인과 청소년의 복지향상을 위한 정책을 실시할 의무를 진다.

⑤ 신체장애자 및 질병·노령 기타의 사유로 생활능력이 없는 국민은 법률이 정하는 바에 의하여 국가의 보호를 받는다.

⑥ 국가는 재해를 예방하고 그 위험으로부터 국민을 보호하기 위하여 노력하여야 한다.

복지국가헌법의 기준_사회적 기본권

우리나라 헌법은 입헌주의헌법이자 복지국가헌법이라고 했습니다. 20세기 들어와 국가의 역할이 더 커지면서 실질적 평등에 대한 요구로 사회적 기본권을 헌법에 추가하게 되었고 말이에요. 자유민주주의가 경제활동에도 적용된 결과 우리 사회에는 부자와 가난한 사람이 생겨날 수밖에 없는데 그렇다 하더라도 국민이라면 누구나 최소한의 인간다운 삶을 살 수 있어야 합니다. 그래서 복지국가 헌법에서는 국가가 경제적·사회적 약자를 보호하기 위한 복지정책을 실현하도록 의무를 부과하고 있습니다. 이에 따라 국민이라면 누구에게나 인간다운 생활을 누리기 위해 필요한 조건을 국가에 요구할 권리가 인정되는데 이것이 바로 사회적 기본권입니다. 우리 헌법은 제34조에서 "모든 국민은 인간다운 생활을 할 권리를 가진다"라고 선언하면서 국가는 복지 증진 의무를 지고, 또 한편으로 사회적 약자를 보호할 법을 만들 수 있는 근거를 마련하고 있습니다.

이렇게 사회적 기본권이 인정되면 국민은 누구나 인간다운 생활을 누릴 수 있을까요? 그 권리를 실현하기 위해 국민은 어떤 방법으로 국가의 보호를 받을 수 있을까요? 이번 시간에는 여러분이 다 아는 이야기를 밑반찬 삼아 구체적으로 살펴보겠습니다.

곽씨 부인은 인간다운 생활을 할 권리를 누렸을까?

우리나라의 고전 『심청전沈淸傳』의 스토리는 정말 유명하죠? '심청'이는 자고로 효녀의 아이콘입니다. 직접 소설을 읽어보지 않았다고 해도 줄거리를 모르는 사람은 거의 없을 거예요. 앞을 못 보는 아버지를 위해 공양미 삼백 석에 자신을 제물로 바친 심청이, 효심을 갸륵하게 여긴 용왕님의 배려로 연꽃을 타고 돌아가 왕비가 되고, 잔치에 초대되었던 아버지가 마침내 눈을 뜬다는 내용입니다.

『심청전』의 첫 부분을 살짝 소개해보겠습니다. 청이의 아버지 심학규는 원래 대대로 벼슬을 하던 양반집 자손이었는데 어쩌다 집안이 기울어 그즈음에는 끼니를 걱정할 만큼 가난하게 살아가고 있었습니다. 설상가상으로 스무 살 즈음 눈까지 멀게 됩니다. 심학규라는 이름보다 '심봉사'라고 불리게 된 까닭입니다. 자신의 처지를 잘 알고 있었던 그는 결혼하여 가정을 꾸릴 생각 따위 꿈에서조차 하지 않았습니다. 그런데 올곧은 마음씨 덕분이었을까요? 그는 곽씨 성을 가진 예쁘고 마음씨 고운 여인을 아내로 맞게 됩니다. 곽씨 부인은 매우 지혜롭고 바지런했어요. 삯바느질은 물론 남의 집에서 품도 팔면서 부지런히 일해 심봉사를 돌보았습니다. 덕분에 심봉사네 집은 차츰 가난에서 벗어날 수 있었는데요. 어느 정도 살 만해지자 곽씨 부인은 예쁜 딸을 낳았습니다. 그 아이가 바로 청이였어요.

심봉사는 곽씨 부인 덕분에 가난하고 앞 못 보는 불쌍한 처지에서 착한 아내는 물론 귀한 딸까지 얻은 행복한 가장이 되었습니다. 그는 심성이 곱고 품성이 올바른 사람이었던 게 틀림없어요. 아내인 곽씨 부인에게도 늘 고마움을 표시하면서 그녀를 믿고 사랑했을 겁니다. 그러니 곽씨 부인도 편안한 마음으로 가정을 지키고 살림에 힘을 쏟을 수 있지 않았을까요? 그런데 이런 기쁨도 잠시, 곽씨 부인은 청이를 낳은 뒤 시름시름 앓기 시작합니다. 출산 후 몸을 돌볼 사이도 없이 밤낮으로 일했기 때문이에요. 용하다고 소문 난 의원을 불러다 진료를 하고 좋다는 약도 정성껏 써보았지만 병세는 호전되지 않았습니다. "나 죽으면 우리 딸 뉘 젖 먹고 자라며 뉘 품에서 잠을 자려나, 가여운 내 아가!" 앞 못 보는 남편과 젖먹이 청이를 두고 떠나는 곽씨 부인의 마음은 찢어질 것만 같았지요. 결국 곽씨 부인은 눈도 제대로 감지 못한 채 세상을 떠납니다.

옛날에는 아이를 낳으면 부잣집이나 양반집 아녀자들은 얼마든지 집에서 쉴 수가 있었지만 보통 상민들의 경우에는 며칠 쉬지도 못하고 바로 밭일을 하러 가기 일쑤였지요. 물론 조선왕조실록에 따르면 "세종대왕은 여자 종인 '비'에게는 100일의 출산휴가를, 남자 종인 '노'에게는 30일의 육아휴직을 줬다"라고 되어 있지만[*] 실제로 누리기는 쉽지 않았을 것이고 오히려 노비가 아닌 경우에는 쉬기는커녕 먹고살기 위해 어쩔 수 없이 가사일에 농사일에 내몰린 경우가 많았을 테지요. 생각해보면 그 시절은 여성들에게 몹시 가혹했던 것 같아요. 출산의 고통을 겪은 여성의 몸은 마라톤을 완주한 것만큼, 아니 그 이상으로 기력을 소진했기에 충분한 휴식을 취해야 함에도 불구하고 마음 편히 쉴 수 없었으니까요. 이에 비해 요즘은 직장에 다니는 여자들의 경우 법적으로 유급 출산 휴가를 받을 수 있고, 또 아이를 키우기 위한 육아 휴가도 법적으로 아무 문제없이 사용할 수 있습니다.

지금으로 치면 곽씨 부인은 진정한 '워킹맘'이었습니다. 앞 못 보는 남편 대신 밖에 나가 하루 종일 일을 했잖아요? 하지만 하루 벌어 하루 먹고사는 처지였던 터라 곽씨 부인은 아무리 출산 후였다고 해도 쉽사리 일손을 놓을 수 없었습니다. 일을 쉬게 되면 온 식구가 먹고살기 어려워지니까요. 이런 형편이었으니 곽씨 부인에게 있

[*] 〈조선시대 노비에게 남성육아휴직 있었다〉 기사 참조

어 출산 휴가나 육아 휴직은 언감생심焉敢生心이었겠지요. 사실 출산 휴가나 육아 휴가는 여성의 건강을 회복하는 데 필수적입니다. 개인의 삶의 질을 유지하는 데에도 반드시 필요하고요.

하지만 곽씨 부인이 살았던 그 시절에는 사회적 기본권이나 복지국가 헌법이 없었습니다. 만일 청이를 낳은 곽씨 부인이 90일 동안 월급도 나오고 출산 휴가도 쓰면서 마음 편히 쉬는 시간을 가졌더라면, 곽씨 부인도 빠른 시간 안에 건강을 회복할 수 있지 않았을까요?

그래서 출산 휴가나 육아 휴가 기간을 갖는 것 역시 인간다운 생활을 할 권리에 포함되는 것입니다. 물론 우리나라도 현재 출산 휴가나 육아 휴가를 갖는 권리를 법적으로 보장하고 있습니다.

'법적으로 보장된 권리'의 의미와 활용

그러면 '법적으로 보장된 권리'란 무슨 의미일까요? 우리가 인간으로서 당연히 누리는 권리를 '인권'이라고 합니다. 그리고 그 인권에는 신체의 자유, 정치적 자유, 언론의 자유, 근로의 자유, 인종, 종교, 성별을 이유로 차별을 받지 않을 권리 등이 포함되어 있습니다. 이 같은 인권을 헌법에서는 '기본권'이라 하여 보장해주고 있는데요. 기본권을 구체적으로 실현하기 위한 하위법으로 각종 기본권 보장을 위한 법들이 있습니다. 그중 근로의 자유와 차별 받지 않을 권리 등을 제대로 보장하기 위한 기본법이 바로 노동법이고, 노동법 중 대표적인 법이 '근로기준법'입니다.

근로기준법은 임신한 여성 근로자라면 누구나 출산을 전후로 90일을 휴가로 사용할 수 있도록 정하고 있습니다. 그리고 그 90일 동안 급여도 받을 수 있습니다. 60일은 사업주가, 그러니까 근로자를 고용한 사람이 급여를 주어야 하고, 마지막 30일은 고용센터에서 지급하도록 되어 있지요. 고용센터란 공공기관으로서 국민이 낸 세금으로 운영되는 곳입니다. 이처럼 임금을 나눈 이유는 업체를 운영하는 사람들이 "뭐야, 직원이 일하러 나오지도 않는데 석 달 동안 비용을 지불하라고?" 하면서 불평하거나, 부담을 느끼는 부분을 덜어주기 위한 것입니다.

그런데 만일 사장이 출산 휴가를 주지 않으면 어떻게 될까요? 출산 휴가 신청을 거부한 사업주에게는 2년 이하의 징역 또는 1천만 원 이하의 벌금이 부과됩니다. 그러니까 만일 임신한 여직원에게 출산 휴가를 주는 것을 거부했을 때 그 사업주를 지방고용 노동관서에 신고하면 그는 형사 처분을 받게 되는 것입니다. 이렇게 법이 출산 휴가를 받아주도록 강제하고 있기 때문에 출산 휴가를 받을 권리는 '법적으로 보장되어 있는 권리' 또는 '법적으로 보호받는 권리'라고 말할 수 있는 것입니다.

이처럼 인간다운 생활을 할 권리라는 표현은 다소 추상적이지만 이렇게 구체적으로 그것을 실현시킬 수 있는 법을 만들어서 시행하게 되면 실제로 강력한 힘을 발휘할 수 있게 됩니다. 현대 복지국가 헌법은 사회적 기본권을 규정하지만 그것이 실제로 법률로 어떻게 제정되고 시행되느냐에 따라 보장되는 모습은 천태만상으로 다를 수밖에 없습니다. 그래서 나라마다 복지국가를 표방하지만 최소한의 인간다운 삶의 기준이나 실제로 누리는 삶의 질도 다르게 나타나는 것이지요. 따라서 헌법상의 사회적 기본권은 사회구성원의 가치관과 태도에 따라 그 내용을 다르게 채워가는 열린 권리라고 할 수 있겠습니다.

인간은 무엇으로 사는가?

#제도가 된 이웃 사랑 #사회보장기본법
#톨스토이의 사랑 #빅토르 위고의 지성

헌법 제34조

⑤ 신체장애자 및 질병·노령 기타의 사유로 생활능력이 없는 국민은
법률이 정하는 바에 의하여 국가의 보호를 받는다.

⑥ 국가는 재해를 예방하고 그 위험으로부터 국민을 보호하기 위하
여 노력하여야 한다.

사회보장 기본법

제1조(목적)   이 법은 사회보장에 관한 국민의 권리와 국가 및 지방
자치단체의 책임을 정하고 사회보장정책의 수립·추진과 관련 제도
에 관한 기본적인 사항을 규정함으로써 국민의 복지증진에 이바지
하는 것을 목적으로 한다.

제2조(기본이념)   사회보장은 모든 국민이 다양한 사회적 위험으로
부터 벗어나 행복하고 인간다운 생활을 향유할 수 있도록 자립을
지원하며, 사회참여·자아실현에 필요한 제도와 여건을 조성하여
사회통합과 행복한 복지사회를 실현하는 것을 기본이념으로 한다.

청이가 엄마 없이도 잘 자란 이유

우리는 앞에서 다소 추상적으로 느껴지는 '인간다운 생활을 할 권리'가 실제로 어떻게 보장될 수 있는지 근로기준법의 출산 휴가에 관한 조항을 중심으로 살펴보았습니다. 이번에는 사회적 약자에 대한 보호 문제를 짚어볼까 합니다.

심봉사와 심청의 이야기를 조금 더 해보겠습니다. 곽씨 부인이 세상을 떠난 뒤 심봉사는 혼자서 청이를 키우게 되었지요. 심봉사는 배가 고파 우는 어린 청이를 들쳐 업고 이 마을 저 마을 더듬더듬 동냥젖을 얻으러 다닙니다. 곽씨 부인을 기억하는 마을 아낙네들은 불쌍한 청이를 위해 기꺼이 젖을 물려주었고 헌옷가지도 내어주었습니다. 심봉사는 눈이 어두움에도 청이에게 틈틈이 예절도 가르치고 글자도 가르쳤습니다. 덕분에 심청은 여섯 살 무렵부터 끼니때가 되면 아버지의 밥을 차리고 남의 집 허드렛일을 하는 등 앞 못 보는 아버지 대신 집안 살림을 꾸려가기 시작했습니다. 아버지를 잘 모시는 것은 물론이요, 어머니 제사도 잊지 않았지요.

이런 청이를 마을 사람들 모두 입을 모아 칭찬했습니다. 곽씨 부인이 차마 눈을 못 감고 죽었을 만큼 딱한 사정이었음에도 청이가 이토록 잘 자랄 수 있었던 이유는 무엇이었을까요?

톨스토이의 단편소설 중에 「사람은 무엇으로 사는가」라는 이야기가 있습니다. 거기에도 곽씨 부인이나 청이와 비슷한 처지에 있는 인물들이 나옵니다.

잠시 줄거리를 볼까요?

미하일은 죽은 자의 영혼을 하느님 앞으로 데려가는 일을 맡은 천사였는데요. 쌍둥이 자매를 낳은 지 얼마 안 되어서 죽을 운명에 처한 어느 엄마의 영혼을 거두려고 내려왔다가 그만 그 엄마의 간곡한 애원에 영혼을 거두지 않고 하늘로 돌아갑니다. 직무를 유기한 거지요. 미하일이 엄마의 영혼을 가지러 왔을 때 그녀의 남편은 이미 나무에 깔려 죽은 뒤였습니다. 그녀는 "저까지 죽으면 이 어린 것들을 어떻게 하겠습니까?"라면서 "아이들이 클 때까지만 제발 기다려 달라"고 애원했습니다. 사정이 사정인 만큼 미하일은 엄마의 부탁을 들어줄 수밖에 없었던 거예요. 하지만 미하일이 영혼을 가져오지 못한 것을 알게 된 하느님은 미하일을 인간 세계로 추방하면서 세 가지 물음에 대한 답을 찾을 때까지 지상에서 살아가라 명합니다. 그 세 가지 질문이란 "인간의 마음속에는 무엇이 있는가?", "인간에게 허락되지 않은 것은 무엇인가?", 그리고 "인간은 무엇으로 사는가?"였습니다.

지상에 날개 없이 알몸으로 떨어진 미하일은 러시아 어느 조그만 마을에 사는 구두장이 세몬에게 발견되어 그 집에서 일을 도와주면서 살게 됩니다. 그리고 곧 첫 번째와 두 번째 물음에 대한 답을 찾습니다. 물론 마지막 질문인 "인간은 무엇으로 사는가?"에 대한 답도 찾게 되는데요. 그것은 바로 절체절명의 순간에 놓였던 그 쌍둥이 자매가 예쁘게 자라 어느 귀부인의 손을 잡고 미하일이 일하는 구두 가게에 들어서던 순간이었습니다. 그 순간 미하일은 깨달았어요. 자신은 쌍둥이 자매가 엄마가 죽고 나면 아이들이 살아갈 수 없을 거라고 생각했지만 주변 사람들은 그 엄마의 장례를 치러주었고, 어느 귀부인은 고아가 된 쌍둥이를 가엾이 여겨 양녀로 삼아 키웠던 것입니다. 이렇게 해서 세 가지 질문의 답을 찾게 된 미하일은 다시 하늘로 올라가 천사가 됩니다.

첫 번째 질문의 답은 "사람의 마음속에는 사랑이 있다"는 것입니다. 미하일은 이것을 세몬의 집에 가던 날 바로 깨달았지요. 세몬의 아내가 불평하면서도 이내 측은한 마음으로 미하일에게 따뜻한 식사를 차려주던 그 순간 말입니다. 두 번째 질문의 답은 "자기 몸에 무엇이 필요한지를 아는 지식"입니다. 이 사실을 미하일은 장화를 만들어달라고 했던 신사를 보고 깨닫습니다. 곧 죽게 될 운명인 것도 모르고 신사는 자신에게 필요도 없는 오래 신을 수 있는 튼튼한 가죽구두를 주문했기 때문이지요. 세 번째 질문의 답이 무엇이냐고요? 마지막에 미하일은 이렇게 말합니다. "사람은 스스로를 살피고 염려하는 마음으로 사는 것이 아니라 사랑으로 사는 것이었다." 세 번째 질문에 대한 답은 바로 "이웃을 보살피는 사랑"입니다. 부모를 잃은 아이들이 잘 자란 것은 이웃 여인의 사랑과 보살핌 덕분이었고, 미하일 역시 자신을 불쌍하게 여겨 사랑해주고 돌봐주었던 세몬 가족 덕분에 인간 세상에서 살 수 있었으니까요.

법과 사랑의 오묘한 조합

곽씨 부인의 경우도 마찬가지입니다. 그녀 역시 앞 못 보는 남편과 젖도 못 뗀 청이가 어떻게 살지 염려하며 눈도 감지 못한 채 세상을 떠났습니다. 하지만 청이와 심봉사를 가엾게 여긴 마을 사람들은 서로 젖을 먹여주고 헌옷가지를 나눠주며 심봉사를 도왔습니다. 청이를 살게 해준 것은 바로 마을 사람들의 마음속에 있었던 사랑이었어요. 청이나 심봉사처럼 사회적으로 약자인 구성원들이 살아갈 수 있는 것은 이처럼 한 사람 한 사람의 선함이 모여 만들어내는 사회 안전망이라고 할 수 있습니다. 이런 사회 안전망을 제도화한 것이 바로 사회복지제도이며, 그 기본적인 사항을 정하기 위해 만든 법이 사회보장기본법입니다. 그렇다면 사회복지와 관련된 법에도 사랑이 담겨 있다고 말할 수 있지 않을까요?

법과 사랑이라니, 뭔가 안 어울리는 듯 어색하지요? 사랑이 가득 담긴 법이란 게 과연 가능할까 싶어 고개가 갸웃거려집니다. 그런데 헌법 제34조를 찬찬히 살펴보면 어쩌면 그럴 수도 있겠다는 생각이 들기도 합니다.

헌법 제34조

① 모든 국민은 인간다운 생활을 할 권리를 가진다.

② 국가는 사회보장·사회복지의 증진에 노력할 의무를 진다.

③ 국가는 여자의 복지와 권익의 향상을 위하여 노력하여야 한다.

④ 국가는 노인과 청소년의 복지향상을 위한 정책을 실시할 의무를 진다.

⑤ 신체장애자 및 질병·노령 기타의 사유로 생활능력이 없는 국민은 법률이 정하는 바에 의하여 국가의 보호를 받는다.

⑥ 국가는 재해를 예방하고 그 위험으로부터 국민을 보호하기 위하여 노력하여야 한다.

헌법 제34조는 모든 국민은 인간다운 생활을 할 권리를 가진다고 선언하면서 국가가 사회보장 및 사회복지를 증진하도록 노력해야 한다고, 그럴 의무를 진다고 강조하고 있습니다. 특히 여자의 복지와 권익 향상을 위해 노력해야 하며, 노인과 청소년의 복지 향상을 위한 정책을 실시할 의무가 있음을 밝히고 있습니다. 이처럼 헌법에 여자의 복지 권익, 노인과 청소년의 복지 향상을 위한 정책 실시의 의무를 명기한 것은 우리나라가 약자를 돕는 사회 안전망을 만드는 데 가치를 두고 있으며 이를 적극적으로 추구하고 있다는 뜻입니다. 이제 법과 사랑이라는 단어를 묶은 배경을 이해하시겠지요? 사람을 사람답게 살게 해주는 가장 확실한 보장책이 사랑이라는 데 동의한다면 방금 우리가 읽은 헌법 제34조는 분명 '사랑의 법'이라고 할 수 있을 것입니다.

변화를 희망한다면 진실을 아는 것부터 시작하라

만일 어떤 남자가 자신의 아내한테 매일 "사랑해, 사랑해"라고 말하면서 막상 설거지나 청소 등 집안일 하는 것을 한 번도 도와주지 않거나 생활비를 한 푼도 가져다주지 않는다면, 과연 그런 사람을 두고 자기 아내를 사랑하는 사람이라고 할 수 있을까요?

헌법 제34조도 마찬가지입니다. 그 내용이 아무리 사랑으로 가득 찬 법조문이라 해도 실제 행동에 옮기지 않으면 아무 소용이 없습니다. 그래서 우리에겐 헌법 제34조의 내용을 구체적으로 실행할 수 있게 해주는 특별한 조치가 필요합니다. 바로 권리를 어떻게 구체적으로 보장해줄지 그 내용을 법률로 만드는 것입니다.

헌법 제34조 제5항을 보면 나머지 조항과 조금 다른 부분이 있습니다. 신체장애자 질병, 노령 등의 사유로 생활 능력이 없는 국민은 법률이 정하는 바에 의해 국가의 보호를 받는다고 되어 있습니다. 심봉사는 신체장애자로서 생활 능력이 없었기에 국가의 보호를 받을 수 있어요. 특히 '법률로 정하는 바에 의해' 보호를 받습니다. 그중 하나가 장애인복지법입니다. 이처럼 헌법이 구체적인 사항을 법률로 정하도록 위임하고 있는 것을 '법률 유보'라고 하는데요. 이렇게 법률 유보로 보장하는 헌법상의 권리는 구체적으로 실행할 법률을 반드시 제정해야 하므로 특히나 강력하게 보호받습니다.

앞에서 우리는 근로기준법에서 출산 휴가를 보장받는 방법을 보았습니다. 출산 휴가 신청을 거부하는 사장은 형사 처분도 가능했지요. 이와 마찬가지로 장애인복지법에도 장애인을 보호하기 위한 여러 의무들이 있고, 그 의무를 이행하지 않는 자들에게는 형사 처분과 같은 불이익을 주고 있습니다. 그러니까 우리 헌법은 사회복지 증진에 노력해야 하는 동시에 여성의 권익 향상을 위해 노력할 의무를 부여하지만, 신체장애나 질병, 노령 등 기타의 사유로 생활 능력을 잃은 사람, 즉 사회적 취약 계층에 대하여는 의무만을 선언하는 데 그치지 않고 법률을 제정해서 실행하라고 구체적으로 요구하고 있는 것이지요.

이렇게 현대 복지국가헌법은 소극적으로 개인의 자유를 보장하는 데 그치지 않고 실질적인 자유를 누릴 수 있도록 최소한의 인간다운 생활을 보장할 의무를 국가에게 지우고 있으므로 이를 구체적으로 실행하기 위해 법률을 제정하고 시행해야 하는 등 현대 복지국가에서는 국가가 할 일이 훨씬 더 많아진 것입니다.

그 배경에는 빈곤, 환경 등의 사회 문제가 자본주의가 성장하면서 초래된 구조적인 것이어서 개인적으로는 해결할 수 없고 사회가 연대하여 국가 차원해서 해결해야 할 문제라는 인식이 깔려 있습니다.

가난한 생활에 의한 남자의 낙오, 배고픔에 의한 여자의 타락, 어둠으로 인한 아이들의 쇠약이라는 현대의 세 가지 문제가 해결되지 않는 한, 또 어떤 지역에서 사회의 질식 상태가 생길 가능성이 있는 한, 다시 말해 좀 더 넓게 보아 지상에 무지와 비참함이 있는 한 이 책과 같은 글도 쓸모없지는 않을 것이다.
_『레미제라블』의 서문, 빅토르 위고

'레미제라블Les Miserables'은 직역하면 비참한 사람들이라는 뜻입니다. 빅토르 위고Victor-Marie Hugo가 쓴 이 책은 프랑스 혁명 이후의 혼란한 사회상을 배경으로 피 끓는 개혁 정신, 가난하고 억압 받는 자들의 저항 정신, 그리고 이들의 연대와 인간애를 입체적으로 다룬 매우 뛰어난 문학 작품입니다. 후일 이 작품은 영화로 뮤지컬로 각색되고

레미제라블 포스터(2012)　　　　레미제라블의 삽화(1864)

제작되어 지금까지 세계 각국에서 무대에 오르고 있습니다. 이제 세계적인 고전이 되어 꼭 책을 완독하지 않은 사람이라도 그 스토리는 대충이라도 알고 있을 것입니다. 마치 우리나라 사람들이 심청전의 스토리를 누구나 아는 것처럼 말이지요.

　위고는 1803년에 태어나 83세를 일기로 세상을 마쳤습니다. 그야말로 19세기를 이끄는 프랑스의 혁명가이자 사상가이며 시대정신을 말하고 쓰는 독보적인 문필가였지요. 그가 『레미제라블』에서 가난한 남자, 배고픈 여자, 어둠에 버려진 아이들을 그린 이유는 그 역시도 그 시대 만연했던 빈곤과 억압의 문제가 개인적인 것이라기보다 자본주의 사회가 성장하면서 필연적으로 초래된 구조적인 문제라고 보았기 때문입니다. 19세기를 살았던 위고의 사회 인식이 21세기 복지국가헌법에 녹아 있는 것은 그가 시대정신에 민감한 진정한 작가였음을 증명하는 것이기도 합니다.

톨스토이가 사회 안전망으로서의 사랑의 힘을 보았다면, 빅토르 위고는 현대 사회가 빚어낸 구조적 모순의 결과로서의 사회적 취약 계층에 대한 대중의 관심을 촉구하면서, 무지와 비참함을 걷어낼 '진실을 아는 빛'에 의한 사회 변화를 희망했다고 볼 수 있습니다. 변화를 희망한다면, 그것이 크든 작든, '지금 현재를 아는 것'에서부터 시작해야 하니까요.

고아가 잘 자라고 있는 것은 모두가 두 아이의 생계를 걱정해주었기 때문이 아니라 타인인 한 여인에게 사랑의 마음이 있어 그 아이들을 가엾게 생각하고 사랑해주었기 때문이다. (...) 나는 이전에 하느님께서 인간에게 생명을 내려주시고 모두가 함께 살아가도록 바라고 계신다는 것을 알았지만 이번에는 한 가지 일을 더 깨달았다. 하느님께서는 인간이 뿔뿔이 떨어져 사는 것을 원하지 않으신다. 그렇기 때문에 인간 각자에게 무엇이 필요한가를 아는 것을 허락하지 않으신 것이다. 대신 인간이 하나로 뭉쳐 살기를 원하시기 때문에 모든 인간은 자신을 위해서 또 모두를 위해서 무엇이 필요한지를 보여주신 것이다. 인간이 자신을 걱정함으로써 살아갈 수 있다고 생각하는 것은 인간의 착각이다. 사실은 사랑에 의해서 살아가는 것이다.

_「사람은 무엇으로 사는가」 중에서, 톨스토이

헌법을 일상적으로
말하는 대통령

혐오의 반대는 평등과 존엄이다

앞에서 오바마 대통령 재임시절 올랜드에서 일어났던 끔찍한 총기 사건을 언급했습니다. 아프가니스탄계 미국인이 게이 나이트클럽에 무장한 채 침입하여 총기를 난사해서 60명 가까이 사망하고, 50명 넘게 중상을 입는 등 최악의 테러 사건으로 기록된 일이었는데요. 다음 220쪽에 소개하는 글은 그때 오바마 대통령이 피해자들과 유족들을 위로하고 지원하기 위해 발표했던 성명서 전문입니다.

이 글에서 인상적인 것은 오바마 대통령이 너무나 일상적인 언어로, 그리고 매우 자연스러운 맥락에서 헌법을 말하고 있다는 점입니다. 인종, 민족, 종교, 성적 지향을 차별 금지 사유로 언급하고, 공격을 받았던 나이트클럽이 성적 소수자인 게이들의 아지트와 같은 곳이었다는 점에서 오바마 대통령은 소수집단에 대

올랜드 총기 난사 사건에 대해 보고를 받는 오바마 대통령

한 혐오가 곧 우리 사회를 지탱해주는 근본 가치인 평등과 인간의 존엄에 대한 공격이라고 지적합니다. 그러면서 그런 혐오의 표현인 테러가 근본 가치를 포기하게 하지 못할 것이라고 말합니다. 평등과 존엄은 혐오에 대한 방어로서의 헌법적 가치라는 것, 그리고 혐오에 의한 테러의 반대편에 구조 당국이 보여준 희생적인 용기와 사랑을 대비시키면서 전 미국인들에게 혐오에 가득한 테러리스트가 아니라 희생자들이 살아온 방식이 곧 미국인의 정체성임을 강조합니다. 혐오와 폭력에 맞서는 방법으로서 서로 사랑할 것을, 두려워하지 말고, 서로를 탓하지 말 것을 제시하며, 친구를 돕고 서로를 돌보며 생명을 구하는 이타적인 행동을 배우자고 말합니다. 평등과 존엄을 분열과 갈등에 맞서는 힘으로 내세우며, 국민을 하나로 묶어주는 근본 가치로서의 헌법 정신을 일상적인 언어로 말한 것입니다.

우리가 살고 싶은 국가의 모습(오바마 대통령 연설전문)

오늘 우리는 미국인으로서 무고한 사람들에 대한 잔혹한 살인과 끔찍한 대학살에 비통해 하고 있습니다. 애끓는 슬픔에 빠져 있는 희생자 가족들을 위해 기도합니다.

우리는 끔찍한 공격을 견뎌내고 있는 올랜드 시민들과도 함께합니다. 아직 수사 초기 단계지만 이미 알려진 것만으로도 이번 사건은 테러이자 증오 행위였습니다. 미국인으로서 우리는 비탄과 분노 그리고 시민들을 지켜야 한다는 다짐을 하고 있습니다.

저는 방금 FBI국장 코미 등 보안당국자들과의 미팅을 마쳤습니다. FBI는 현지 수사당국과 함께 현장에서 수사를 이끌고 있으며 저는 연방정부의 모든 인력을 이번 수사에 총 동원할 것을 지시했습니다. 우리는 아직 이 사건에 대해 알아가고 있습니다. 수사가 진행 중인 사건입니다. 용의자의 결정적인 동기가 무엇이었는지 우리는 아직 명확한 결론에 도달하지 못했습니다. FBI는 이 사건을 테러행위로 보고 수사하고 있습니다. 저는 용의자가 테러리스트 그룹의 영향을 받았는지 또는 어떤 관련성이 있는지 밝혀내도록 모든 노력을 다해 달라고 지시했습니다.

분명한 것은 용의자가 혐오로 가득 찬 사람이었다는 겁니다. 며칠 내로 우리는 왜, 어떻게 이 사건이 벌어졌는지 밝혀낼 것이며 밝혀진 사실에 따라 무엇이든 할 것입니다.

오늘 아침 저는 저의 좋은 친구이자 올랜드 시장인 버디 다이어와 대화를 나눴습니다. 그에게 모든 미국인의 조의를 전달했습니다. 이 사건은 어디에서나 벌어질 수 있었습니다. 따라서 저는 다이어 시장에게도 올랜드 시민들이 필요한 게 그 어떤 것이든 지원을 아끼지 않을 것이라고 말했습니다.

미국은 오늘도, 내일도, 앞으로 다가올 날에도 올랜드 시민들과 함께할 것입니다. 또한 사건 현장으로 뛰어든 모든 경찰과 현장에 있던 분들께 깊은 존경을 표합니다. 그들의 용기와 전문가 정신이 생명을 살렸고 이 대학살이 더 끔찍하게 되는 것을 막았습니다. 구조 당국은 매일매일 우리 모두를 위해 이런 희생을 감수하고 있고 우리는 이루 표현할 수 없을 만큼 감사하고 있습니다.

오늘은 우리의 친구들, 레즈비언, 게이, 바이섹슈얼, 트랜스젠더들에게 특히 더 가슴 아픈 날입니다. 총격범이 노린 곳은 사람들이 친구를 사귀고, 춤추고, 노래하고 살아가기 위해 찾는 나이트클럽이었습니다. 공격받은 곳은 단순한 나이트클럽이 아닙니다. 이곳은 사람들이 함께 모여 의식을 고양하고 그들의 생각을 말하고 시민권을 주장하던 연대와 자율의 공간입니다.

이번 사건은 이러한 사실을 다시금 깨닫게 합니다. 인종, 민족, 종교, 성적 지향과 상관없이 그 어느 미국인에 대한 공격은 우리 모두에 대한 공격이자 우리를 하나로 묶어주는 근본 가치인 평등과 존엄에 대한 공격이라는 사실을 말입니다. 그 어떤 혐오나 테러도 우리를, 미국의 근본 가치를 바꾸지는 못할 것입니다.

이번 사건은 미국 역사상 최악의 총기 난사 사건입니다. 용의자는 권총과 자동소총으로 무장하고 있었습니다. 이 대학살은 누군가 학교나 성전, 극장, 나이트클럽에서 사람들을 쏘려고 총을 손에 넣는 게 얼마나 쉬운지 다시 한 번 보여주는 사례이기도 합니다. 이제 우리는 우리가 살고 싶은 국가의 모습이 어떤 것인지 결정해야 합니다. 이에 대해 아무것도 하지 않는 것 역시 또 다른 결정입니다.

조만간 우리는 이 비극의 희생자들에 대해 알게 될 것입니다. 그들의 이름, 얼굴, 또 그들이 누구였는지 알게 될 것입니다. 가족과 친구들에게 얼마나 기쁨을 주는 사람들이었는지 이 세계에서 얼마나 특별한 사람들이었는지 이 견딜 수 없는 일을 이겨낼 힘을 신께서 주시길 그 희생자들과 가족들을 위해 기도합니다.

그들과 함께할 수 있도록 우리 모두에게 힘을 주시길 또 변화할 용기를 낼 힘을 주시길 기도합니다. 희생자들의 목숨을 앗아간 남자의 혐오가 아닌 희생자들이 살아온 삶의 방식이 바로 우리라는 것을 보여줘야 합니다.

친구를 돕고 서로를 돌보며 생명을 구한 그 영웅적이고도 이타적인 행동들을 우리는 배울 것입니다. 혐오와 폭력에 맞서 우리는 서로를 사랑할 것입니다. 우리는 공포에 굴하지 않을 것이며, 서로를 탓하지 않을 것입니다. 대신 우리는 미국인으로서 하나가 되어, 국민과 나라를 지켜낼 것이며 우리를 위협하는 이들에게 맞설 것입니다. 오늘 목숨을 잃은 이들에게 신의 가호가 있기를 빕니다. 그들의 가족들에게도 위로를 주시길 기도합니다. 우리가 사랑하는 이 나라를 계속 살펴 주시길 기도합니다. 감사합니다.

넷째 시간

대한민국을 운영하는 조직

_헌법기관들

지금 우리나라는 누가 다스리고 있을까?

#통치를 위한 기관의 구성 원리 #국민주권의 원리
#대의제도 vs. 직접민주주의 #절대 권력의 견제, 권력분립제도

헌법 전문(前文)

유구한 역사와 전통에 빛나는 우리 대한국민은/우리들과 우리들의 자손의 안전과 자유와 행복을 영원히 확보할 것을 다짐하면서/이제 국회의 의결을 거쳐 국민투표에 의하여 개정한다.

제1조　**제1항** 대한민국은 민주공화국이다.

　　　　제2항 대한민국의 주권은 국민에게 있고, 모든 권력은 국민으로부터 나온다.

제40조　입법권은 국회에 속한다.

제66조　**제4항** 행정권은 대통령을 수반으로 하는 행정권에 속한다.

제101조　**제1항** 사법권은 법관으로 구성된 법원에 속한다.

주권 vs. 통치기관

"지금 우리나라는 누가 다스리고 있을까?"라는 질문을 받았다면 어떻게 대답해야 할까요? 대통령, 국회, 국민⋯? 그리고 국민이라면 국민 전체일까요, 행정 공무원일까요, 아니면 판사들일까요? 왕이 아니라는 것은 분명한데 "누가 다스리는가?"라는 질문에 명확하게 대답하기가 어렵습니다. 우선 '다스린다'는 말이 어떤 의미인지부터 짚어볼게요.

이 질문과 대답을 제대로 정리하는 것이 바로 '통치구조론'입니다. 통치구조론은 헌법학이라는 학문 중 일부이니 헌법학자가 아닌 우리가 즉시 대답하기 어려운 것은 당연하죠. 혹시 둘째 시간 수업에서 마오리족과 영국인의 공생법을 이야기할 때 나왔던 '와이탕이 조약'을 기억하세요? 와이탕이 조약의 제1조에 대한 해석이 서로 달라서 분쟁이 있었던 이야기를 잠깐 언급했는데요. 와이탕이 조약은 1840년 2월 6일 뉴질랜드 북섬의 와이탕이라는 섬에서 영국과 각 마오리족 부족장들 사이에서 맺어진 조약으로서 이것이 뉴질랜드의 최초의 헌법으로 인정되고 있다고 설명했습니다.

그런데 이 와이탕이 조약의 주 내용이 "뉴질랜드의 주권은 영국 국왕에게 있다. 마오리족의 토지 소유는 계속 인정하되 토지 매매는 영국 정부를 통해서만 할 수 있다. 그리고 마오리족은 영국 국민으로서의 권리를 인정받는다"라고 하는 것이어서 우리나라 헌법 제1조 "대한민국은 민주공화국이다. 주권은 국민에게 있고…"와 비교해보면 마오리족 입장에서는 헌법이라기보다 우리나라가 일본에 합방될 즈음에 맺었던 을사조약 정도로 보인다고 말씀드렸습니다.

와이탕이 조약이 성립한 시점인 1840년 2월경은 영국이 산업혁명을 거쳐 자본주의 기치 아래 식민지를 건설하기 위해 밖으로 세력을 확장하던 때입니다. 그 후 두 차례 세계대전에 이르기까지 영국을 선두로 한 프랑스, 스페인, 네덜란드 등 서구 유럽과 미국은 앞

다투어 군비를 확장하면서 세계 각지를 식민지화하여 자원을 수탈합니다. 약소국들을 수출 시장으로 삼아 제국의 발전을 꾀했던 것이지요.* 와이탕이 조약은 그 내용을 잘 보여줍니다. 마오리족에게 영국 국민으로서의 권리가 있다고 인정해주는 척하면서 한편으로는 주권이 영국 국왕에게 있다고 했으니, 조선 민족에게 일본 국민으로서의 권리가 있고 주권은 일본 황제에게 있다고 하는 것과 다름이 없는 것입니다. 이렇게 자신의 주권을 박탈하는 문서에 버젓이 서명할 리가 없지요. 그것은 바로 주권에 대한 의미를 잘못 이해했기 때문이었어요.

게다가 당시 마오리족은 여러 개의 부족으로 이루어져 있고 아직 중앙집권적 국가가 아니었기에 부족끼리도 서로 의견이 일치하지 않았습니다. 어떤 부족은 아예 조약에 서명하지 않았고, 서명한 부족들도 나중에 "주권이 영국 여왕에게 있다"는 말에 이의를 제기했습니다. 영어와 마오리어로 작성된 문서에서 주권을 뜻하는 'sovereignty'가 마오리어에 없어서 마오리어의 '카와나탄가kawanatanga'로 번역했는데, 이 단어는 마오리어로 governance, 즉 관리한다는 의미를 가졌기에 마오리인들은 영국 국왕이 관리하는 형식으로 다스리되 토지에 대한 권리는 자신들에게 있다고 이해한 반면, 영국인들은 뉴질랜드가 자신의 식민지가 되었다고 이해했던 것입니다.

---

* 이런 경향을 제국주의(imperialism, 帝國主義)라고 한다. 19세기 후반(1870년)부터 20세기 초에 걸쳐 나타난 독점자본주의에 대응하는 정치·경제적 구조를 총칭하는 말로 쓰인다. 대개 "침략에 의하여 영토를 확장한다"는 점에서 '팽창주의' 또는 '식민주의'와 동일한 의미로 사용되어왔다.

왕권신수설 vs. 천부인권설

다시 질문으로 돌아갈게요. "지금 우리나라는 누가 다스리고 있을까?" 이 질문에 대답하기 어려운 이유는 질문이 주권자를 묻는 것인지, 통치기관을 묻는 것인지 분명하지 않기 때문입니다. 마오리족이 와이탕이 조약에서 영국 국왕의 카와나탕카를 인정한 것은 그에게 통치기관으로서의 권한을 준 것이지 마오리족의 주인으로서의 권리, 즉 주권을 준 게 아니었거든요.

하지만 영국인들이 사용하는 sovereignty(주권)은 신이 자신의 창조물에 대해 갖는 주인으로서의 권리와 같은 의미를 갖는 본래 종교적인 용어입니다. 이 주권이 정치적 용어로 사용되기 시작한 것은 절대왕정 시대에 왕의 권력을 정당화하기 위해 프랑스의 정치철학자인 장 보댕Jean Bodin, 1530~1596이 왕권신수설divine right of kings, 王權神授說을 주장하면서부터입니다. 신이 가지고 있던 백성에 대한 주권을 신으로부터 기름 부음을 받은 왕에게 주어졌다고 하는 것이 왕권신수설의 골자인데요. 따라서 신으로부터 주권을 받은 왕에게 백성들이 복종해야 하는 것이 당연해지고, 왕은 백성을 신의 뜻에 따라 다스리는 신의 대리자와 같은 지위에 있게 됩니다. "짐이 곧 국가다"라고 했던 태양왕 루이 14세 역시 왕권신수설의 신봉자였어요. 지금으로 보면 왕이 신의 대리자라느니 왕이 곧 국가라느니 하는 게 모두 허황한 이론 같지만 당시 유럽은 종교적 색채가 짙어 일반 백성들은 신의 대리자인 교황의 권위에 더욱 복종하는 경향이 있었습니다.

하지만 교회의 타락, 종교개혁, 종교전쟁 등을 거치면서 같은 예수 그리스도를 믿는 사람들이라도 가톨릭, 프로테스탄트, 위그노, 장로파, 칼뱅파 등등으로 사분오열되어 분란이 끊이지 않았으므로 오히려 혼돈을 끝내기 위해서라도 국왕이 절대 권력을 휘둘러서 이를 제압할 이유와 명분이 필요했던 것입니다. 영국은 아예 영국 국교회를 만들어 교황청과 결별하고 당시 영국 국왕이었던 헨리 8세는 스스로 영국 국교회의 수장이 되었습니다. 왕권이 교권을 흡수해버린 것이지요. 그런데 왕이 이처럼 절대 권력을 휘두르는 한 무사할 리가 없습니다. "권력은 부패하기 쉽고, 절대 권력은 절대 부패한다 Power tends to corrupt and absolute power corrupts absolutely"는 말처럼 절대왕정이 지속되면서 왕의 과도한 권력 행사와 종교에 대한 탄압은 저항을 불러일으켰습니다.

특히 제임스 1세는 자신을 '신'으로, 아들 찰스 1세는 '작은 신'으로 부르라고 명령할 만큼 왕권신수설의 광적인 신봉자였습니다. 그는 영국 국교회의 수장으로서 가톨릭과 청교도를 탄압했는데, 청교도가 대다수를 차지하고 있던 의회는 1215년 대헌장(마그나 카르타)으로 정한 국민의 권리를 존중해달라는 진정서를 냈다가 묵살당하고 반발하다가 감옥에 가기도 했습니다. 얼마 후 가톨릭교도들이 제임스 1세의 암살을 기도했다가 실패하는 사건까지 일어나면서 왕과 의회는 갈수록 관계가 나빠졌습니다.

제임스 1세가 죽은 뒤 즉위한 찰스 1세 역시 아버지 못지않은 왕권신수설의 신봉자였어요. 제임스 1세는 궁정 화가 루벤스Peter Paul Rubens, 1577~1640를 시켜 천사로부터 왕관을 받는 그림을 화이트홀 궁

찰스 1세에게
왕관을 씌워주는 신성한 손

전의 천장에 그려 넣게 할 정도였으니 왕의 권력에 제한을 가하는
의회가 처음부터 마음에 들지 않았겠지요. 그는 의회를 철저히 무시
하면서 국정을 마음대로 처리했습니다. 사치와 잦은 대외 원정으로
국고가 바닥나면 갖은 명목으로 세금을 거두었고요. 결국 1628년,
의회는 더 이상 참지 못하고 권리청원權利請願, Petition of Right*을 제출했는
데 그 내용은 "의회의 동의 없이는 세금을 부과할 수 없고, 자유민
을 법적인 근거 없이 체포할 수 없다"는 것이었습니다.

* 1628년 영국 하원에서 기초하여 그해 6월 7일 찰스 1세의 승인을 얻은 국민의 인권에 관한 선언. 권
리장전(權利章典)이 명예혁명의 결과로 이루어진 인권선언인 데 대해서 권리청원은 청교도 혁명과 관련
을 가지는 인권선언이다.

찰스 1세는 세금을 거두기 위해 일단 권리청원을 승인했지만 다음 해에 의회를 강제로 해산시킵니다. 그리고 11년간이나 의회를 소집 하지 않아요. 그러다가 스코틀랜드에 전쟁이 일어나자 자금을 조달 하기 위해 어쩔 수 없이 의회를 소집하게 되는데, 그동안 불만이 쌓 였던 의회는 이제 "왕은 의회의 승인 없이 의회를 해산할 수 없다" 는 내용의 법안을 통과시키고, 왕의 측근을 재판에 세워 반역죄로 처형했습니다. 이에 찰스 1세는 의회의 제안을 거부하고 무력으로 사태를 해결하려고 런던을 떠나 군대를 모집합니다. 7년에 걸친 내 란 끝에 의회파가 승리하고 찰스 1세는 의회의 투표로 사형이 결정 되어 자신이 건설한 화이트홀 궁전 앞에서 '인민의 적'이라는 죄목 으로 공개 처형을 당합니다. 역사상 국민이 왕을 처형한 최초의 사 건이었습니다. 이 사건을 청교도들이 승리했다고 해서 '청교도 혁명 Puritan Revolution, 淸敎徒革命'†이라 부르기도 합니다.

왕이 사라지자 의회는 공화정을 선포했는데요. 내전 때 두각을 나 타냈던 청교도 지도자 올리버 크롬웰Oliver Cromwell, 1599~1658이 호국경으 로 추대되어 영국을 통치했습니다. 크롬웰은 엄격한 청교도 방식으 로 나라를 통치했으므로 청교도가 아닌 대다수 국민은 이를 공포 정치로 받아들였어요. 당연히 인기도 없었습니다. 결국 크롬웰이 죽 고 난 뒤 의회는 찰스 1세의 아들 찰스 2세를 불러들여 왕정이 복고

---

† 1649년에 영국에서 청교도가 중심이 되어 일어난 시민 혁명. 크롬웰이 인솔한 의회파가 왕당파를 물 리치고 공화 정치를 시행하면서 혁명이 절정에 이르렀으나, 1658년 크롬웰이 죽자 1660년 왕정으로 되 돌아갔다.

3차 내전 중 던바에서 철기군을 이끄는 크롬웰

1640년 재소집된
잉글랜드 의회

되는데요. 이로써 1649년부터 1660년까지는 영국 국민들이 경험한 유일한 공화정 시대가 됩니다.

자유민주국가의 통치기구 조직 원리_국민주권의 원리

이처럼 영국 의회는 왕의 권력 행사에 대립각을 세우면서 성장했습니다. 헌법 이야기를 하면서 이렇듯 영국의 정치사를 논하게 된 이유가 무엇일까요? 영국에서 찰스 1세가 의회의 재판 결과 '인민의 적'으로 간주되어 사형을 선고받고 처형된 사건을 그 배경에 주목해서 유심히 살펴보면 17세기 사회·경제적 흐름의 변화와 특성을 알수 있습니다. 찰스 1세는 전쟁을 결심했을 때 자신의 지지 세력인 왕당파가 의회파보다 전력 면에서 우세하다고 판단했습니다. 당시 왕당파는 방대한 행정 조직과 병력, 교회 세력을 지원군으로 두고 있었는데요. 이와 달리 의회파는 런던으로 대표되는 도시(town)와 항구에서 상공업을 통해 부를 축적하면서 성장해가던 시민 세력의 지지를 받고 있었습니다. 당연히 재력 면에서는 왕당파에 앞서 있었어요. 따라서 의회파의 승리는 곧 시민 계급의 승리라고 볼 수 있습니다. 시민 계급은 국가에 대해 재산권의 보호와 자유를 요구했고, 국가가 이것을 침해하는 것에 저항했으며, 그 결과 왕권신수설에 대체된 천부인권설과 국민주권이론에 따라 그들의 요구 사항이 반영된, 권력을 제한하는 내용의 문서를 만들게 되었던 것입니다.

이렇게 시민 계급의 지지를 받는 의회가 왕에게 제시했던 대헌장,

권리청원, 나중에 1688년 명예혁명으로 등장한 권리장전에 이르기까지 의회가 왕에게 요구하고 승인받았던 내용들은 거의 대부분 조금씩 변형되어 지금 근대 헌법의 통치구조 부분에 반영되어 있습니다. 그래서 우리나라 헌법에도 국회의원의 불체포 특권, 찰스 1세가 했던 것처럼 국회를 해산할 권리는 어떤 권력기관에게도 없다는 것, 국회는 법률이 정하는 바에 의해 매년 1회 집회된다는 것, 의원 스스로 1/4의 요구에 의해 또는 대통령에 의해 임시로 소집될 수 있다는 것 등을 명기하고 있습니다.

> **第44조** 제1항 국회의원은 현행범인인 경우를 제외하고는 회기 중 국회의 동의 없이 체포 또는 구금되지 아니한다.
>
> **第47조** 국회의 정기회는 법률이 정하는 바에 의하여 매년 1회 집회되며 국회의 임시회는 대통령 또는 국회재적의원 4분의 1이상의 요구에 의하여 집회된다.

영국에서는 명예혁명 이후에 통치 권력이 거의 의회로 넘어갔고, 주권에 대한 이론 중 왕권신수설은 마치 박물관의 유물 같은 신세가 되었습니다. 대신 영국의 왕권을 제한하기 위해 나온 천부인권설, 사회계약설 등 계몽주의자들의 이론은 "국가가 그 자체 목적일 수 없고 수단이며, 신으로부터 받은 권리는 왕권이 아니라 인간으로서 누리는 생명, 자유, 행복추구권, 재산권이며, 이러한 인간의 권리는 자연권이어서 국가는 이를 보장해야 하고 이를 침해한다면 국민은 이에 저항할 수 있다"는 결론에 이름으로써 나중에 프랑스 시민혁명, 미국 독립전쟁에 사상적 기반을 제공하게 됩니다. 그리고 오늘날 대부분의 민주국가는 국민주권의 원리—국가의 주권은 국민에게 있고, 모든 권력이 국민으로부터 나온다—에 따라 통치기구를 조직하고 있습니다.

통치기관의 구성 원리_대의제도, 간접민주주의 vs. 직접민주주의

이제 "지금 우리나라는 누가 다스리고 있을까?"라는 질문의 답을 짐작하시겠지요? 답은 "국민 주권의 원리에 따라 국민에게 주권이 있지만, 헌법기관인 통치기관이 다스린다"는 것입니다. 이런 헌법기관으로 국회, 대통령, 정부, 법원, 헌법재판소가 있는데, 이 기관들은 모두 국민의 주권을 행사하는 곳이기에 국민이 선거를 통해 구성합니다. 이렇게 치자治者에게 정책 결정권과 책임을, 피치자被治者에게 기관 구성권과 통제권을 주는 통치 조직 원리를 '대의제도'라고 하고, '간접민주주의'라는 말로 표현합니다. 이에 반해 국민이 직접 다스리는 형태를 '직접민주주의'라고 하는데, 그 전형적인 예를 그리스에서 찾을 수 있습니다. 자유민들이 아크로폴리스에서 모여 모든 정책 결정을 투표로 처리했던 형태지요. 물론 지금은 온 국민이 모여서 이런 형태로 투표하면서 정책을 결정하는 것이 현실적으로 거의 불가능하기 때문에 민주주의를 실현하기 위한 통치조직 원리로는 대의제도가 최선이라고 보고 있습니다. 하지만 앞으로 정보통신기술이 고도로 발달하면 어쩌면 직접민주주의가 다시 가능해질지도 모릅니다. 지금도 우리나라 헌법의 경우 직접민주주의 요소를 채택하고 있는 것이 있는데, 바로 헌법 개정 시 발의하는 국민 투표제입니다.

헌법 전문前文은 한 문장으로 되어 있는데, 여기서 주어는 '우리 대한국민'이고 술어는 '국회의 의결을 거쳐 국민투표로 개정한다'입니다. 즉 우리 헌법상 헌법 개정 권력은 국민에게 있으므로 이 경우 직접민주주의를 실행한다고 할 수 있어요. 대통령이 필요하다고 인정할 때에도 외교, 국방, 통일과 같은 국가 안위에 관한 중요 정책을 국민투표에 붙일 수 있습니다. 이때도 국민들이 직접 권력을 행사할 수 있지요.

권력기관의 견제와 균형_권력 분립 제도

한편 통치권을 입법권, 행정권, 사법권 셋으로 나누어 행사하게 하는 3권분립 또는 권력분립제도가 있습니다. 이에 따라 입법권은 국회가 행사하고, 행정권은 대통령을 수반으로 하는 행정부가 행사하고, 사법부는 법원이 독립하여 행사합니다. 이것은 권력의 집중이 절대적 권력의 부패를 가져오고 인간의 자유와 권리가 침해될 위험에 빠트렸던 역사적 경험에서 우러나온 지혜의 소산입니다.

앞서 보았듯 영국에서는 왕과 의회가 수백 년에 걸쳐 다투다가 청교도혁명과 명예혁명을 거치면서 의회가 권력의 중심이 되었습니다. 그런데 미국은 영국으로부터 독립하면서 애초에 군주제를 택하지 않고 왕과 의회가 갖고 있던 권한을 입법권, 행정권, 사법권 세 개로 나누어 각 헌법기관에 분산시킴으로써 권력의 집중을 피하고 권력 기관이 서로 견제와 균형을 통해 통치하도록 했던 것입니다. 이렇게 해서 권력 분립 제도 역시 근대 자유민주주의 국가가 중요하게 여기는 통치기구의 중요한 구성 원리가 된 것입니다.

선善과 악을 가르는
선線은 어디에 있을까?

#헌법 제79조 #대통령의 사면권 #법치주의와 정의 vs. 사회통합

헌법 제79조

제1항   대통령은 법률이 정하는 바에 의하여 사면, 감형 또는 복권
        을 명할 수 있다.

제2항   일반사면을 명하려면 국회의 동의를 얻어야 한다.

제3항   사면, 감형 및 복권에 의한 사항은 법률로 정한다.

벨벳혁명의 주역 하벨 대통령, 대사면을 감행하다

지난 2016년 10월부터 시작되었던 촛불집회로 우리나라는 현직 대
통령을 파면시킨 역사적 사건을 경험하게 되었습니다. 이를 계기로
새로운 대통령이 선출되었고 집권당이 바뀌었는데요. 이 같은 정치
적 변화는 국제적으로 주목을 받았고, 개중에는 이 사건을 체코슬
로바키아의 벨벳혁명Velvet Revolution과 비교하는 사람들도 있었습니다.
촛불집회로 정권 자체가 완전히 무너지는 정도의 혁명*이 일어난 것

---

*   기존의 사회체제를 변혁하기 위해 이제까지 국가 권력을 장악하였던 계층을 대신하여 그 권력을 비
합법적인 방법으로 탈취하는 권력 교체의 형식을 일컫는다.

은 아니지만 촛불집회가 가져온 거대한 변화에 비해 유혈사태가 거의 없었다는 점에서 1989년에 공산당 정권을 몰아내고 자유화를 이루어낸 체코의 벨벳†혁명을 떠올렸던 것입니다.

체코 공화국 벨벳혁명의 주역이었던 이들은 다음 해 치러진 선거에서 대통령이 되고 집권당이 되었습니다. 그 대통령이 바로 바슬라프 하벨Václav Havel, 1936~2011입니다. 공산 국가였던 체코슬로바키아에서 비공산주의자인 대통령이 선출된 것은 체코슬로바키아가 공산 국가가 된 지 40년만이었습니다. 하벨 대통령은 원래 극작가였다고 해요. 20대에 그는 이미 공산주의 체제에서 미래가 없이 살아가는 중산층 젊은이의 이야기를 다룬 「정원파티」라는 작품을 써서 반체제 극작가로 명성을 얻었고, 미국 뉴욕에서도 그의 희곡을 무대에 올렸을 만큼 국제적으로 전도유망했던 작가입니다.

하지만 공산 국가였던 체코슬로바키아는 그의 작품 상연을 금지하고 출국금지 조치를 내리는 등 작가로서의 활동을 억압했어요. 이후 그는 정치 활동에 투신하게 되고, 독재정권하에서 민주주의를 촉구하는 시민정치운동을 꾸준히 펼치다가 1977년 〈77헌장〉이라 불리는 인권선언문의 기초를 작성하면서 민주화 운동의 중심에 서게 됩니다. 결국 공산주의 체제 하에 있던 소련 등이 해체된 1989년경 시위대를 잔인하게 진압하는 공산 정권에 반발하여 시민봉기가 일어나자 그는 시민 포럼을 조직해 저항했는데요. 소련에 의지하던

---

† '벨벳'은 아주 부드러운 감촉의 천을 일컫기도 하지만, '조용하다'는 뜻도 가지고 있다.

2016년 10월 광화문 1차 촛불집회

1989년 벨벳혁명 중 프라하에 모인 시민들

공산 정권은 지원이 끊기자 시민 세력에 굴복하고, 의회 민주주의를 받아들이게 됩니다. 특히 하벨 대통령은 집권 후에 대대적인 사면赦免, Pardon*을 결단한 것으로 유명해요. 하벨 대통령은 1990년 신년사에서 이런 말을 하기도 했어요.

"체코인들은 전체주의 독재의 희생자이기도 하지만, 그것을 유지해온 공범이기도 하다."

벨벳혁명은 공산당 정권의 잘못에 대해 시민들이 봉기해서 공산당 정권이 물러나게 한 것이니 죄를 묻기 시작한다면 공산당 정권하에 그 뜻과 명령을 수행한 사람들은 대부분 죄인이 되었을 것입니다. 하지만 하벨 대통령은 당시 정치적 격변기에 범죄자로 기소되었던 자들 중 3분의 2 이상을 사면했습니다. 물론 사면에 반대하는 사람들도 많았겠지요. 이런 맥락에서 보면 하벨 대통령이 왜 1990년 신년사에서 체코인 모두에게 공범의식을 자각할 것을 요구했는지 이해할 수 있습니다.

대통령의 사면권은 법치주의 국가의 별종이다

사면은 국가 원수만이 행할 수 있는 특별한 권한입니다. 군주국가에서는 군주가, 대한민국 같은 공화국가에서는 대통령이 사면권을 행사합니다. 현재 우리나라에서도 정례적으로 또는 때에 따라 사면이

---

* 사면이란 이미 지은 죄로 재판을 받아 확정된 형벌에 대해 더 이상 묻지 않고 형을 면제해주는 것이다. 모든 죄가 없었던 일로 깨끗이 사라지게 하는 효과를 가진다.

이루어지고 있는데요. 원래 법치국가(法治國家)에서 범죄에 대한 형벌은 법원에서 판사가 판결로 선고하고 형벌의 선고에 대한 효과도 법률로 정해져 있기에 어떤 권력을 사용해서도 바꿀 수 없는 것이 원칙입니다. 사법부인 법원에서 판결을 내려 징역형이나 사형을 선고하면 이에 따라 감옥에 보내거나 사형시키는 등 그 선고대로 집행하게 됩니다. 그런데 행정부의 수장인 대통령이 이런 절차를 뛰어넘어 형벌을 집행하지 않고 면제해주는 것이 사면이므로 사실 사면은 법치주의 국가에서는 다소 이질적인 제도라고 할 수 있습니다. 이처럼 사면은 대통령에게 법치주의를 뛰어넘는 특별한 권한을 주는 것인 만큼 당연히 헌법상의 근거가 있어야 합니다. 아래 조항을 살펴봅시다.

헌법 제79조
제1항 대통령은 법률이 정하는 바에 의하여 사면, 감형 또는 복권을 명할 수 있다.
제2항 일반사면은 명하려면 국회의 동의를 얻어야 한다.
제3항 사면, 감형 및 복권에 의한 사항은 법률로 정한다.

헌법 제79조는 사면에 대한 내용입니다. 제1항에서 확인할 수 있는 것처럼 대통령은 법률이 정하는 바에 따라 사면할 수 있고, 여기 적용되는 법률을 '사면법'이라 합니다. 제2항은 일반 사면을 명하려면 국회의 동의를 얻어야 한다는 내용인데요. 사면에는 일반 사면과 특별 사면이 있습니다. 일반 사면이란 범죄의 종류를 정해서 그에 해당하는 범죄인 모두를 사면하는 것입니다. 예컨대 교통사고에 의한 업무상 과실치상범들을 모두 사면하는 경우 같은 것이지요. 대통령이 일반 사면을 명하려면 사면법을 따르는 것 외에 국회의 동의를 얻어야 합니다. 반면 특별 사면은 특정한 범죄인 개개인에 대하여 행해지는 사면으로서 우리가 흔히 들어본 광복절 특사, 삼일절 특사, 신년특사, 성탄절 특사 등입니다. '특사'란 특별 사면의 줄임말로서 이 같은 특사는 일반 사면과 달리 국회의 동의를 얻지 않아도 되지만, 그렇다고 해서 대통령이 마음대로 행하는 것은 아닙니다. 법무부 장관의 상신上申*과 사면 심사위원회의 심의를 거쳐서 시행하지요. 물론 사면에 대한 절차 역시 사면법에 정해져 있고요(사면법 제3조2호, 9조, 10조의 2). 헌법 제79조 제3항에도 "사면, 감형 및 복권에 관한 사항은 법률로 정한다"라고 명시되어 있습니다. 이 법률도 사면법인 것입니다.

이렇게 사면권 행사는 법률에 따라야 한다는 제한이 있지만 그래도 특별 사면은 대통령이 특정한 소수에 대해서 다른 범죄자와 달리 형벌을 감면해주는 것이어서 '법 앞의 평등' 원칙에도 반하고, 사법부의 권한도 침해하게 되는, 법치주의의 국가에서는 매우 이례적인 특별한 권한임이 분명합니다.

그럼에도 불구하고 이 사면제도는 아주 오랜 역사를 가지고 있고 앞으로도 없어질 것 같지는 않습니다. 그건 사면제도가 가지고 있는

---

* 윗사람이나 상급 기관에 의견이나 사정을 말이나 글로 여쭈다.

특별한 기능이 분명히 있기 때문입니다. 그 특별한 기능은 도대체 무엇일까요?

사면제도의 아주 특별한 기능

군주국가에서 사면은 나라에 경사가 있을 때 임금이 베푸는 은혜와 같은 것이었습니다. 예컨대 신라 문무왕 9년(670)에 삼국통일 성취를 기념하는 대사면이 있었는데요. 그때 모역을 포함한 모든 죄인에 대한 사면, 도적질한 자에 대한 변상 책임 면제, 집이 가난해 남의 곡식을 빌려 먹은 자에 대한 채무 면제 등이 포함되었답니다.

　법치주의는 그 자체가 목적이 아니라 인간의 자유를 보장하기 위한 수단입니다. 법치法治에서는 정의가 그 핵심 원리이지만 사면은 정의보다 자비를 우선하는 제도라고 할 수 있어요. 사면을 통해 죄를 용서하는 것은 용서받는 자와 용서하는 자 모두에게 '과거로부터의 자유'를 선물하는 것입니다. 정의의 칼을 휘두르기보다는 과거를 용서함으로써 미래의 사회통합을 이루려는 결단이 사면에 포함되어 있는 것이지요.

　연말연시, 삼일절이나 광복절 등의 국경일, 추석 같은 명절 즈음에 시사뉴스에 관심을 가지고 들어보면 반드시 특사에 관한 내용*을 접하게 됩니다. 경제사범으로 감옥에 있는 기업 총수를 경제에 미치는

---

* 옆의 QR코드를 스캔하면 사면에 대한 여러 가지 예를 확인할 수 있다.

영향을 고려해서 사면하기도 하고, 지난 정권하에서 선거법 위반이나 반정부 시위로 징역형을 선고받은 정치범을 새 정권하에서 사면하기도 합니다. 이런 종류의 사면은 국민적인 공감을 받기에는 무리가 있습니다. 또한 최근에는 어느 정치 단체가 국책사업에 반대하는 시위를 하다가 전과자가 된 주민들[†]에 대한 특별사면을 요구했는데 그 반대 여론도 만만치 않았습니다.

이렇게 사면은 정치적 입장이나 이해관계에 따라 국민들 사이에 첨예한 대립이 생길 수 있는 매우 민감한 사안입니다. 그나마 대통령 특사의 기능을 가장 잘 보여줄 수 있는 것이 생계형 운전사범에 대한 특사인데요. 생계형 운전사범이란 택시나 버스 운전사, 화물기사처럼 직업적으로 운전하는 사람들이 음주운전이나 벌점 누적 등으로 면허가 취소됐지만 운전을 하지 않으면 살기가 어려운 사람들을 말합니다. 한때 이런 생계형 운전사범이나 과실범, 70세 이상 고령자 및 초범 등 생계형 민생사범을 사면한 적도 있습니다.

사면 대상을 어떻게 정하느냐에 따라 국민적 공감을 얻을 수도 있고, 국민적 반발을 부를 수도 있습니다. 만일 여러분이 대통령이어서 사면을 단행하게 된다면 어떤 점을 가장 염두에 둘 것 같은가요? 최소한의 정의일까요? 아니면 최대한의 사회통합일까요? 사면은 법치주의 원리에서 이질적인 것이지만 그렇다고 해서 정의의 테두리를 벗어나면 안 됩니다. 그러면 사회통합이라는 사면 본래의 목적마

[†] 제주 강정마을에서 해군기지 건설을 반대하던 주민들

저 이루어낼 수 없을 테니까요.

다시 바츨라프 하벨 대통령의 이야기로 돌아가봅시다. 이처럼 녹녹치 않은 사면권을 정치적 격변기에 다수의 저항을 무릅쓰고 감행했던 바츨라프 하벨 대통령의 용기와 의지는 어디서 나온 것일까요? 어쩌면 우리는 하벨 대통령이 했다는 다음 말에서 답을 찾을 수 있을 것 같습니다.

"선과 악을 가르는 선線은 그들과 우리 사이에 있지 않다. 그 선線은 우리들 각자의 한가운데를 지난다."

헌법과 법률에 의해 양심에 따라 독립하여 심판한다

#기본권 보장 최후의 보루 #법관의 양심
#불의를 뿌리 뽑을 능력이 없다면 #사법부의 독립성

제27조   모든 국민은 헌법과 법률이 정한 법관에 의하여 법률에
            의한 재판을 받을 권리를 가진다.
제101조   ① 사법권은 법관으로 구성된 법원에 속한다.
            ② 법원은 최고법원인 대법원과 각급법원으로 조직된다.
            ③ 법관의 자격은 법률로 정한다.
제103조   법관은 헌법과 법률에 의하여 그 양심에 따라 독립하여
            심판한다.

백장미단과 자유의 정신

1943년 2월 독일. 뮌헨 대학교 학생이었던 한스 숄, 조피 숄, 그리고 크리스토프 프롭스트가 게슈타포Gestapo(Geheime Staatspolizei)*에게 체포되었습니다. 죄목은 국가 반역죄였어요. 그들 모두 소위 '급행 절차'에 따라 체포된 지 불과 며칠 만에 재판을 받고 사형 선고를 받은 뒤

---

*   나치 독일의 비밀 국가 경찰이다. 나치가 집권한 1933년 프로이센 주의 내무장관이던 헤르만 괴링이 프로이센 주 경찰의 정치 경찰을 모태로 창설했다. 그 후 괴링은 공군 창설 작업에 집중하기 위해 1934년 하인리히 힘러와 친위대에 게슈타포를 넘겼다. 힘러와 그의 부하 라인하르트 하이드리히에 이르러 체제가 완성되었다.

단두대에서 처형되었습니다. 이들은 뮌헨대학교에서 과학이나 의학을 공부하던 젊은이들로 대학교에서 백장미단Weiße Rose이라는 비밀 결사체를 만들어 독일 나치의 반인륜적인 행위를 비난하고 독일인들의 양심에 호소하는 내용의 전단을 제작해서 비밀리에 배포했습니다. 그들이 뿌린 두 번째 전단지에는 "폴란드를 점령한 이래 30만 명의 유대인들이 잔혹하게 학살당했다… 독일인들은 아둔한 잠 속에서 이러한 나치의 범죄를 조장한 셈이다… 사람마다 나는 이러한 죄와 아무런 관련이 없다고, 나는 양심에 꺼릴 것이 없다고 할지 모른다. 그러나 누구도 벗어날 수 없다. 모두가 유죄, 유죄, 유죄이다!"라고 적혀 있었습니다.

사건이 일어났던 때는 나치 독일이 전쟁을 일으키면서 400만 명의 유대인을 학살하고, 전쟁이 제2차 세계대전으로 확대된 시점이었습니다. 앞서 아이히만의 재판 이야기에서 잠시 다루었던 것처럼 제2차 세계대전은 독일이 1939년 폴란드를 침공하면서 시작되었고, 미국이 일본 히로시마와 나가사키에 핵폭탄을 터뜨리고 이에 일본이 무조건 항복하면서 1945년 8월 15일 막을 내렸습니다.

아돌프 히틀러는 1933년 정권을 잡으면서 제1차 세계대전에 패배해 막대한 배상금 채무에 시달리던 독일 국민들의 피해 의식에 편승하여 범게르만주의와 반유대주의를 내세우며 독일을 재무장하고 오랜 시간 전쟁을 준비했던 인물입니다. 독일은 전쟁 초기 폴란드를 점령하고 네덜란드와 덴마크 등 유럽 자유민주주의 국가들을 파죽지세로 넘어뜨리면서 프랑스까지 진출합니다. 서구민주주의 국가 중

뮌헨대학에 있는 백장미단 기념조각

뮌헨 공원묘지에 있는 조피 숄, 한스 숄, 크리스토프 프롭스트의 묘지

에서 남은 곳은 영국뿐이었지만 그마저 해전을 앞두고 항복을 고려할 정도였습니다. 하지만 영국이 윈스턴 처칠을 수상으로 교체하면서 전의를 다지고* 미국이 연합군에 참여하면서 전세가 역전됩니다. 연합군이 프랑스 노르망디 상륙 작전으로 프랑스 탈환에 성공하면서 반전의 기세를 잡게 된 것입니다.

이렇게 전쟁이 독일에 불리하게 전개되자 독일에서는 전쟁을 수행하는 나치에 반대하는 목소리를 반민족적 행위로 몰아갑니다. 나치는 국민을 단결시킨다는 명목으로 나치의 정책에 반대하는 사람들을 가혹하게 탄압했어요. 뿐만 아니라 독일의 양심이라 불리는 지식인들의 저서는 모두 불태워버리는 등 언론 탄압은 극에 달했고, 게슈타포라 불리는 비밀경찰들은 나치의 반인륜적인 행위를 고발하고 독일 국민들의 양심에 호소하는 내용을 말하고 쓰는 독일의 지식인들을 모두 체포해서 국가 반역죄로 사형시켰습니다.

사법부를 '기본권 보장 최후의 보루'라고 하는 이유

백장미단도 이때 활동했던 비폭력 저항그룹이었기에 앞서 언급한 백장미단의 세 젊은이 역시 체포되어 재판을 받았습니다.

그들은 법원으로 서둘러 이송되어 법정으로 끌려갔다. (…) 검사는 한가운

---

* 영화 〈다키스트 아워〉에는 유럽이 거의 독일의 손에 들어간 상황에서 영국은 히틀러와 싸울 것인지 항복할 것인지 고민하다가 노예가 되느니 싸우다 죽을 것을 결의하는 장면이 나온다.

데 서서 분노가 끓어오르는 목소리로 기소장을 읽었다. 그들과는 정반대로 젊은 피고인 세 명은 아주 홀가분하고 의연하게 말없이 앉아 있었다. 그들은 망설임 없이 당당하게 답변했다. 조피는 법정에서 다른 말은 거의 하지 않고 단 한번 이렇게 말할 뿐이었다. "우리가 말하고 쓴 것은 다른 수많은 사람도 그렇게 생각하고 있는 것이니 이상할 것이 없습니다. 그들은 그것을 말하고 싶어도 말할 용기가 나지 않았을 뿐입니다." [†]

이 내용 옆에 한 장의 사진이 있습니다. 제복을 입은 세 사람이 나치의 철십자 현수막을 배경으로 꼿꼿이 서 오른손 바닥을 앞으로 향한 채 높이 들고 있는 모습인데요. 그 아래엔 "국민재판소의 판사들은 '하일 히틀러Heil Hitler!(히틀러 만세!)'라는 구호를 외친 후에 재판을 시작하였다"라고 하는 설명글이 붙어 있습니다. 한 시대의 암울함을 그 어떤 설명보다 잘 보여주고 있는 사진입니다.

지금까지 헌법이 권리장전과 통치구조에 관한 내용으로 되어 있다고 설명했습니다. 통치구조의 조직 원리 역시 인간의 자유와 권리를 보장하기 위한 가장 효율적인 방법을 찾는 과정에서 발견되었습니다. 헌법을 한마디로 정의하면 '인간의 자유를 보장하기 위한 문서'입니다. 그래서 자유민주국가에서 통치구조 원리의 핵심은 권력 분립이며, 이에 따라 입법권과 행정권 그리고 사법권이 분리되어야 하는 것입니다. 그런데 앞에서 말씀드린 사진은 나치 독일하에서 사법

[†] 『아무도 미워하지 않는 자의 죽음』, 잉게 숄 지음, 평단

재판 전 "하일 히틀러!"를 외치는 법관들

권을 가진 법원이 권력자의 시녀였음을 정확하게 보여주고 있습니
다. 사법권이 행정권이나 입법권과 분리되어 있어도 그 담당기관인
사법부가 독립되지 않으면 아무 소용이 없는 것입니다.

　나치가 집권했던 독일 제3제국도 헌법을 가지고 있었지만 히틀러
는 1933년 나치가 제1당으로 집권하자 제국 의회에서 '국민 및 국가
의 위기 극복에 관한 법률', 소위 '수권법授權法'을 통과시켰는데 내용
은 다음과 같습니다.

제1조　　제국 법률은 제국 헌법이 규정하고 있는 절차에 의하는 외에 제국
　　　　정부에 의해서도 의결될 수 있다.

제2조　　제국 정부가 의결하는 법률에는 제국 헌법과 다른 규정을 둘 수 있다.

이 두 조항에 따르자면, 행정부가 법률을 만들 수 있고, 그 법률은 헌법에 구속되지 않는다는 뜻이니 행정부가 입법권까지 가지고, 헌법을 침해하는 법률을 만들어도 된다는 것입니다. 헌법과 권력분립 원칙을 완전히 무력화하는 이 법이 통과되었다니 당시 독일이 얼마나 비정상적이고 반헌법적인 상태에 놓여 있었는지 잘 알 수 있습니다. 유대인을 차별하고 학살할 수 있었던 것도 이처럼 인권을 보장하는 헌법과 권력분립을 무력화했기 때문에 가능했던 것입니다.

독일에서는 이 수권법에 따라 인권 침해적인 법률이 수도 없이 만들어졌습니다. 예컨대 '뉘른베르크법Nürnberger Gesetze*이라 불리는 '제국 시민법'은 유대인의 독일 시민권을 박탈하고 그들을 국가의 종속물로 규정했으며, '독일 혈통 및 명예 보존법'은 유대인과 독일계 혈통 간 결혼을 금지했습니다. 이렇게 독일 제국이 비정상적인 상태였을 때 독일의 양심적인 지식인들은 목소리를 내고 있었습니다. 이들이 마지막으로 기댈 수 있는 곳은 법을 적용하고 재판을 진행하는 사법부였을 것입니다. 하지만 당시 사법부는 양심적인 독일인들이 국가 반역죄로 기소되었을 때 무죄를 선언하기에는 "히틀러 만세!"를 외치며 재판을 시작했을 정도로 정신이 죽어 있었거나 용기를 잃은 곳이었습니다.

* 1935년 9월 15일 뉘른베르크 전당대회에서 발표된 나치 독일의 반유대주의 법이다. 국가사회주의 독일 노동자당(약칭 나치당 또는 NSDAP) 성권하에서 제정된 2개의 법률 〈독일인의 피와 명예를 지키기 위한 법률(Gesetz zum Schutze des deutschen Blutes und der deutschen Ehre)〉과 〈국가시민법 (Reichsbürgergesetz)〉의 총칭이다. 유대인의 권리를 박탈한 법률로 악명이 높다. 이 법들이 〈뉘른베르크법〉이라고 총칭된 것은 제정 당시 뉘른베르크에서 나치당의 전당대회가 열리고 있었으며, 특례로 그곳에서 의회가 소집되어 제정된 법률이었기 때문이다.

'뉘른베르크법'에 들어 있는 인종 차트

법관의 자격, 법관의 양심

이처럼 사법부는 '인권 보장의 최후의 보루'가 되어야 합니다. 이것이 바로 사법부가 다른 권력기구와 분리되어야 할 뿐 아니라 철저히 독립되어야 하는 이유입니다. 우리나라 헌법도 제101조에서 "사법권은 법관으로 구성된 법원에 속한다"라고 정한 다음 사법권을 독립시키고 3권 분립주의를 택하고 있습니다. 그리고 법원은 법관, 즉 판사들로 구성하는데 그 법관의 자격은 법률로 정하도록 하고, "법관은 헌법과 법률에 의해 그 양심에 따라 독립하여 심판한다"라는 내용을 헌법 제103조에서 정하고 있습니다.

그래서 법관이 되려면 법률이 정하는 일정한 자격을 갖추어야 합니다. 그 법률이 바로 '법원조직법'입니다. 법원조직법에 따르면 예전에는 사법시험이라고 하는 국가 공인 자격시험에 합격한 뒤 사법 연수원에서 2년 동안 수련 기간을 거쳐야 임용될 수 있었습니다. 그러나 최근에는 법이 개정되어 사법시험제도가 폐지되었습니다. 대신 대학을 졸업한 뒤 추가로 3년제 법학전문대학원을 졸업하고 변호사 자격시험에 합격한 뒤 5년 동안 법률 관련 실무 경험을 쌓은 자들 중에서 법관 임용 자격시험을 따로 치러 선발하고 있습니다.

그러니까 법관이 되고 싶다면 우선은 법학전문대학원에 합격할 정도의 기본적인 학업 능력을 갖추어야 하고, 따로 3년 이상의 전문적인 법률 공부와 변호사 자격시험에 합격해야 합니다. 그러고 나서 5년간의 실무 경험을 거친 뒤에 최종 관문인 법관 임용 자격시험까지 마쳐야 하지요. 물론 이렇게 치러지는 여러 차례의 시험에는 인성 평가와 면접도 당연히 포함됩니다.

불의를 뿌리 뽑을 능력이 없다면

법관으로 사는 것은 소명이 없다면 쉽게 갈 수 없는 길입니다. 일하는 동안 정의감과 용기를 시험당하는 유혹이 법관에게는 거의 일상사니까요. 진정 양심에 따라 독립적으로 심판할 용기가 없다면 법관이 될 자격이 없습니다.

법관의 일은 구약성경에도 등장합니다. 재판관은 정의를 실현하는 일이 그의 존재 이유이기에 불의를 뿌리 뽑을 능력이 없으면 아예 재판관이 되려 애쓰지 말라고 경고하고 있습니다.

> 불의를 뿌리 뽑을 능력이 없으면 재판관이 되려고 애쓰지 마라. 그러지 않으면 네가 권력가의 편을 들고 네 정직함에 손상을 입게 되리라. 백성들에게 공정하지 못한 판단을 내려 너 자신이 군중에게 짓밟히지 않도록 하여라.
>
> (집회서 7-6,7)

현대에는 나치 독일 시대처럼 노골적으로 법이 권력의 시녀임을 증명하는 일은 거의 일어나지 않습니다. 하지만 정치적인 계산이나 여론에 휘둘릴 위험은 여전히 존재합니다. 그래서 헌법은 헌법기관 중 유일하게 법관에 대해 지엄한 분부를 내리고 있습니다. "법관은 헌법과 법률에 의하여 그 양심에 따라 독립하여 심판한다(제103조)"

라고 말입니다.

독일 제3제국과 같은 불의의 시대에 기본권 보장 최후의 보루인 사법부에서, 헌법과 법률에 의하여 그 양심에 따라 재판하고, 불의를 뿌리 뽑을 능력을 가진 법관이라면 그는 한 나라의 양심을 지키는 보물과 같은 존재입니다.

길이 되는 법
vs. 굴레가 되는 법

#『홍길동전』과 허균의 운명 #헌법재판소와 헌법소원
#악법을 폐지하는 방법 #소소하고 확실한 불의를 챙기기

헌법 제111조

① 헌법재판소는 다음 사항을 관장한다.

　1. 법원의 제청에 의한 법률의 위헌 여부 심판

　2. 탄핵의 심판

　3. 정당의 해산 심판

　4. 국가기관 상호간, 국가기관과 지방자치단체 간 및 지방자치단체
　　 상호간의 권한쟁의에 관한 심판

　5. 법률이 정하는 헌법소원에 관한 심판

시대의 모순을 그린 소설 『홍길동전』

동에 번쩍 서에 번쩍 신출귀몰한 도적의 대명사 홍길동은 한국 사
람이라면 누구나 알고 있지요. 홍길동은 조선시대 문필가인 허균의
작품 『홍길동전洪吉童傳』의 주인공으로, 허균은 실존 인물을 모델로
이 소설을 썼다고 합니다. 『홍길동전』이 유명한 이유는 내용 자체가
흥미진진해서이기도 하지만 그 시대에 한문이 아닌 한글로 지어진
최초의 소설이기 때문입니다. 사실 이 점만 가지고도 허균은 한 세

기에 날까 말까 한 창의적인 인물로 평가받기에 충분합니다. 실제로 동시대 주위사람들은 허균더러 '괴물'이라느니 '인간 위의 인간'이라느니 하면서 서로 상반된 평가를 내렸습니다. 칭찬인지 비난인지 애매하기는 둘 다 마찬가지죠?

허균이 내세운 주인공 홍길동은 그 시대에 차별받던 서자였습니다. 시대의 모순을 운명적으로 가진 사람을 주인공으로 내세운 것입니다. 이 같은 주인공의 신나는 활약상이 소설의 주된 내용이었으니 당연히 사회 비판적인 시각이 들어갈 수밖에 없었습니다. 그런데 이 홍길동전을 읽고 나서 작자인 허균의 삶을 들여다보니 허균은 이미 죽었지만 홍길동과 함께 살아난 것 같은 묘한 감동을 느꼈습니다. 지금도 『홍길동전』을 사람들이 읽고 배우며 허균을 기억하고 있으니, 그도 불멸을 누리는 몇 안 되는 초인이라고 할 수 있습니다.

『홍길동전』 일부를 잠시 소개하겠습니다. 홍길동이 도적떼의 두목이 되어 해인사를 습격하고 나라를 어지럽히자 임금님은 홍길동을 당장 잡아들이라고 명령을 내립니다. 이에 우포장右捕將*이홉이 홍길동을 잡으러 나섭니다.

임금의 분부를 받고 떠난 우포장 이홉은 신분을 숨기려고 일부러 평범한 옷을 갈아입고 포졸 몇 명만을 데리고 경상북도 문경으로 갔다. 하루는 날이 저물어 주점에서 쉬고 있는데 어떤 소년이 나귀를 타고 들어와 인사하더니 이렇게 말했다

* 조선시대에 둔 우포도청의 으뜸 벼슬. 종2품 무관으로 범죄자를 잡아 다스리는 일을 맡아보았다.

"온 천하가 모두 임금의 땅이고 온 백성이 모두 임금의 신하이니 소인 비록 시골에 있는 미천한 몸이나 나라의 신하로서 근심이 큽니다."

"그게 무슨 말이오?"

"요사이 홍길동이라는 도적이 소란을 피워 민심이 동요하고 있는데 그놈을 잡아 없애지 못하니 어찌 분하지 않으리오?"

이흡이 보아하니 소년이 기골이 장대하고 충정이 가득해 보였다. 이흡은 소년에게 함께 도적을 잡으러 가자고 제안했다. 그랬더니 소년은 이흡에게 그럴 만한 힘이 있는지 시험해 보고 싶다며 자신을 따라 오라고 했다. 한참을 앞서 걷던 소년은 벼랑 끝에 다다르자 바위 위에 걸터앉더니 이흡에게 말했다.

"자 있는 힘을 다해 나를 밀어보시오."

이흡이 있는 힘을 다해 밀고 두 발로 차도 소년은 꿈쩍도 하지 않았다. 소년은 이흡에게 "과연 그대는 힘이 있는 사람이군요. 지금 그대가 나를 발로 찰 때 내 오장이 다 울리는 듯하였소. 그럼 이제 우리 홍길동을 잡으러 갑시다."

소년은 다시 이흡을 데리고 산속으로 들어갔다. 어느 곳에 이르자 "잠시 기다리시오. 놈이 있는 소굴이 바로 여기요. 내가 먼저 살피고 오리다." 하더니 사라졌다. 그런데 얼마 뒤 계곡에서부터 군졸들 수십 명이 소리를 지르며 나타났다.

"네가 포도대장 이흡이냐? 우리는 저승의 왕명을 받고 너를 잡으러 왔다." 군졸들은 쇠사슬로 이흡을 꽁꽁 묶어 어디론가 데리고 갔다. 이흡이 도착한 곳은 크고 화려한 궁전이었는데 멀리 왕좌에 앉은 임금이 보였다. 이흡은 얼른 고개를 조아리며 엎드려 말했다.

"소인은 인간 세상의 보잘 것 없는 사람입니다. 죄 없이 잡혀왔으니 부디 살려주십시오."

"고개를 들어 나를 자세히 보라. 내가 바로 활빈당 우두머리 홍길동이다."

이흡이 자세히 보니 바로 조금 전까지 자신과 함께 있었던 바로 그 소년이었다.

"부질없이 나를 잡겠다고 돌아다니지 말고 어서 돌아가라. 나는 그대에게 잡힐 몸이 아니다."

이흡은 꿈이냐 생시냐 하며 자리에서 일어나 떠나려 했는데 팔다리가 움직여지지 않았다. 이흡은 가죽 자루에 들어가 있었기 때문이었다. 간신히 자루에서 나오니 처음 떠날 때 데리고 왔던 부하들도 모두 자루 속에 있었다.

"이게 대체 무슨 일이냐? 분명 문경에서 모이고자 했는데 어찌 이곳에 모두 와 있단 말인가."

그곳은 서울에 있는 북악산이었다.

"소인들은 주점에서 잠을 자고 있었는데 갑자기 바람과 구름에 싸여 이리로 왔으니 도대체 무슨 영문인지 모르겠습니다."

"이번 일은 너무 허무맹랑하니 아무에게도 발설하지 말라. 그리고 그 재주가 이토록 신통하고 그 깊이를 헤아릴 수 없으니 사람 힘으로는 어찌 잡을 도리가 있겠는가."

이흡의 직위는 우포장이었습니다. 우포장은 포도청에 두었던 두 명의 포도대장 중 한 명인데, 조선시대 포도청捕盜廳은 한성부·경기도 등 수도권의 치안을 담당하던 중앙관청으로 그 수장이 바로 우포장과 좌포장이었지요. 종2품 벼슬이었으니 암행어사나 지방사또보다 월등히 높은 지위였습니다. 지금으로 치면 검찰총장이나 경찰청장 급입니다.

이흡은 바로 검찰총장 또는 경찰청장과도 같은 사람이었으니 사실 홍길동 같은 도적떼 두목은 그 앞에서 벌벌 떨었어야 정상입니다. 그런데 떨기는커녕 포도대장을 쥐락펴락했으니 당시 독자들은 이 부분을 읽으면서 신도 나고 조마조마하기도 했을 것입니다. 어쩌면 이 장면이 요즘 종종 제작되는 조직 폭력배 두목과 경찰, 혹은 검찰 고위급 간부인 검사와의 두뇌 싸움이나 한판 승부를 다룬 액션 영화의 원조가 되었는지도 모릅니다.

자연법과 실정법의 괴리를 좁히는 헌법재판

그러고 보니 홍길동은 조직폭력배의 두목일 뿐인데 왜 독자들은 홍길동 편에서 이 소설을 읽게 될까요? 그것은 작자인 허균이 그리는 소설 속의 시대상이 여러 가지 부당한 모순을 가지고 있었고, 홍길동은 부조리한 사회의 피해자를 대변하는 인물이었기 때문입니다. 홍길동처럼 '서자庶子'라는 이유로 '아버지를 아버지라 부르지 못하고' 벼슬길마저 막힌 부류가 있는가 하면, 해인사처럼 부당한 특혜를 누리며 호의호식 하는 부류가 있고, 연일 신나게 부정축재를 저지르는 파렴치한 지방관들이 있는가 하면, 가난에 쪼들리면서도 계속 수탈만 당하는 백성이 있었으니까요.

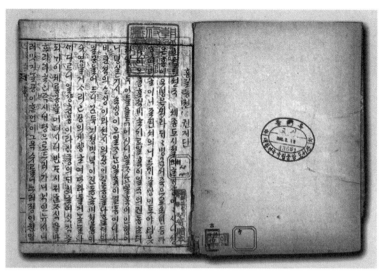

국립중앙도서관이 소장하고 있는 「홍길동전」 첫 쪽

　이렇게 한 사회가 정의롭지 못하게 보이면 이런 부당한 상황을 계속 유지하는 법질서에 대해서 회의를 품는 사상이 생겨나게 마련입니다. 그래서 오히려 법질서를 수호하는 쪽이 적군이고 법망을 피해가는 쪽이 아군인 것처럼 보이는 것이지요.

　이런 소설이 널리 읽혔다는 것은 그 시대에 분명 부조리한 측면이 있었고, 그 피해자에 대해 동류의식을 느끼는 독자층이 많았음을 뜻합니다. 게다가 『홍길동전』에서는 피해자가 약자로서 고통을 받는 데 그치지 않고 포도대장을 농락하고 해인사를 털어 또 다른 약자 집단인 가난한 사람들을 도와주면서 승리자로 승승장구하니 독자들이 현실에서 이룰 수 없는 꿈을 소설 속에서나마 이루어내고 상상 속에서나마 불만을 해소하지 않았을까요?

이 『홍길동전』의 인기는 역사적으로 암울한 시기와 맞물려 있습니다. 법질서가 부조리한 상황을 유지하는 데 기여하는 시대, 예컨대 일제 강점기 같은 때 말이지요. 그때도 『홍길동전』은 인기가 많았습니다. 특히 의적들이나 독립운동가들이 읽고 참조한다는 소문에 일본 경찰들까지 번역해서 돌려 보았을 정도라고 합니다.

이렇게 어딘지 모르게 '법이 정의의 편이 아닌 것 같은 느낌이 드는 시대'가 역사상 종종 있습니다. 조금 어려운 말로 하면 '실정법과 자연법 사이에 괴리가 생긴 시대'라고 합니다.

여러분이 잘 아는 그리스의 철학자 소크라테스는 "악법도 법이다"라고 하는 유명한 말을 남기고 독배를 마셨습니다. 정말로 '악법도 법'일까요? 이 물음에 대해 자신 있게 "아니다"라고 대답하려면 우리는 자연법의 존재를 인정해야 합니다. 자연법自然法이란 모든 시대, 모든 장소에 적용되는 영구불변의 법, 즉 인간의 본성에 바탕을 두고 때와 장소에 관계없이 보편타당한 법을 말하고, 실정법實定法은 현재 시행되고 있는 법(현행법)이나 과거에 현실적으로 시행되었던 법을 말하기 때문입니다. 그래서 실정법 위에 있으면서 실정법을 보충하거나 실정법의 지침이 되는 법을 자연법이라고 하는 것입니다.

자유와 평등 같은 인간의 권리는 자연법에서 인정되는 것이어서 실정법에 없어도 법적인 권리가 된다는 데 자연법을 인정하는 실익이 있습니다. 그래서 실정법이 인간의 자유와 권리를 부인하면 악법이 되고 자연법에 어긋나니까 법이 아니게 되는 것이지요. 앞서 나치가 수권법을 만들어 헌법에 위반되는 반인륜적인 법들로써 유대인들의 인권을 침해한 것을 보았습니다. 그때 사법부는 권력자의 시녀가 되어 독일의 양심적인 지식인들에게 주저 없이 사형을 선고했지요. 사법부는 법을 집행할 뿐이니 어쩔 수 없었다고 변명할 수 있을까요? 그럴 수 없는 이유도 바로 자연법의 존재입니다. 사법부가 권력기관으로부터 독립되어 있었더라면 실정법상 국가반역죄가 적용되더라도 자연법을 근거로 그 적용을 피하는 판단을 할 수 있었을 테니까요.

프랑스의 〈인간과 시민의 권리선언〉은 자유권·소유권·생존권·저항권 등을 '절대적 자연권'으로 선언합니다. 우리나라는 헌법재판소에서 실정법이 헌법에 위반되는지 여부를 심사하는데, 헌법에서 인정되는 기본권은 대부분 자연법에서 나온 자연권이라고 할 수 있습니다. 그래서 헌법재판소에서는 자연스럽게 "악법은 (헌법에 위반되니) 법이 아니다"라는 취지의 판단을 선언할 수 있는 것입니다. 즉 헌법재판은 실정법과 자연법의 괴리를 줄여나가는 작업이라고 할 수 있습니다.

조선에 헌법재판소가 있었더라면 홍길동이 도적떼의 두목이 되었을까요? 아마 그 시대에 헌법재판소가 있었더라면 과거에 응시하지 못하게 된 서자들이 "서자들의 벼슬길을 막는 제도나 법 때문에 헌법상 권리를 침해받았다"라는 이유로 헌법소원을 제기했을 것입니다. 그리고 헌법재판소에서는 "서자라는 이유로 벼슬을 할 수 없게 하는 것은 헌법 제11조 제1항 '모든 국민은 법 앞에 평등하다. 누구든지 성별·종교 또는 사회적 신분에 의하여 정치적·경제적·사회적·문화적 생활의 모든 영역에 있어서 차별을 받지 아니한다'는 평등권 조항과 직업선택의 자유(헌법 제15조 모든 국민은 직업선택의 자유를 가진다)를 침해하였으므로 헌법에 위반된다"라고 위헌 결정을 내렸을 것입니다. 그 결과 악법인 적서차별법은 폐지되었을 것이고, 길동도 벼슬길로 나갈 수 있었을 테니 도적떼 두목이 되지 않았을지도 모릅니다.

『홍길동전』과 허균의 꿈

『홍길동전』의 작자 허균은 소설 속 주인공 홍길동과 '같은 꿈'을 꾸었던 사람입니다. 허균 자신은 서자가 아니었습니다. 명문가의 적자嫡子인 데다가 아버지와 형은 높은 벼슬을 지냈고, 누이는 시 잘 짓기로 유명했던 허난설헌입니다. 그러나 허균은 그런 배경에 큰 의미를 두지 않은 채 외려 서자였던 몇몇 친구들과 피를 나눈 형제만큼 가깝게 지냈어요. 허균이 누이인 난설헌과 함께 시를 배웠던 스승 이달 역시 서자였다고 합니다.

　허균도 젊어서 벼슬길에 오릅니다. 하지만 기이한 행동 때문에 금세 쫓겨나곤 했어요. 서른 살에는 과거에 장원급제하여 황해도 도사로 발령받았지만 기생과 가까이 지낸다는 탄핵을 받아 6개월 만에 파직되었고, 다시 벼슬아치들이 치는 시험에 나가 연거푸 세 번이나 1등을 차지해 그 재주를 아깝게 여긴 조정에서 공주부사 직을 맡기지만 이내 불교에 심취해 불상을 모시고 염불과 참선을 한다고

교산 허균의 초상화

하여 탄핵을 당합니다. 이때 허균은 실력은 뛰어나지만 벼슬길이 막혀 가난하게 살고 있던 친구를 관사에 불러들여 그의 어머니까지 먹여 살리고 있었다고 합니다.

허균은 『홍길동전』 외에 몇 권의 저술을 남겼는데, 그중 명작으로 꼽히는 것이 「호민론豪民論」*과 「유재론遺才論」입니다. 극히 일부이긴 하지만 핵심을 함께 볼까요?

---

* 조선 중기에 허균이 지은 글로 문집 『성소부부고惺所覆瓿藁』에 실려 있다. 허균은 「호민론」에서 백성을 항민(恒民)·원민(怨民)·호민(豪民)으로 나누어 설명한다. 항민은 일정한 생활을 영위하는 백성으로 권리나 이익을 주장할 생각을 하지 못한 채 법을 받들면서 윗사람에게 부림을 당하는 사람들이다. 원민은 수탈당하는 계급이라는 점은 항민과 같으나 이를 못마땅하게 여겨 윗사람을 탓하고 원망한다. 그러나 이들은 원망하는 데에 그칠 뿐이어서 두려운 존재가 못 된다. 하지만 호민은 다르다. 호민은 남모르게 딴마음을 품고 있다가 때가 되면 일어나서 부당한 대우와 사회의 부조리에 도전한다. 진(秦)이 망한 것은 진승·오광 때문이고, 한(漢)이 어지러워진 것도 황건적 때문이었다. 당(唐)은 황소의 난으로 멸망의 길을 갔다. 이들은 모두 호민들이었다. 조선의 경우 세금의 대부분이 간악한 자에게 넘어가므로 백성의 원망은 그 어느 때보다 심각하다. 그러므로 정치를 하는 사람들은 이들을 두려워해야 하고 올바른 정치를 해야 한다는 것이 「호민론」의 요지다. 기성의 권위에 맞서 이단으로 일컬어질 만한 새로운 사상과 개혁의 이론을 내세운 허균의 정치사상의 일면을 보여주는 글이다.

강릉 초당동에 취치한 허균 생가

대저 이루어진 것만을 함께 즐거워하느라 항상 눈앞의 일들에 얽매이고 그 냥 따라서 법이나 지키면서 윗사람에게 부림을 당하는 사람들이란 항민(恒 民)이다. 항민이란 두렵지 않다. 모질게 빼앗겨서 살이 벗겨지고 뼈골이 부서 지며 집안의 수입과 땅의 소출을 다 바쳐서 한없는 요구에 제공하느라 시름 하고 탄식하면서 그들의 윗사람을 탓하는 사람들이란 원민(怨民)이다. 원민 도 결코 두렵지 않다. 자취를 푸줏간 속에 숨기고 몰래 딴 마음을 품고서, 천 지간(天地間)을 흘겨보다가 혹시 시대적인 변고라도 있다면 자기의 소원을 실현하고 싶어 하는 사람들이란 호민(豪民)이다. 대저 호민이란 몹시 두려워 해야 할 사람이다.*   _「호민론」 중에서

* 『성소부부고』 권11, 「호민론」

또한 「유재론遺才論」은 "인재는 하늘이 내린 귀한 존재이니 신분과 출신에 관계없이 발굴해서 고루 써야 한다"는 내용으로 되어 있습니다.

'자취를 푸줏간 속에 숨기고 몰래 딴 마음을 품고서, 천지간天地間을 흘겨보다가 혹시 시대적인 변고라도 있다면 자기의 소원을 실현하고 싶어 하는 사람들'을 '호민'이라고 지칭하면서 허균은 도대체 무슨 말을 하고 싶었던 것일까요?

허균은 자신의 한을 풀려고 했다기보다 조선 사회가 보다 합리적으로 변하기를 바랐던 개혁사상가였습니다. 군주와 지배층이 백성을 두려워할 줄 알아야 한다고 경고함으로써 호민이 나서지 않아도 되는 사회개혁, 즉 혁명이 아니라 개혁으로 신분과 출신이 더는 개인의 자아실현에 장애가 되지 않는 합리적인 사회로 진화하기를 바랐던 게 아닐까요? 허균은 그런 사회가 되기를 바라는 간절한 마음으로 불합리한 현실을 비판하는 정신을 『홍길동전』에 녹여냈던 것입니다.

잠시 홍길동의 결말을 함께 볼까요?

홍길동을 잡아도 홍길동이 분신술을 쓰거나 구름 속으로 솟아오르는 등 도술로 사라지니 결국 임금은 길동이 원하는 대로 병조판서 벼슬을 내려주면서 유화책을 씁니다. 이에 길동은 병조판서 벼슬을 받고 한을 푼 뒤 임금과 약속한 대로 조선을 떠납니다. 그러고는 늘 마음에 그리던 살기 좋은 남쪽 나라 율도국에 잘 훈련된 군사 5만을 거느리고 들어가 왕이 됩니다. 길동이 나라를 다스린 지 3년

만에 율도국의 산에는 도적이 자취를 감추었고 길에 떨어진 물건을 주워가는 이가 한 사람도 없게 되었다고 합니다. 그 후로 길동은 아름다운 두 명의 부인과 슬하에 3남 2녀를 두고 선정을 베풀며 태평성대를 이루었다고 합니다.

길동은 서자였기에 조선에선 벼슬을 할 수 없었습니다. 기껏해야 그 재주를 죄 짓는 데 썼을 뿐입니다. 그런데도 임금님한테서 사면받고 조선을 떠나 율도국의 왕이 되었으니 해피엔딩으로 끝이 났지요. 그래서 『홍길동전』은 리얼리즘과는 아주 거리가 먼 작품이 되었습니다. 길동이 이룬 해피엔딩은 길동의 비현실적인 능력 덕분이었으니까요.

허균의 운명

한편 허균은 어떤 삶을 살았을까요? 허균도 해피엔딩으로 생을 마쳤을까요? 물론 허균은 사회에 대한 비판 정신을 홍길동이라는 인물의 활약상을 통해 드러냈습니다. 그가 『홍길동전』을 완성했을 즈음 허균은 이이첨이라는 권신權臣*의 수하手下로서 요직을 맡아 정권의 중심에 있었습니다. 때는 바야흐로 광해군의 시대로 당쟁이 매우 격심했던 때입니다.

허균이 이이첨의 비호를 받게 된 계기는 '칠서지옥七庶之獄'이라고

* 권력의 중심에 있는, 권세가 있는 신하

불리는 정치적 사건 때문이었습니다. 칠서지옥이란 광해군 5년(1613) 영의정 박순의 서자 박응서, 심전의 서자 심우영 등 7인의 서자들이 문경새재의 은상銀商을 살해하고 700냥을 탈취한 사건입니다. 그런데 국문鞫問†을 받던 중 그들은 거사 자금을 확보해 영창대군을 옹립하려 했다는 놀라운 사실을 진술합니다. 이에 주도자로 지목된 영창대군의 외할아버지 김제남과 그 세 아들이 모두 처형되고 영창대군도 강화도로 유배되는데요. 허균은 7명의 서자들과 평소 친했을 뿐만 아니라 특히 심우영은 허균의 제자였기에 허균도 의심을 받게 됩니다. 그러나 '혐의 없음' 처분을 받습니다. 허균은 입지가 불안해지자 자신을 보호해줄 만한 실력자가 필요하다고 느끼고 자신의 글방 동문이자 당시 최고 권력자였던 이첨에게 자신을 의탁합니다. 그 덕분에 허균은 옥사獄死의 변고에서 피해갈 수 있었습니다. 그 뒤 허균은 이이첨의 수하가 되어 병조판서에 오르는 등 집권층인 대북파大北派의 중심에 서게 됩니다.

영창대군은 선조가 50살에 맞아들인 두 번째 왕비 인목대비가 낳은 아들입니다. 임진왜란이 일어났을 때 선조는 의주로 피난을 떠났고, 아들 광해군이 세자로서 국사國事의 직위를 받아 평안도·강원도·황해도 등지를 돌면서 민심을 수습하고 왜군에 대항하기 위한 군사를 모집하는 등 왕위 계승자로서의 역할을 다합니다. 그런데 전쟁이 끝나자 선조는 광해군을 폐세자하고 영창대군을 세자로 책봉

† 국청에서 중대한 죄인을 심문하던 일

하려고 했습니다. 하지만 그 뜻을 이루지 못하고 죽자 광해군이 대북파의 지지를 받아 1608년 왕위에 오르는데요. 그때 정권의 중심이 바로 대북파였고, 그 핵심이 이이첨이었습니다.

그런데 대북파는 칠서지옥으로 영창대군을 제거하는 데 그치지 않고 인목대비를 폐하자고 주장했습니다. 인목대비의 폐비 문제는 대북파 외에는 대부분의 신하들이 반대했고 허균의 정치적 동지였던 영의정 기자헌도 반대하는 사안이었어요. 그런데 허균은 영창대군이 선조의 아들이 아니고 민가民家 사람의 아이를 데려다 기른 것이라고까지 주장하면서 대북파의 전면에 나섰습니다. 결국 인목대비는 폐위되어 서궁西宮에 유폐되고, 반대파 중 일부는 유배되었는데, 그중에 기자헌도 있었습니다. 이 일로 폐비를 반대하는 상당수가 허균에게서 등을 돌렸고 기자헌의 아들 기준격은 나중에 허균의 역모 혐의를 고발하게 됩니다.

기준격은 임금에게 허준이 역모를 꾀하고 있다고 비밀상소를 수차례 올립니다. 하지만 광해군은 허균을 워낙 신임했기에 그 상소를 1년이 다 되도록 방치했습니다. 그런데 남대문에 "포악한 임금을 치러 하남 대장군인 정아무개가 곧 온다…"는 반역적인 내용의 격문이 붙고, 이 일이 허균의 외가 서얼인 현응민의 소행임이 밝혀지면서 허균도 역모 혐의로 체포되지요. 허균 역시 국문을 받으며 고문을 받습니다. 결국 허균은 기준격과의 대질 심문 끝에 역적모의를 했다고 자백한 뒤 동료들과 함께 능지처참형을 받고 생을 마감합니다.

실제로 허균이 역모를 꾀했는지 아닌지 아직까지도 명백하게 밝혀진 것은 없습니다. 그의 처형을 두고 당시 조정의 권신이었던 유희분이 "죄인에 대한 면밀한 심문 없이 자백 직후 형을 집행했다"며 의문을 제기했고, 허균이 능지처참되던 날 형장에서 죄안에 서명하기를 거부했다는 증언도 있었습니다. 실록도 "왕 역시 허균의 역모와 관련하여 사실 관계를 더 파악하려고 하였으나 권신들의 강압으로 형을 집행할 수밖에 없었다"라고 기록하고 있습니다. 이이첨이 허균이 의금부에 하옥되어 있던 당시 허균에게 처벌은 없을 것이라며 꾸준히 안심시켰다는 등 허균의 처형이 당시 대북 정권의 핵심이었던 이이첨이 허균을 제거하기 위한 모략이었음을 암시하는 기록도 있고요.

허균은 처형당하던 날에도 본인의 운명을 알지 못했습니다. 감옥에서 끌려나오면서 국문을 받는 줄 알았는데 그 자리는 처형당하는 자리였고 허균은 "전하께 아뢸 말이 있습니다"라고 다급히 외쳤지만 무시되고 바로 처형되었다고 합니다. 한때 정치적 동지였던 기자헌은 허균이 죽었다는 소식을 듣고 "예로부터 죄인에게 형장刑杖을 가하며 신문하지 않고 사형이 결정된 문서도 받지 않은 채 단지 죄인의 범죄 사실을 진술한 말로만으로 사형에 처한 죄인은 없었으니 훗날 반드시 이론이 있을 것이다"라고 말했다 하니, 허균에 대한 처형은 재판청구권을 침해하고 적법한 절차를 거치지 않은 매우 부당한 처분이었음이 분명합니다. 그 결과로 사건의 진상도 허균의 진심도 알 수 없게 되었습니다.

허균이 본 것은 무엇이며 바란 것은 무엇일까?

허균은 「유재론」에서 이렇게 쓰고 있습니다.

하늘이 사람을 낼 때는 귀한 집 자식이라고 하여 풍부하게 주고 천한 집 자식이라 하여 인색하게 주지는 않는다. 그래서 옛날의 어진 임금은 이런 것을 알고, 인재를 더러 초야(草野)에서도 구하고 더러 항복한 오랑캐 장수 중에서도 뽑았으며, 더러 도둑 중에서도 끌어올리고, 더러 창고지기를 등용하기도 했다. 중국은 신분의 귀천을 가리지 않고 인재를 두루 쓰는 데 비해 조선은 땅덩이도 좁고 인재가 날 가능성이 없는데도 첩이 낳은 자식이라 하여 인재를 쓰지 않으니 이는 하늘이 내준 인재를 스스로 버리는 꼴이다.

광해군 때는 역모 사건과 당쟁 등으로 번갈아 가며 많은 인재들이 유배되거나 처형되었습니다. 결국 광해군 역시 인조반정으로 폐위되어 제주도로 유배되어 생을 마감했지요. 허균 역시 뛰어난 인재였음에도 이렇게 불안정한 시대에 태어나 자신의 이상을 펼쳐보지 못하고 희생되었는데요. 허균은 자신이 서얼이 아니었음에도 왜 『홍길동전』을 지으면서까지 적서차별의 철폐를 주장했을까요?

그것은 허균이 깨어 있는 지식인으로서 동시대의 아픔을 느끼고 문제를 정확하게 볼 줄 아는 통찰력을 지닌 사람이었기 때문입니다. 서얼 차별의 문제는 조선시대에 양반 적장자 중심으로 특권을 가진 사람들이 그 특권을 계속 유지하려는 욕심과 맞물려 있습니다. 양반의 축첩蓄妾*을 허용하는 이상 서얼이 적자보다 더 많이 양산될 것은 불 보듯 뻔합니다. 이렇게 되면 장기적으로 볼 때 양반의 수가 늘어나서 특권층의 비율이 높아질 것도 명백하지요. 그렇다면 소수의 지배층이 기득권을 안정적으로 유지하기 위해서는 서얼계층의 양반 진입을 처음부터 원천적으로 막아버리는 수밖에 없습니다. 그래서 이들에 대한 차별을 엄격하게 해서 양반 적장자 중심으로 정치적·경제적 특권을 유지하려고 한 것입니다.

성리학은 이 같은 정책에 사상적 기반을 제공했습니다. 심지어 『경국대전經國大典』에 법제적으로 서얼의 과거 등용을 자손 대대로 금지시키는 조항을 넣어 서얼의 정치 참여 기회는 급격히 사라지고 맙니다. 16세기 이후 성리학이 지방 사회에까지 확산·보급되면서 반상班常의 구분, 적자와 서얼의 차이는 훨씬 더 엄격해집니다. 양반과 상민, 남자와 여자, 적자와 서자를 엄격하게 차별함으로써 소수 지배층의 기득권을 더욱더 강화했고, 이에 따라 불합리한 차별로 인한 부조리와 모순은 더 깊어지게 되었습니다.

허균은 재주가 뛰어났으나 벼슬길이 막힌 서자 출신 손곡 이달로부터 시를 배웠고, 재주가 뛰어나고 학식이 깊어도 그 능력을 펼치지 못한 홍길동 같은 처지에 놓인 서자 출신의 인재들과 친분이 두터웠습니다. 그리고 그 자신은 명문가 자제이니 가문의 후광에만 기대어 벼슬길에 쉽게 오른 자들 중 그릇이 못되는 사람들도 숱하게

---

* 양반 남성들이 정식으로 혼인한 본 부인 외에 첩을 두는 것을 이른다.

만났겠지요. 서자를 엄격히 차별하는 것은 서자들 개인에게도 불행이지만 나라의 힘을 좀먹는 악이기도 합니다. 허균이 「유재론」에서 언급했듯이 '하늘이 내려준 인재를 스스로 버리는 꼴'이니 심각한 자원낭비이고, 한 많은 서자들이 '호민'이 되어 칠서지옥 같은 사건을 일으킬 테니 국가 안전에도 잠재적 불안요소가 되었을 것이고요. 결국 허균과 같은 천재의 눈에 이런 적서차별이 나라를 좀먹는 병폐의 원인 중 하나라는 것이 안 보일 리가 없고 거기에 눈을 감지 않았기 때문에 『홍길동전』을 쓰고 「호민론」과 「유재론」 같은 저술을 하지 않을 수 없었겠지요. 물론 적서차별 폐지보다 더 발본색원拔本塞源적인 방법은 양반들의 축첩을 폐지하고 반상 구분을 철폐하는 것이었지만 아무리 뛰어난 허균이라 한들 그 시대에 그런 주장까지 하기는 어려웠을 것입니다.

광해군 vs. 영조

광해군에 대한 역사적 평가도 엇갈립니다. 광해군은 임진왜란 때 세자의 지위에서 나라를 지키는 데도 공을 세웠지만, 그 자신 왕위에 올랐을 때에도 명과 후금 사이에서 중립외교 전략을 구사하여 전쟁을 피하고 백성들의 안전을 지켰습니다. 또한 일본과도 외교를 재개하여 포로들을 찾아오기도 했고요. 그래서 광해군을 조선시대 가장 유능한 왕 중 한 사람이라고 보는 시각도 있습니다. 반면 다른 시각에서는 왕위를 지키느라 너무나 많은 옥사를 일으켜 신하들을 죽게

한 과오가 분명하고, 그 결과 인조반정으로 폐위되었으니 폭군으로 기록될 수밖에 없다고 주장합니다.

정작 서얼들의 벼슬길이 열린 것은 영조 때입니다. 영조는 당쟁을 막기 위해 탕평책을 써서 인재를 고루 등용한 것으로 유명하죠. 그런데 서얼에 대해서도 통청윤음通淸綸音을 내려 서얼을 청요직淸要職에 등용할 수 있도록 하는가 하면, 아버지를 아버지로 형을 형으로 부를 수 있게 하고 이를 어기는 자는 법률로 다스리도록 한다는 조치를 내리는 등 적극적으로 서얼 차별을 없애는 정책을 취했습니다. 홍길동이 그토록 원했던 '호부호형呼父呼兄'이 영조 때 비로소 이루어진 것입니다.

영조의 서얼허통庶孼許通 정책 덕분에 그다음 대의 정조는 최고의 학문 기관인 규장각에 능력 있는 서얼들을 대거 등용할 수 있었고, 박제가·유득공·이덕무·서이수 등 정조시대 서얼 출신 학자들은 조선 후기 북학 사상과 문화 운동의 주역이 되어 나라 발전에 크게 기여합니다. 허균과 같은 인재가 역모로 몰려 죽는 시대의 왕 광해군이 폐위된 반면 허균이 바랐던 서얼허통이 이루어진 시대의 왕 영조가 조선시대에 재위 기간이 가장 길고 태평성대를 이루며 가장 장수했던 왕이 된 것도 우연은 아니겠지요?

헌법재판은 굴레가 되는 법을 수정하는 방법이다

허균이 지금 우리가 살고 있는 시대에 태어났더라면 어땠을까요?

재판 한 번 정당하게 받지 못한 채 억울하게 죽는 일은 없었을 것입니다. 허균은 본인 자신이 서자가 아니었는데도 서자들에게 굴레가 되는 법과 제도가 서자들에게는 물론 나라에도 해가 된다는 것을 알아챘고 이를 고치려고 노력했습니다.

법法이라는 글자를 보면 물 '수氵' 변에 갈 '거去' 자로 되어 있지요. '물이 흘러가는 형상'입니다. 이렇게 물처럼 흘러가서 물길을 만들고 닿는 곳마다 풍요로운 생명을 잉태하는 자리가 되어주는 것, 이것이 법의 본래 모습일 것입니다. 적서차별법과 같이 법이 소수를 불합리한 이유로 차별해서 그들에게 굴레가 된다면 그것은 법이 본래의 모습을 벗어나서 사회 전체의 진화에 걸림돌이 될 것입니다.

다행히 지금은 헌법이 사법부의 독립을 보장하고 있고, 실정법이 헌법에 위반될 때마다 그것을 위헌이라 판단해서 폐지하는 헌법재판소가 있습니다(헌법 제111조).

헌법 제111조

① 헌법재판소는 다음 사항을 관장한다.

1. 법원의 제청에 의한 법률의 위헌여부 심판
2. 탄핵의 심판
3. 정당의 해산 심판
4. 국가기관 상호간, 국가기관과 지방자치단체 간 및 지방자치단체 상호간의 권한쟁의에 관한 심판
5. 법률이 정하는 헌법소원에 관한 심판

법원은 재판할 때 법을 적용해서 누가 법을 위반했는지, 법에 따르면 누구에게 권리가 있고 의무가 있는지를 판단하는데요. 그 기준이 되는 법 자체가 헌법에 위반된다는 의심이 들면 잠시 재판을 중단하고 그 법률의 위헌 여부를 헌법재판소에 판단해달라고 제청 신청을 합니다. 그것이 바로 헌법 제111조 제1항 제1호의 내용입니다. 그래서 헌법재판소가 그 법이 헌법에서 정하는 기본권을 침해할 소지가 있거나 법치주의, 민주주의 등 헌법의 기본 질서에 반한다고 판단되면 그 법을 위헌이므로 무효라고 선언합니다. 이와 같은 식으로 악법이 폐지되는 것이지요.

재판을 받는 국민도 자신에게 적용되는 법률이 헌법에 위반되는 악법이라는 의심이 들면 위헌제청을 신청할 수 있는데, 법원이 그 신청을 기각하면 헌법재판소에 헌법소원심판을 청구해서 다시 판단 받을 수가 있습니다. 이 내용은 헌법재판소법 제68조 제2항에 있습니다.

헌법재판소법 제68조(청구사유)

② 제41조 제1항에 따른 법률의 위헌 여부 심판의 제청신청이 기각된 때에는 그 신청을 한 당사자는 헌법재판소에 헌법소원심판을 청구할 수 있다. 이 경우 그 당사자는 당해 사건의 소송절차에서 동일한 사유를 이유로 다시 위헌 여부 심판의 제청을 신청할 수 없다.

실제로 헌법재판소법 제68조 제2항에 따른 헌법소원을 통해서 법률이 위헌으로 선언되는 경우가 꽤 있습니다. 그렇게 되면 적용될 법이 악법이니 신청한 당사자가 형사재판을 받는 피고인이었다면 당연히 무죄판결을 받게 되겠지요. 예를 들어 최근에 가장 큰 이슈가 되었던 것은 간통죄 폐지 사건입니다. 간통죄는 전통적인 범죄로 오랫동안 형법에 있었어요. 간통죄는 특히 벌금형도 없어서 간통죄로 고소당하면 상대방이 합의해주지 않는 한 감옥에 가야 했습니다. 그런데 개인의 성적 자기 결정권을 과도하게 침해한다는 이유로 재판을 받던 피고인이 위헌 제청 신청을 했고 그것이 받아들여져서 헌법재판소는 간통죄 조항에 대해 위헌 무효를 선언했습니다. 결국 그 피고인은 물론이고 그 당시 간통죄로 재판받고 있던 모든 피고인들이 무죄판결을 받았습니다.

이렇게 지금은 법률이 헌법에 위반되었을 때, 헌법상 보장된 권리를 침해받은 국민이라면 누구나 합법적인 방법으로 폐지를 요구할 수 있는 길이 열려 있습니다. 그러니 누구나 홍길동이 될 수는 없겠지만 우리에게는 허균과 같은 매의 눈으로 더 자유로운 사회를 위해 법이 본래의 모습에서 멀어지지 않도록 감시할 권리와 책임이 있습니다. 지금 시대에 적서차별법과 같은 악법은 없어졌지만 그에 못지않게 소수를 부당하게 차별하는 법들은 여전히 생겨날 수 있고 그런 관행도 여전히 있을 수 있습니다.

어딘지 모르게 불편한 관행들, 내 이웃을 불편하게 하는 굴레들, 민감하게 깨어서 느끼고 관찰해보면 반드시 찾을 수 있을 것입니다. 어쩌면 자유와 생명을 위협하게 될 거대악巨大惡도 우리 주변의 아주

가까운 곳에서 매일 매일 천천히 자라고 있는지도 모릅니다. 부당한 권위를 의심 없이 받아들이거나 이웃의 고통에 무심하게 지내는 동안 조금씩 조금씩 틈을 비집고 들어와, 무언가 잘못되고 있다는 것을 깨달았을 때는 상대하기에 버거운 존재가 되어 있을지도 모릅니다. 그래서 아무도 미워하지 않는 자를 죽음으로 내모는 일이 있고 나서야 우리는 그 악의 존재를 눈치 챌지도 모릅니다. '소소하고 확실한 행복'을 챙기듯 우리 각자가 '소소하고 확실한 불의'를 챙기는 것. 그것이 거대악을 예방하는 쉽고도 확실한 해결책이 아닐까요?

헌법상 기본권이 침해되었을 때
궁극의 해결사, 헌법재판소

헌법재판 사건의 재구성

헌법재판소는 구체적으로 어떻게 헌법상 권리를 침해받은 자를 구제할까요?

'소소하고 확실한 불의'를 챙겼던 이웃의 실제 이야기를 통해 헌법재판소가 어떻게 헌법에 위반되는 법률을 위헌이라고 선언하고 무효로 만들며, 개인은 어떻게 침해된 헌법상 기본권을 구제받게 되는지 한번 구체적으로 살펴보겠습니다. 신문에 다음과 같은 내용의 기사가 실렸습니다.

공공장소에서 과다하게 신체를 노출한 사람을 처벌할 수 있도록 한 경범죄 처벌법 조항은 헌법에 어긋난다는 헌법재판소 결정이 나왔다. 헌재는 24일 경범죄처벌법 3조33호에 대한 위헌법률심판 사건에서 재판관 7대2 의견으로 위헌 결정했다. (…) 김모 씨는 작년 8월 자신의 아파트 앞 공원에서 일광

욕을 하기 위해 상의를 벗었다가 (…) 경찰은 김씨를 울산지법에 즉결심판을 청구했고, 법원은 벌금 5만원을 선고했다. 김씨는 불복해 정식재판을 청구했다. 재판부는 지난 1월 직권으로 "해당 조항은 추상적 표현을 사용해 형벌 법규 내용을 모호하게 하거나 불명확하게 규정했다"며 위헌 법률 심판을 제청했다.*

신문기사에 실린 사건을 한번 재구성해보겠습니다.

무더운 여름 어느 날 오후—8월이면 제법 더운 날입니다— ○○씨는 덥고 갑갑하여 웃통을 벗은 채 부인과 함께 아파트 앞 공원 벤치에 앉아 이야기를 나누고 있었습니다. 그런데 주위 몇 몇 사람들은 눈살을 찌푸리기도 하고 혀를 끌끌 차기도 했습니다. 몇 분 지난 뒤 경찰이 다가와 ○○씨에게 "여기는 공공장소라 상의 탈의가 금지됩니다"라고 말했습니다. ○○씨는 "내 집 앞에서 웃통도 못 벗는단 말이오? 그런 법이 어디 있소?" 하며 따졌고 경찰은 경범죄 처벌법 제3조 제1항 제33호 과다노출에 해당된다며 옷 입을 것을 종용했습니다. ○○씨는 이에 응하지 않았고 경찰서 장은 범칙금 10만 원을 납부하라는 통고처분을 했는데 경찰서장의 통고처분은 다음과 같이 현행 실정법에 근거가 있는 것이었고 적법한 절차에 따른 것이었습니다.

---

* 현재 '공공장소 과다노출 처벌' 경범죄처벌법은 헌법에 어긋나(송원형 기자, 2016.11.24.) QR코드를 스캔하면 기사 전문을 읽을 수 있다.

경범죄처벌법 제3조 (경범죄의 종류)

① 다음 각 호의 어느 하나에 해당하는 사람은 10만 원 이하의 벌금, 구류 또는 과료(科料)의 형으로 처벌한다.

　1. 32. 생략

　33. (과다노출) 여러 사람의 눈에 뜨이는 곳에서 공공연하게 알몸을 지나치게 내놓거나 가려야 할 곳을 내놓아 다른 사람에게 부끄러운 느낌이나 불쾌감을 준 사람

　34. 41. 생략

　○○씨는 범칙금 10만 원이 아까워서가 아니라 자기 집 앞에서 웃통을 벗은 것만으로 죄인 취급을 받는다는 것이 참을 수 없었고 더구나 마치 노골적으로 알몸을 드러내고 다른 사람에게 불쾌감을 준 '바바리맨'과 같은 취급을 받은 것 같아 분하고 억울해서 잠을 잘 수가 없었습니다. 결국 범칙금을 납부하지 않았고, 이에 ○○경찰서장은 울산지방법원에 피고인의 위 범죄사실에 대한 즉결심판을 청구했습니다. 그리고 법원에서도 2015년 9월 14일 피고인에게 경범죄 처벌법 제3조 제1항 제33호를 적용하여 벌금 5만 원을 선고했습니다.

○○씨는 울산지방법원에 다시 정식재판을 청구했는데 이번 재판부는 경범죄 처벌법 제3조 제1항 제33호가 죄형법정주의의 명확성 원칙에 위배된다고 의심할 상당한 이유가 있다며 직권으로 위 조항에 대하여 헌법재판소에 위헌법률심판제청신청을 했습니다. 이것이 바로 헌법 제111조 제1항 제1호에 따른 '법원의 제청에 의한 법률의 위헌제청신청사건'입니다.

헌법 제111조

① 헌법재판소는 다음 사항을 관장한다.

1. 법원의 제청에 의한 법률의 위헌여부 심판

2. 탄핵의 심판

3. 정당의 해산 심판

4. 국가기관 상호간, 국가기관과 지방자치단체 간 및 지방자치단체 상호간의 권한쟁의에 관한 심판

5. 법률이 정하는 헌법소원에 관한 심판

그리고 헌법재판소는 기사에 실렸듯이 9인의 헌법재판관 중 7명의 헌법재판관이 과다노출을 경범죄로 규정한 경범죄 처벌법 제33조의 제1항 제3호의 조문이 죄형법정주의의 명확성의 원칙*에

---

* 죄형법정주의는 죄와 형은 법률로만 정할 수 있다는 뜻으로 역시 헌법에 규정되어 있는 형사법상의 대원칙이다. '헌법 제13조 제1항 모든 국민은 행위시의 법률에 의하여 범죄를 구성하지 아니하는

반해서 위헌이라는 판단을 해서 다수의견에 따라 위 조항은 헌법에 위배된다는 결정이 났고 즉시 그 조항은 무효가 되었습니다.

법원에서는 위헌법률심판제청을 한 뒤 ○○씨에 대한 재판을 잠시 중단하고 있었는데 ○○씨를 유죄로 판단할 근거조항이 무효가 되었기에 ○○씨에게 무죄판결을 내렸지요. 그래서 법의 허울로 사람을 괴롭히는 일이 생겼을 때, 궁극의 해결사는 헌법재판소라고 할 수 있습니다.

한편 그 후 경범죄 처벌법 제3조 제1항 33호는 다음과 같이 개정되었습니다.

33. (과다노출) 공개된 장소에서 공공연하게 성기·엉덩이 등 신체의 주요한 부위를 노출하여 다른 사람에게 부끄러운 느낌이나 불쾌감을 준 사람

적어도 앞으로는 공공장소에서 더워서 웃통을 벗은 것만으로 재판을 받을 일은 없을 것이고 경찰도, 법원도 이런 일로 분주해질 일은 없겠지요? 참고로 이 사건의 실제 헌법재판소의 판시사항과 결정요지를 소개하겠습니다. 결정요지는 7인의 헌법재판관 다수의견을 요약한 것이며 아래에 2인 헌법재판관의 반대의견도 덧붙입니다.

행위로 소추되지 아니하며, 동일한 범죄에 대하여 거듭 처벌받지 아니한다'가 바로 죄형법정주의와 일사부재리원칙의 근거 규정이다. 명확성의 원칙은 죄형법정주의의 파생 원칙으로서 죄와 형을 정한 법률이 애매모호해서 수범자가 알 수 없거나 법을 해석 적용하는 자에게 지나친 재량을 주어서도 안 된다는 원칙이다.

판시사항

'여러 사람의 눈에 뜨이는 곳에서 공공연하게 알몸을 지나치게 내놓거나 가려야 할 곳을 내놓아 다른 사람에게 부끄러운 느낌이나 불쾌감을 준 사람'을 처벌하는 경범죄 처벌법(2012. 3. 21. 법률 제11401호로 전부개정된 것) 제3조 제1항 제33호가 죄형법정주의의 명확성원칙에 위배되는지 여부(적극)

결정요지

심판대상조항은 알몸을 '지나치게 내놓는' 것이 무엇인지 그 판단 기준을 제시하지 않아 무엇이 지나친 알몸노출행위인지 판단하기 쉽지 않고, '가려야 할 곳'의 의미도 알기 어렵다. 심판대상조항 중 '부끄러운 느낌이나 불쾌감'은 사람마다 달리 평가될 수밖에 없고, 노출되었을 때 부끄러운 느낌이나 불쾌감을 주는 신체부위도 사람마다 달라 '부끄러운 느낌이나 불쾌감'을 통하여 '지나치게'와 '가려야 할 곳' 의미를 확정하기도 곤란하다.

심판대상조항은 '선량한 성도덕과 성풍속'을 보호하기 위한 규정인데, 이러한 성도덕과 성풍속이 무엇인지 대단히 불분명하므로, 심판대상조항의 의미를 그 입법목적을 고려하여 밝히는 것에도 한계가 있다.

대법원은 '신체노출행위가 단순히 다른 사람에게 부끄러운 느낌이나 불쾌감을 주는 정도에 불과한 경우 심판대상조항에 해당한다.'라고 판시하나, 이를 통해서도 '가려야 할 곳', '지나치게'의 의미를 구체화 할 수 없다.

심판대상조항의 불명확성을 해소하기 위해 노출이 허용되지 않는 신체부위를 예시적으로 열거하거나 구체적으로 특정하여 분명하게 규정하는 것이 입법기술상 불가능하거나 현저히 곤란하지도 않다. 예컨대 이른바 '바바리맨'의 성기노출행위를 규제할 필요가 있다면 노출이 금지되는 신체부위를 '성기'로 명확히 특정하면 될 것이다.

따라서 심판대상조항은 죄형법정주의의 명확성원칙에 위배된다.

재판관 김창종, 재판관 안창호의 반대의견

심판대상조항의 '지나치게 내놓는'은 '사회통념상 보통사람이 용인할 수 없는 수준으로 성도덕이나 성풍속을 해하는 신체노출행위'로 해석할 수 있다. 여러 사람이 모일 수 있는 공원에서 성기를 노출하는 행위, 외투로 몸을 감싸고 기다리다가 사람들이 지나갈 때 외투를 벗고 알몸을 드러내는 행위 등이 여기에 해당할 것이고, 모유수유를 위한 유방 노출과 같이 용인 가능한 잠깐 동안의 부득이한 노출은 이에 해당하지 않을 것이다.

'가려야 할 곳'은 심판대상조항의 입법취지 및 개정연혁, 심판대상조항 내용상 이를 옷으로 가리는 부분으로 볼 수 있고, 심판대상조항 구조에 비추어 이를 드러낼 경우 '알몸'에 준해 건전한 성도덕이나 성풍속을 어지럽힐 가능성이 있는 부위로 보아야 하는 점 등을 종합하여, 이를 '사회통념상 보통사람이 옷으로 가리는 부위로서, 남녀의 성기, 엉덩이, 여성의 유방과 같은 부분'으로 구체화할 수 있다.

지나친 신체노출행위로 '부끄러운 느낌이나 불쾌감'을 주는 행위인지 여부는 보통사람을 기준으로 판단하여야 하므로 사람마다 달리 평가될 수 없다. 남녀의 성기노출행위와 같이 용인할 수 없는 수준의 신체노출행위는 다른 사람에게 부끄러운 느낌이나 불쾌감을 주는 행위가 될 가능성이 크고, 부끄러운 느낌이나 불쾌감을 주는 행위가 무엇인지도 구체적이고 종합적으로 판단할 수 있으므로, 성도덕이나 성풍속상 용인할 수 없는 정도로 부끄러운 느낌이나 불쾌감을 유발하는 신체노출행위가 무엇인지도 충분히 알 수 있다.

'성기'와 같이 노출이 금지되는 신체부위를 특정하여 열거하는 것은 '건전한 성도덕 내지 성풍속' 보호라는 입법목적을 달성하기에 적절하지 않고, 지나친 노출행위는 행위태양이 다양하고 이에 해당하는지도 사회와 문화에 따라 변동하는 것이므로, 구체적 타당성이나 시의성을 반영한 법집행을 위해 다소 개방적 입법형식을 취할 필요성도 있다.

이상과 같이, 심판대상조항의 문언, 입법목적, 입법연혁 등을 종합해 볼 때 심판대상조항이 금지하는 지나친 노출행위를 '불특정 또는 다수인이 쉽게 볼 수 있는 장소에서 알몸 또는 남녀의 성기, 엉덩이, 여성의 유방 등과 같이 그 시대의 사회통념상 성도덕 또는 성풍속을 해할 수 있는 신체부위를 보통사람이 용인할 수 없는 수준으로 드러내어 다른 사람에게 부끄러운 느낌이나 불쾌감을 불러일으키는 행위'로 충분히 이해할 수 있다.

따라서 심판대상조항은 죄형법정주의의 명확성원칙에 위배되지 않는다.

헌법의 역사는
자유인의 저항 기록이다

값진 유산

A라는 남자가 있습니다. 아버지가 남겨준 유산 때문에 형제간에 분쟁이 생기자 그는 이 문제를 해결하기 위해 변호사 사무실을 찾아왔습니다. 그의 부모님은 재산을 많이 가지고 있었지만 돈을 버느라 자식들과 함께 시간을 보내지 못했습니다. 자식들은 유복하게 자랐지만 부모님이 연세가 많이 들었을 때 부모만큼 성공하지는 못했습니다. 부모님은 아들 둘 딸 하나를 키웠는데 시집도 가지 않고 자신들과 평생 같이 살던 딸에게 전 재산을 물려주었습니다. 아들들은 그것이 부당하다고 여겼습니다. 아버지가 돌아가셨을 때 딸은 아버지의 재산으로 엄마를 모시며 살고 있었지만 아들들은 그것을 삼등분해야한다고 주장하면서 딸에게 자기 몫의 유산을 요구했습니다.

B라는 남자가 있습니다. 부모님은 성실히 살았지만 병약했던 아버지는 B가 고등학교 학생일 때 돌아가셨습니다. 어머니는 경제적인

어려움 속에서 홀로 두 아들을 키웠습니다. 아들들은 어머니를 돕기 위해서 열심히 공부했고 틈틈이 가사일도 도왔습니다. 큰아들인 B는 원래 대학교에서 경영학을 전공해 빨리 취직해서 가장으로서의 역할을 하려고 했습니다. 그러나 큰아들은 평생 자신이 어떤 일을 하면서 살아가야 할지 진지한 고민에 빠졌을 때 아버지가 살아계실 때 매일 저녁 가족을 불러 모아 함께 식사하고 기도를 드릴 때 누렸던 그 평화와 사랑받던 느낌의 기억을 떠올렸습니다. 아버지로부터 자상한 태도를 물려받은 그는 결국 대학교 졸업 후 신학교로 진학했고 신자들로부터 존경받는 신부가 되었습니다. 그리고 동생은 아버지가 오랫동안 병상에서 지내는 동안 병원을 오가며 병자들을 많이 보게 되면서 아버지와 같이 아픈 사람을 도우며 살고 싶다는 마음을 따라 결국 의사가 되었습니다.

이 이야기는 실화이기도 하고 아니기도 합니다. A와 B는 제가 아는 사람이지만 살짝 이야기를 바꾸었기 때문입니다. 그리고 A 또는 A의 여동생과 같은 처지에 놓인 사람, B와 같은 사람, 또는 B의 동생과 같은 사람은 아마 우리 주변에 무수히 많을 것입니다.

저는 상속재산에 대한 소송사건을 몇 차례 경험하면서 '유산'이 무엇인지에 대해 생각해보게 되었습니다. 유산을 물질적인 재산에만 한정하여 생각한다면 유산 자체는 큰 의미가 없다는 생각이 많이 들었습니다.

A의 부모님 같은 경우 젊은 시절에 그 시간과 열정을 다 바쳐 돈만 벌지는 않았겠지만 아이들과 소통하면서 행복한 시간을 충분히

함께 나누지 못했기에 덩그러니 남겨진 재산은 형제간에 분쟁거리만 되었습니다. B의 아버지는 재산을 거의 남기지 못했지만 자녀들과 함께 나누었던 평화롭고 행복한 시간들이 아들들에게는 자양분이 되어 평생직업을 정하게 해주었고, 남은 가족들이 서로 화목하게 사는 울타리가 되어주었습니다.

그렇다면 B는 아버지로부터 재산은 받지 못했지만 정말 값진 유산을 받았다고 할 수 있지 않을까요? 아버지가 남겨주신 평화로운 시간의 기억들과 자애로운 태도는 평생 그를 떠나지 않으며 남은 삶을 살아가는 데 힘이 되어줄 테니까요.

결국 가치 있는 유산이란 썩어 없어질 물건이나 제대로 관리하지 않으면 공중에서 분해되고 말 기업 따위가 아니라 '한 사람이 세상에서 제대로 살았던 흔적'이 아닐까 생각해봅니다. '헌법수업'이라는 제목을 붙이고 한 꼭지 한 꼭지 써나가면서 제가 염두에 둔 것은 바로 독자 여러분이 헌법을 '아버지들이 남긴 값진 유산'과 같은 것으로 여기게 되었으면 하는 것이었습니다.

자주독립국이며 자유민주주의 국가의 국민이라는 지위

5천 년을 이 땅에 살아온 우리는 그야말로 값진 유산을 많이 받았습니다. 천혜의 자연은 물론이고 아버지 대에 이룬 경제 성장의 결과물은 아버지와 아버지의 아버지들이 피와 땀으로 일군 것입니다. 덕분에 지금 태어난 세대는 마치 유복하게 자라는 집안의 자식들처럼 가난을 걱정해야 하는 시대는 피하게 되었습니다.

그런데 사실 경제 성장의 결과물보다 더 귀한 유산은 우리가 자주독립국이며 자유민주주의 헌법을 가진 대한민국의 국민이라는 사실입니다. 자주독립국이 아니거나 자유민주주의국가가 아니라면 행복의 필수조건인 자기주도적인 삶이 불가능하거나 제한됩니다. 이러한 사실은 민주공화국을 선언한 제1조, 행복추구권 조항에 대한 법적 의미를 단순히 아는 것으로는 마음에 잘 와 닿지 않습니다. 그보다 망국과 운명을 같이했던 이위종,* 누구보다 부귀하게 태어났으나 모든 것을 팔아 조국을 떠나 독립운동에 투신한 이회영의 삶,† 모든 것을 갖춘 듯 아름답고 총명한 운영이 슬픈 사랑으로 죽음을 택할 수밖에 없었던 사연,‡ 그리고 목숨을 건 항해로 무인도를 처음 발견하고 아오테아로아라는 이름을 붙였던 하와이키 부족이 마오리족으로 불리면서 땅의 이름을 뉴질랜드로 내어주고 만 이야기§를 통해 더 절실히 느낄 수 있을 것입니다. 가까이 이웃나라 일본여행 상품으로 자주 등장하는 오키나와도 일본이 19세기 말에 속국으로 편입하기 전에는 류큐왕국이라는 이름으로 조선은 물론 유럽과도 교류하던 엄연한 자주독립국이었습니다. 하지만 지금 오키나와를 대등한 자주독립국으로 여기는 국가는 지구상에 없습니다. 오키나와는 관광지로 매력 있는 도시이지만 일본 내에서 군사기지가 가

---

* 둘째시간 〈망국의 운명을 고스란히 같이하다〉
† 둘째시간 〈조국을 위해 조국을 떠나다〉
‡ 둘째시간 〈아름다운 운영은 왜 자결했을까?〉
§ 둘째시간 〈마오리족과 영국인의 공생법〉

장 많이 설치되어 있는 곳이기도 합니다. 주민들은 같은 일본이면서
도 일본인으로서의 정체성이 약하고 정서도 일본 본토인들과 많이
다릅니다.

우리나라가 해방되고 3년의 미군정을 거쳤지만 결국은 독립국가로
재탄생한 것은 그 시대에 제대로 살았던 아버지의 아버지들이 계셨
던 덕분이라고 할 수 있습니다. 제헌의회를 구성해 대한민국 헌법을
제정하고 반포한 제헌절은 그래서 아버지들에게 감사하는 마음으로
꼭 기억해야 하는 날입니다. 우리는 그 아버지들에게 은혜를 입었거
나 빚을 졌습니다. 역사책이 아닌데도 식민지 시대에 자유민주주의
독립국가로 재탄생시키기 위해 헌신했던 아버지들의 이야기*를 이
책에서 다룰 수밖에 없었던 이유입니다.

목숨을 값으로 치르고 얻은 자유민주주의

『아무도 미워하지 않는 자의 죽음』†은 제가 여고생일 때 친구들과
돌려가며 읽었던 책입니다. 사춘기 때 읽어서 그런지 특히 주인공
조피 숄에게 감정이입이 많이 되었지요. 그리고 그때는 저 역시 말
랑하고 정의로운 영혼을 가져서인지 나도 만약 우리나라에 히틀러
같은 독재자가 나타나 우리나라에 살고 있는 소수민족을 집단학살
하며 전 국민을 전쟁광으로 몰아간다면 조피 숄과 마찬가지로 백장

---

* 셋째시간 〈봉건적 굴레에서 해방, 그러나 또 다른 속박으로〉
† 첫째시간 〈자유로부터의 도피〉, 넷째시간 〈나치와 백장미단〉

미단에 들어가 목숨을 걸고서라도 전단지를 만들고 돌릴 것이라고 생각했습니다. 같이 읽었던 말랑하고 정의로운 영혼의 제 친구들도 마찬가지였지요. 하지만 제가 대학교에 들어갔을 때 그런 일은 일어나지 않았습니다. 다행히 히틀러 같은 독재자가 우리나라에 출현하지도 않았고 우리나라 상황이 독일처럼 흘러가지는 않았으니까요.

그런데 정말 그래서였을까요? 최근 〈1987〉이라는 영화를 보면서 깨달았습니다. 제가 백장미단에 들어가 전단지를 만들고 돌리지 않았던 것은 그런 정부가 없어서가 아니었다는 점을 말입니다. 그 당시 인권을 짓밟은 정부의 실체를 폭로하고 이에 저항했던 많은 학생과 기자들이 없었더라면 지금 같은 수준의 민주주의를 결코 누리지 못했을 겁니다. 그때도 목숨을 값으로 치르며 저항하던 선배들이 우리 곁에 있었던 겁니다. 우리는 그 선배들에 대해서도 은혜를 입었거나 빚을 졌습니다. 당시 정부는 국민이 주인인 민주국가에서 헌법이 보장하는 국민의 자유와 권리를 제대로 보호하는 수준이 아니라 정당한 이유 없이 침해하지 않아야 한다는 것조차 지키지 않았어요. 민족이 다르다는 이유로 600만 명을 학살하고 종교를 이유로 직업을 빼앗고 조약을 지키기 싫어서 전쟁을 준비하는 정부는 아니었지만, 우리가 완전히 믿고 따를 수 있을 만큼 도덕적인 정부도 아니었습니다.

〈마그나 카르타〉와 〈권리장전〉, 〈미국 독립선언서〉로 이어지는 헌법의 역사*는 바로 자유와 재산권을 부당하게 침해하는 정부의 억압에 맞선 자유인들의 저항 기록입니다. 그들은 부당한 권력으로부터 시민의 자유와 재산을 지키기 위해 노예처럼 사느니 죽음을 택하겠다는 각오로 싸웠고 국민주권주의와 민주주의를 탄생시켰습니다.

평화를 이루기 위하여

변호사의 숙명은 늘 분쟁의 한가운데 있게 되는 것입니다. 소송사건이란 개인 간의 분쟁이나 사회 질서에 혼란을 일으킨 사건을 법정에서 해결하는 일이니까요.

형사피고인들을 변호하는 일은 우선 탐정처럼 사실관계를 정확히 조사하는 것부터 시작합니다. 그래서 피고인이 응분의 벌을 받더라도 억울한 일은 없도록 노력합니다. 그리고 사실관계가 확실해지면 법이 정한 벌을 적용하되 정상을 참작할 만한 사실들을 끌어 모으고 피해자와 화해하도록 이끌어서 보다 가벼운 형을 받도록 최선을 다합니다. 그런데 많은 사건을 접하면서 느낀 것은 소송사건이 가지고 있는 매우 좁은 시야의 한계입니다.

C라는 할머니가 있습니다. 할머니는 D라는 동네할아버지를 뺨으로 때렸다는 이유로 고소를 당하고 폭행죄가 인정되어 벌금형을 선고받았습니다. 소송에서 인정되는 사실, 법원에서 유무죄 판단을 위

* 첫째시간 〈저항의 역사〉, 〈헌법의 탄생〉

해 의미 있게 다루는 사정은 할머니는 할아버지를 폭행했다는 사실, 그리고 그 당시 특별히 정당방위로 인정받을 만한 사유도 책임을 감경 받을 사유도 없다는 사실뿐입니다. 그래서 할머니는 유죄판결을 받고 벌금을 냈다고 합시다. 이렇게 할머니는 뺨을 때린 죗값을 받았으니 정의가 실현된 것일까요?

관점을 조금 넓혀서 이 사건을 검사나 판사의 관점이 아니라 전지적 작가시점에서 살펴봅시다. 그러면 놀랍게도 사정이 달라집니다. 할아버지가 할머니를 뒷담화하면서 동네에서 왕따를 시켰던 사실, 할머니가 경로당에서 쉬고 있을 때 나가라고 소리를 지르며 의자를 집어 들고 협박했던 사실, 할아버지가 경로당 회장으로 있으면서 돈을 함부로 썼던 사실, 할머니는 원래 어렸을 때부터 반에서 반장을 도맡아 했으며 나중에 교장선생님으로서 정년퇴직을 했던 사실, 그래서 불의를 보면 참지 못하고 회장에게 계속 잘못을 지적해왔던 사실 등등 잘 알지 못한 배경이 있었던 것이지요. 그래서 이런 사정들을 다 참작해서 할아버지에게 고소를 취하라고 종용해서 화해를 시키고 결국 할머니에 대한 벌금형이 취소되고 할머니가 무죄와 다름없는 공소기각 판결을 받게 되었다면 어떨까요? 할머니를 폭행죄로 처벌하는 것보다는 이런 결과가 더욱 정의에 부합하지 않을까요?

분쟁이 일어나면 가해자와 피해자가 생기게 마련입니다. 그런데 때로는, 사건을 들여다보면 볼수록, 시간을 좀 더 넓혀서 보면 볼수록, 관점을 달리하고 배경사실들을 더 많이 수집해보면 볼수록, 가해자와 피해자의 선이 애매해지는 순간에 직면하게 됩니다. 치열한 공방 끝에 두 사람이 각자 자신의 잘못에 눈을 뜨고 그것을 인정하는 순간 두 사람에게는 화해할 기회가 생깁니다. "나는 선하고 상대방은 악하다"면서 그와 나 사이에 그었던 선이 우리 각자의 한가운데를 지나고 있었음을 발견하게 되는 순간, 화해의 물꼬가 트이는 것입니다. 격렬한 반대를 무릅쓰고 대대적인 사면을 감행했던 바츨라프 하벨 대통령*이 발견했던 것처럼 말이지요.

헌법의 사회통합 기능

헌법의 기능으로 헌법교과서에서 설명하는 것 중 하나가 사회통합의 기능†입니다. 헌법의 근본 가치는 공동체 구성원이 모두 동의할 수 있는 것으로서 헌법을 최고의 법으로 인정하는 사회 구성원들을 통합하는 기능이 있습니다. 선과 악을 가르는 선을 다른 사람과 나 사이에 그을 때 평화나 사회통합은 먼 이야기가 되고 맙니다. 그러나 우리의 일상은 소송사건이 아닙니다. 누구를 단죄함으로써 악이 제거되지도 않습니다. 비난하기를 그치고 선과 악을 가르는 선을 각자 자신의 안에서 찾을 때, 내면의 평화를 이루고 공동체의 평화에도 기여하게 될 것입니다.

오바마 대통령은 아프가니스탄계 미국인이 성소수자를 향한 혐오

---

* 넷째시간 〈선과 악을 가르는 선은 어디에 있을까〉
† 헌법의 과제적 기능, 사회 내에 존재하는 정치세력 모두가 공존할 수 있는 합리적이고 정의로운 국가적인 생활 질서를 마련하는 기능을 말한다. 『헌법이론과 헌법』, 허영, 박영사, 29쪽.

로 저지른 끔찍한 테러사건에 대해 성명서를 발표하면서 "혐오에 맞서는 것은 또 다른 폭력이나 분노가 아니라 사랑의 생활방식이다"라고 강조했습니다. 헌법의 근본 가치인 인간의 존엄과 평등을 혐오와 폭력에 맞서고, 미국인을 하나로 통합하는 힘으로 내세운 것입니다. "이번 사건은 이러한 사실을 다시금 깨닫게 합니다. 인종, 민족, 종교, 성적 지향과 상관없이 그 어느 미국인에 대한 공격은 우리 모두에 대한 공격이자 우리를 하나로 묶어주는 근본 가치인 평등과 존엄에 대한 공격이라는 사실을 말입니다."오바마 대통령의 이 말은 헌법이 가진 사회 통합적 기능을 정확히 설명해주고 있습니다.‡

악의 평범성과 자유로부터의 도피

한나 아렌트와 에리히 프롬은 유태인이며 거의 같은 시기에 미국으로 망명한 철학자라는 공통점이 있습니다. 한나 아렌트가 말하는 '악의 평범성'§과 에리히 프롬의 '자유로부터의 도피'¶라는 개념은 마치 데칼코마니처럼 닮아 있습니다. 한나 아렌트는 아이히만에게서 특별히 혐오스럽거나 끔찍한 악행을 저지를 만큼 잔인하고 냉혹한 모습이 아니라 그저 그의 무능함을 발견했다고 했습니다. 일상적으로 볼 수 있는 평범함과 무능함. 자기에게 중요한 일이나 사건에 대

---

‡ 둘째시간 〈무엇이 유대인들을 미국인으로 살게 했을까〉, 셋째시간 〈헌법을 일상적으로 말하는 대통령〉
§ 둘째시간 〈성실히 일하는 것도 때로 죽을죄가 될 수 있다고?〉
¶ 첫째시간 〈자유로부터의 도피〉

해 제대로 기억하지 못하고 상투적인 표현을 단어 하나 틀리지 않고 일관성 있게 반복하는 무능함. 이를 테면 아이히만은 계속해서 "나는 명령을 따랐을 뿐입니다. 히틀러는 당시 그 누구라도 따라야 하는 독일 최고 지도자인 총통이었기 때문입니다"라고 앵무새처럼 같은 말을 되뇌었다는 것이지요.[*]

아이히만의 태도는 바로 에리히 프롬이 말한 '자동인형과 같은 근대인'의 초상과 일치합니다. 에리히 프롬은 바로 이런 근대인의 모습을 묘사하며, 자발성을 갖지 못하고 자유로부터 도피함으로써 정신적으로 죽은 자동인형과 같이 되어 히틀러와 같은 독재자를 따르고 지지했다고 설명했습니다. 이처럼 개인이 진정한 의미에서 자유롭지 못하면 민주주의는 그저 권력을 정당화하는 수단이 될 뿐입니다.[†]

그런데 한나 아렌트가 본 평범한 악은 비단 아이히만에게서만 발견되는 것일까요? 최근 혁명처럼 일어난 '미투 운동'에서 관행에 기대어 저지른 성폭력의 가해자들은 물론이고 '위드 유'하지 못했던 많은 방조자들 역시 결국 한나 아렌트가 말하는 평범한 악에서 자유롭지 못할 것입니다. 그리고 동시에 그는 프롬이 말하는 익명의 권위에 순응한 자동인형과 같은 사람이라고 할 수 있습니다.

---

[*] 둘째시간 〈성실히 일하는 것도 때로 죽을죄가 될 수 있다고?〉
[†] 첫째시간 별면 〈자유로부터의 도피〉

민주주의와 개인의 적극적이고 자발적인 실현으로서의 자유

그렇다면 "이런 개인의 무의식적인 부자유는 민주주의를 토대부터 위협하는 위험이다"라는 프롬의 진단에도 충분히 동의할 수 있을 것입니다. 혹은 한나 아렌트 식으로 말한다면, "엄청난 규모로 자행된 끔찍하고 거대한 악행일지라도, 그 행위자는 괴물 같지도 악마적이지도 않으며, 그저 특별한 정도의 천박성, 사고의 무능과 같은 그저 평범한 악으로 저질러질 수 있다"는 것이겠지요.

이제 우리의 헌법수업을 마무리할 때가 되었습니다. 자주독립국이며 자유민주주의국가인 대한민국이라는 값진 유산을 물려받았지만 개인이 자동인형에 불과하다면, 혹은 우리가 사고의 무능에 빠져 있다면, 우리는 상속인으로서 그 유산을 지켜내지 못하고 자유민주주의를 공허하게 만들어버릴 것입니다.

그러면 우리는 어떻게 사회에 적응하면서도 동시에 개성을 잃지 않은 완전한 자유인이 되고 (권위주의에 속지 않고) 민주주의를 지켜낼 수 있을까요?

사실 복지국가 헌법‡이 등장한 것도 그에 대한 하나의 해답으로 제시된 것입니다. 청이가 엄마 없이도 잘 자랄 수 있게 했던 것은 사회안전망이라 할 수 있는 이웃의 사랑이었습니다. 사회적 기본권§을 보장하는 것은 사회안전망의 법적인 실행이라고 할 수 있지요. 그래서 국가가 인간다운 생활을 할 권리를 보장함으로써 모든 개인이

---

‡ 셋째시간 〈인간다운 생활을 할 권리를 보장받는 법〉
§ 셋째시간 〈인간다운 생활을 할 권리를 보장받는 법〉

결핍으로부터 자유를 누리게 하는 것입니다. 또한 빈곤과 환경문제가 개인의 문제라기보다 자본주의가 성장하면서 발생한 구조적인 문제라고 보고 사회적 취약계층에 대한 대중의 관심을 촉구했던 빅토르 위고도 나름의 해답을 찾은 것입니다.*

그런데 이것만으로 충분할까요?

마지막으로 에리히 프롬이 제시한 해답을 소개하며 여러분도 스스로 자기만의 해답을 찾기를 기대합니다. 말랑하고 정의로운 영혼을 가진 청소년 여러분이 이미 많은 것을 알고 자기 입장을 가진 어른들보다 훨씬 현명하고 자유로울 테니까요.

민주주의의 미래는 르네상스 이래 근대 사상의 이념적 목표였던 개인주의의 실현에 달려 있다. 오늘날의 문화적, 정치적 위기는 개인주의가 너무 많다는 사실 때문이 아니라, 우리가 개인주의라고 믿고 있는 것이 빈껍데기가 되어버렸기 때문이다. 자유의 승리는 민주주의가 발달하여 개인 및 그의 성장과 행복이 문화의 목표이자 목적이 되는 사회, 성공 따위로 삶을 정당화할 필요가 없는 사회, 또한 개인이 국가든 경제기구든 자기 바깥에 있는 어떤 힘에도 종속되거나 휘둘리지 않는 사회, 끝으로 개인의 양심과 이상이 외부 요구의 내재화가 아니라 정녕 '자기 것'이고 그의 자아가 지닌 독특성에서 비롯된 목표를 표현하는 사회가 이루어져야만 가능하다. (…)
민주주의는 개인의 완전한 발전을 위한 경제적 정치적 문화적 조건을 창

---

* 셋째시간 〈인간다운 생활을 보장하는 법〉

조해내는 체제다. 반면에 파시즘은 어떤 이름을 내세우든 관계없이 개인을 자신과 관계없는 목적에 종속시키고, 진정한 개성의 발달을 약화시키는 체제다. (…)

민주주의가 후퇴하지 않고 공세를 취하여 지난 수백 년 동안 자유를 위해 싸운 사람들이 목표로 삼았던 것을 실현해야만 모든 권위주의 체제를 이길 수 있을 것이다. 민주주의는 인간 정신이 가질 수 있는 가장 강한 하나의 신념, 생명과 진리에 대한 신념, 그리고 개체적 자아의 적극적이고 자발적인 실현으로서의 자유에 대한 신념을 사람들에게 심어줄 수 있어야만[†] 허무주의 (권위주의, 파시즘)의 세력을 이겨낼 수 있을 것이다.[‡]

[†] 셋째시간 〈오스카에게는 있고 아몬에게는 없는 것〉
[‡] 『자유로부터의 도피』, 에리히 프롬

대한민국 헌법 전문(前文)

유구한 역사와 전통에 빛나는 우리 대한국민은 3·1운동으로 건립된 대한민국 임시정부의 법통과 불의에 항거한 4·19민주이념을 계승하고, 조국의 민주개혁과 평화적 통일의 사명에 입각하여 정의·인도와 동포애로써 민족의 단결을 공고히 하고, 모든 사회적 폐습과 불의를 타파하며, 자율과 조화를 바탕으로 자유민주적 기본질서를 더욱 확고히 하여 정치·경제·사회·문화의 모든 영역에 있어서 각인의 기회를 균등히 하고, 능력을 최고도로 발휘하게 하며, 자유와 권리에 따르는 책임과 의무를 완수하게 하여, 안으로는 국민생활의 균등한 향상을 기하고 밖으로는 항구적인 세계평화와 인류공영에 이바지함으로써 우리들과 우리들의 자손의 안전과 자유와 행복을 영원히 확보할 것을 다짐하면서 1948년 7월 12일에 제정되고 8차에 걸쳐 개정된 헌법을 이제 국회의 의결을 거쳐 국민투표에 의하여 개정한다.

헌법 용어 정리

헌법재판   헌법의 실효성을 높이기 위한 사법작용이다. 일반적으로 '재판'이란 법률의 실효성을 높이기 위한 사법작용이며, 그 종류에는 민사재판, 형사재판, 행정재판과 함께 헌법재판이 있다. 법률을 위반한 행위로 분쟁이 발생하면 당사자의 제소나 검사의 공소제기로 소송사건이 된다. 관련법률이 민사법인 경우 당사자의 제소로, 형법위반으로 범죄가 발생한 경우는 검사의 공소제기에 의해 법원에서 소송이 시작되는 것이다. 구체적인 소송사건에 대해 법원에서 사실관계를 확인하고 법률을 적용하여 공권적인 판단을 내리는 과정이 재판이다. 판단의 결과물로 판결, 결정 또는 명령이 있다. 그런데 이때 재판에 적용되어야 할 법률이 헌법에 위반되는 내용인 경우가 생길 수 있다. 그 경우에는 법원이 아니라 헌법에서 정한 독립된 기관(우리나라의 경우 헌법재판소)이 법률의 위헌여부를 심사해서 위헌이라고 판단될 때에는 그 법률의 효력을 상실시키거나 적용을 거부하는 판결을 내린다. 이처럼 법률이 헌법에 위반되는지 여부를 심사하는 것이 위헌법률심판으로 헌법재판의 가장 큰 부분을 차지한다. 헌법재판에는 위헌법률심판 외에도 헌법소원심판, 탄핵심판, 권한쟁의심판이 있다.

헌법소원   헌법소원심판을 줄여 보통 헌법소원이라 말한다. 공권력에 의하여 헌법상 보장된 국민의 기본권이 침해된 경우에 헌법재판소에 제소하여 그 침해된 기본권의 구제를 청구하는 제도이다.

헌법재판소의 다른 심판사항(위헌법률심판, 탄핵심판, 권한쟁의심판)은 국회·정부·법원 또는 지방자치단체 등이 그 청구의 주체가 됨에 비하여 헌법소원은 국민이 직접 심판을 청구하는 주체로서 기본권 침해에 대한 직접적인 구제를 목적으로 하므로, 우리 헌법이 마련한 기본권 보장의 제도적 장치 중 핵심적인 것이다. 이 제도의 도입으로 우리나라의 민주주의는 한 걸음 더 나아갔다고 할 수 있으며, 헌법재판의 활성화에도 크게 기여하고 있다.

고전적 의미의 자유

국가의 권력으로부터의 자유, 억압으로부터의 자유를 말한다. 헌법상 자유권적 기본권으로 분류된다. 사회적 기본권이 국가에 대해 적극적으로 요구할 수 있는 권리인데 반해 소극적으로 간섭하지 못하게 하는 자유이므로 소극적 자유라고도 한다. 헌법상 보장되는 자유권적 기본권은 신체의 자유, 양심의 자유, 종교의 자유, 정치적 시민적 권리로서 표현의 자유 등이다.

청원권

국민이 국가기관을 대상으로 어떠한 일을 해달라고 요구할 권리이다. 우리나라 헌법 제26조 제1항에서 "국민은 법률이 정하는 바에 의하여 국가기관에 문서로 청원할 권리를 가진다."제2항에서는 "국가는 청원에 대하여 심사할 의무를 진다."라고 정하여 청원권을 헌법상 권리로 보장하고 있다. 청원권은 앞서 헌법의 역사에서 본 것처럼 명예혁명 과정에서 정치적 권리로 확인되었다. 즉 청원권은 제임스 2세가 탄원서를 제출한 프로테스탄트들을 선동죄로 고발하고 탄압하다가 결국 반대파가 일으킨 반란으로 쫓겨나고 윌리엄 3세가 왕으로 추대된 뒤 의회가 윌리엄 3세에게 서명하게 했던 〈권리장전〉에 들어가게 된다.

입헌군주제

군주국가이지만 군주의 통치권력이 헌법의 제한을 받는 정치체제. "군주는 존재하지만 다스리지 않는다."는 말처럼 군주는 상징적인 존재일 뿐 실제 통치권력은 헌법에 따라 구성된 헌법기관이 가진다. 입헌군주제를 채택하고 있는 나라로는 영국, 네덜란드, 덴마크, 노르웨이, 스웨덴, 뉴질랜드, 일본이 있다.

권력분립주의

"절대 권력은 절대적으로 부패한다."는 경험에 따라 통치권을 둘 또는 셋으로 나누어 권력의 남용을 막으려는 통치구조 원리. 국가의 권력을 나눔으로써 권력기관이 견제 없이 독주하는 것을 막고 국민의 자유와 권리를 적극적으로 보장하고자 하는 것이다. 영국의 로크에 의하여 주창된 입법권·집행권의 2권 분립론이 18세기 초 프랑스의 몽테스키외에 의하여 입

법부(의회)·행정부(정부 또는 내각)·사법부(법원)의 3권 분립주의로 발전
되었다. 우리나라 헌법도 3권 분립주의를 택하고 있다.

민주공화국

'민주'는 국민이 주인이라는 국민주권주의를 말하고 '공화국'은 군주국의
반대 개념이다. 민주공화국에서는 국가의 주권이 왕이 아니라 다수의 국
민에게 있고, 국민이 선출한 대표자가 국가를 통치한다. 로마 시대에도 공
화정 시대가 있었지만 근대적 의미의 공화국의 시작은 1776년 미국이 영
국으로부터 독립하면서 왕을 뽑지 않고 대통령제를 창안하면서 시작되었
다고 할 수 있다. 1789년의 프랑스 혁명으로 루이 16세가 처단되고 공화
국이 되었다. 나중에 다시 왕정이 복고된 적도 있지만 1793년과 1848년의
프랑스 헌법 등으로 공화국이 이어졌다. 대한민국은 헌법 1조 1항에 "대
한민국은 민주공화국이다."라고 규정하고 있다.

복수정당제

하나의 정당만 인정하지 않고 2개 이상의 정당 활동을 보장하는 정치제
도. 정당이란 정치적 견해를 같이하는 사람들의 자발적인 정치적 모임이
다. 현대 민주주의 국가에서는 정당을 통해 국민 여론을 수렴하고 정치
질서를 만들어 나간다. 정당 활동을 보장하기 위해 우리나라는 정당법을
두고 있다. 정당법에서는 정당의 정의를 다음과 같이 정의하고 있다.
"이 법에서 정당이라 함은 국민의 이익을 위해 책임 있는 정치적 주장이
나 정책을 추진하고 공직선거의 후보자를 추천 지지함으로써 국민의 정
치적 의사형성에 참여함을 목적으로 하는 국민의 자발적 조직이다."
복수정당제는 복수의 정당을 인정함으로써 가치와 이념의 다양성
을 보장하고, 정당들 간의 정책 경쟁을 통해 사회의 다양한 세력들
의 이해관계를 국정에 효과적으로 반영할 수 있다. 우리나라 역시 복수정
당제를 헌법이 보장하고 있다.

**사회적
기본권**

국민이 인간다운 삶을 위한 최소한의 물질적 생활기반을 보장받을 권리.
자유권적 기본권이 억압으로부터의 자유라면 사회적 기본권은 결핍으로
부터의 자유로울 권리이다. 헌법에 규정된 사회적 기본권에는 교육을 받
을 권리, 근로의 권리, 근로3권, 인간다운 생활을 할 권리, 환경권이 있다.

214쪽

법률유보의 원칙

행정권의 발동은 국민의 대표자인 입법자가 제정한 법률에 근거하여 이루어져야 한다는 원칙이다. 규율유보와 제한유보가 있다. 규율유보는 인권의 내용이나 보장의 방법 등 상세한 것은 법률로 정하지 않으면 안 된다는 원칙이다. 제한유보는 인권을 제한하는 경우는 반드시 법률에 의하여야 한다는 것이다. 규율유보는 기본권 형성적 법률유보, 제한유보는 기본권 제한적 법률유보라고도 하며 대체로 전자는 사회적 기본권, 후자는 자유권적 기본권에 적용된다. 헌법재판소는 "법률유보원칙이 단순히 행정작용이 법률에 근거를 두기만 하면 충분한 것이 아니라 국가공동체와 그 구성원에게 기본적이고도 중요한 의미를 갖는 영역, 특히 국민의 기본권실현에 관련된 영역에 있어서는 행정에 맡길 것이 아니라 국민의 대표자인 입법자 스스로 그 본질적 사항에 대하여 결정하여야 한다는 요구까지 내포하는 것으로 이해하여야 한다(이른바 의회유보원칙)."라고 설시한 적이 있다(헌법재판소 2008. 2. 28. 2006헌바70).

237쪽

국민주권원리

국가의 의사를 최종적으로 결정할 수 있는 최고의 권리인 주권이 국민에게 있다는 원리. 우리나라 헌법 제1조 제2항은 국민주권원리를 명시한 것이다. "대한민국의 주권은 국민에게 있고, 모든 권력은 국민으로부터 나온다."

직접민주주의

민주국가에서 주권자인 국민이 직접 국가의 의사결정을 하는 주권의 행사방법. 역사적으로 그리스 아테네에서 직접민주정치가 행해졌다고 하지만 현대에는 거의 불가능하다. 우리나라의 경우 간접민주주의가 원칙이나 예외적으로 직접민주주의를 채택하고 있다. 즉 헌법개정은 국민투표로 하여야 하고(헌법 제130조) 대통령은 필요하다고 인정할 때 외교 국방 통일 기타 국가안위에 관한 중요정책을 국민투표에 붙일 수 있다(헌법 제72조).

대의제도

주권자인 국민이 직접 통치권을 행사하지 않고 대의기관을 통해 통치하는 제도. 간접민주주의라고도 한다. 국민주권국가에서 주권자인 국민이 모두 직접 통치권을 행사하기는 사실상 불가능하므로 치자(治者)에게 정책 결정권과 책임을, 피치자(被治者)에게 선거를 통한 기관 구성권과 통제권을 주는 통치 조직 원리이다. 우리나라도 대의제도가 원칙이고 직접 민주주의는 일부 채택하고 있다.

243쪽

사면
국가원수의 특권으로 이미 재판을 받아 형이 확정된 자의 형벌을 면제해 주는 것이다. 특별 사면과 일반 사면이 있다. 일반 사면이란 범죄의 종류를 정해서 그에 해당하는 범죄인 모두를 사면하는 것이다. 대통령이 일반 사면을 명하려면 사면법을 따르는 것 외에 국회의 동의를 얻어야 한다. 반면 특별 사면은 특정한 범죄인 개개인에 대하여 행해지는 사면으로서 우리가 흔히 들어본 광복절 특사, 삼일절 특사, 신년특사, 성탄절 특사 등이다. '특사'란 특별 사면의 줄임말로서 이 같은 특사는 일반 사면과 달리 국회의 동의를 얻지 않아도 된다.

289쪽

**죄형
법정주의**
죄와 형은 법률로만 정할 수 있다는 뜻으로 헌법에 규정되어 있는 형사법상의 대원칙이다. 입법자가 구체적으로 제정한 법률에 죄와 형벌이 명확하게 정해져 있지 않으면 범죄도 형벌도 없다. '헌법 제13조 제1항 모든 국민은 행위시의 법률에 의하여 범죄를 구성하지 아니하는 행위로 소추되지 아니하며,'가 바로 죄형법정주의의 표현이다.

**명확성의
원칙**
명확성의 원칙은 죄형법정주의의 파생 원칙으로서 죄와 형을 정한 법률이 애매모호해서 수범자가 알 수 없거나 법을 해석 적용하는 자에게 지나친 재량을 주어서도 안 된다는 원칙이다.

푸른들녘 인문·교양 시리즈

인문·교양의 다양한 주제들을 폭넓고 섬세하게 바라보는 〈푸른들녘 인문·교양〉 시리즈. 일상에서 만나는 다양한 주제들을 통해 사람의 이야기를 들여다본다. '앎이 녹아든 삶'을 지향하는 이 시리즈는 주변의 구체적인 사물과 현상에서 출발하여 문화·정치·경제·철학·사회·예술·역사 등 다방면의 영역으로 생각을 확대할 수 있도록 구성되었다. 독특하고 풍미 넘치는 인문·교양의 향연으로 여러분을 초대한다.

2014 한국출판문화산업진흥원 청소년 권장도서 | 2014 대한출판문화협회 청소년 교양도서

001 옷장에서 나온 인문학

이민정 지음 | 240쪽

옷장 속에는 우리가 미처 눈치 채지 못한 인문학과 사회학적 지식이 가득 들어 있다. 옷은 세계 곳곳에서 벌어지는 사건과 사람의 이야기를 담은 이 세상의 축소판이다. 패스트패션, 명품, 부르카, 모피 등등 다양한 옷을 통해 인문학을 만나자.

2014 한국출판문화산업진흥원 청소년 권장도서 | 2015 세종우수도서

002 집에 들어온 인문학

서윤영 지음 | 248쪽

집은 사회의 흐름을 은밀하게 주도하는 보이지 않는 손이다. 단독주택과 아파트, 원룸과 고시원까지, 겉으로 드러나지 않는 집의 속사정을 꼼꼼히 들여다보면 어느덧 우리 옆에 와 있는 인문학의 세계에 성큼 들어서게 될 것이다.

2014 한국출판문화산업진흥원 청소년 권장도서

003 책상을 떠난 철학

이현영 · 장기혁 · 신아연 지음 | 256쪽

철학은 거창한 게 아니다. 책을 통해서만 즐길 수 있는 박제된 사상도 아니다. 언제 어디서나 부딪힐 수 있는 다양한 고민에 질문을 던지고, 이에 대한 답을 스스로 찾아가는 과정이 바로 철학이다. 이 책은 그 여정에 함께할 믿음직한 나침반이다.

2015 세종우수도서

004 우리말 밭다리걸기

나윤정 · 김주동 지음 | 240쪽

우리말을 정확하게 사용하는 사람은 얼마나 될까? 이 책은 일상에서 실수하기 쉬운 잘못들을 꼭 집어내어 바른 쓰임과 연결해주고, 까다로운 어법과 맞춤법을 깨알 같은 재미로 분석해주는 대한민국 사람을 위한 교양 필독서다.

2014 한국출판문화산업진흥원 청소년 권장도서

005 내 친구 톨스토이

박홍규 지음 | 344쪽

톨스토이는 누구보다 삐딱한 반항아였고, 솔직하고 인간적이며 자유로웠던 사람이다. 자유·자연·자치의 삶을 온몸으로 추구했던 거인이다. 시대의 오류와 통념에 정면으로 맞선 반항아 톨스토이의 진짜 삶과 문학을 만나보자.

006 걸리버를 따라서, 스위프트를 찾아서

박홍규 지음 | 348쪽

인간과 문명 비판의 정수를 느끼고 싶다면 《걸리버 여행기》를 벗하라! 그러나 《걸리버 여행기》를 제대로 이해하고 싶다면 이 책을 읽어라! 18세기에 쓰인 《걸리버 여행기》가 21세기 오늘을 살아가는 우리에게 어떻게 적용되는지 따라가보자.

007 까칠한 정치, 우직한 법을 만나다

승지홍 지음 | 440쪽

"법과 정치에 관련된 여러 내용들이 어떤 식으로 연결망을 이루는지, 일상과 어떻게 관계를 맺고 있는지 알려주는 교양서! 정치 기사와 뉴스가 쉽게 이해되고, 법정 드라마 감상이 만만해지는 인문 교양 지식의 종합선물세트!

008/009 청년을 위한 세계사 강의1,2

모지현 지음 | 각 권 450쪽 내외

역사는 인류가 지금까지 움직여온 법칙을 보여주고 흘러갈 방향을 예측하게 해주는 지혜의 보고(寶庫)다. 인류 문명의 시원 서아시아에서 시작하여 분쟁 지역 현대 서아시아로 돌아오는 신개념 한 바퀴 세계사를 읽는다.

010 망치를 든 철학자 니체
vs. 불꽃을 품은 철학자 포이어바흐

강대석 지음 | 184쪽

유물론의 아버지 포이어바흐와 실존주의 선구자 니체가 한판 붙는다면? 박제된 세상을 겨냥한 철학자들의 돌직구와 섹시한 그들의 뇌구조 커밍아웃! 무릉도원의 실제 무대인 중국 장가계에서 펼쳐지는 까칠하고 직설적인 철학 공개토론에 참석해보자!

011 맨 처음 성^性 인문학

박홍규 · 최재목 · 김경천 지음 | 328쪽

대학에서 인문학을 가르치는 교수와 현장에서 청소년 성 문
제를 다루었던 변호사가 한마음으로 집필한 책. 동서양 사상
사와 법률 이야기를 바탕으로 누구나 알지만 아무도 몰랐던
성 이야기를 흥미롭게 풀어낸 독보적인 책이다.

012 가거라 용감하게, 아들아!

박홍규 지음 | 384쪽

지식인의 초상 루쉰의 삶과 문학을 깊이 파보는 책. 문학 교과
서에 소개된 루쉰, 중국사에 등장하는 루쉰의 모습은 반쪽에
불과하다. 지식인 루쉰의 삶과 작품을 온전히 이해하고 싶다
면 이 책을 먼저 읽어라!!

013 태초에 행동이 있었다

박홍규 지음 | 400쪽

인생아 내가 간다, 길을 비켜라! 각자의 운명은 스스로 개척하
는 것! 근대 소설의 효시, 머뭇거리는 청춘에게 거울이 되어줄
유쾌한 고전, 흔들리는 사회에 명쾌한 방향을 제시해줄 지혜로
운 키잡이 세르반테스의 『돈키호테』를 함께 읽는다!

014 세상과 통하는 철학

이현영·장기혁·신아연 지음 | 256쪽

요즘 우리나라를 '헬 조선'이라 일컫고 청년들을 'N포 세대'라 부르는데, 어떻게 살아야 되는 걸까? 과학 기술이 발달하면 우리는 정말 더 행복한 삶을 살 수 있을까? 가장 실용적인 학문인 철학에 다가서는 즐거운 여정에 참여해보자.

015 명언 철학사

강대석 지음 | 400쪽

21세기를 살아갈 청년들이 반드시 읽어야 할 교양 철학사. 철학 고수가 엄선한 사상가 62명의 명언을 통해 서양 철학사의 흐름과 논점, 쟁점을 한눈에 꿰뚫어본다. 철학 및 인문학 초보자들에게 흥미롭고 유용한 인문학 나침반이 될 것이다.

016 청와대는 건물 이름이 아니다

정승원 지음 | 272쪽

재미와 쓸모를 동시에 잡은 기호학 입문서. 언어로 대표되는 기호는 직접적인 의미 외에 비유적이고 간접적인 의미를 내포한다. 따라서 기호가 사용되는 현상의 숨은 뜻과 상징성, 진의를 이해하려면 일상적으로 통용되는 기호의 참뜻을 알아야 한다.

017 내가 사랑한 수학자들

박형주 지음 | 208쪽

20세기에 활약했던 다양한 개성을 지닌 수학자들을 통해 '인간의 얼굴을 한 수학'을 그린 책. 그들이 수학을 기반으로 어떻게 과학기술을 발전시켰는지, 인류사의 흐름을 어떻게 긍정적으로 변화시켰는지 보여주는 교양 필독서다.

018 루소와 볼테르; 인류의 진보적 혁명을 논하다

강대석 지음 | 232쪽

볼테르와 루소의 논쟁을 토대로 "무엇이 인류의 행복을 증진할까?", "인간의 불평등은 어디서 기원하는가?", "참된 신앙이란 무엇인가?", "교육의 본질은 무엇인가?", "역사를 연구하는 데 철학이 꼭 필요한가?" 등의 문제에 대한 답을 찾는다.

019 제우스는 죽었다; 그리스로마 신화 파격적으로 읽기

박홍규 지음 | 416쪽

그리스 신화에 등장하는 시기와 질투, 폭력과 독재, 파괴와 침략, 지배와 피지배 구조, 이방의 존재들을 괴물로 치부하여 처단하는 행태에 의문을 품고 출발, 종래의 무분별한 수용을 비판하면서 신화에 담긴 3중 차별 구조를 들춰보는 새로운 시도.

020 존재의 제자리 찾기; 청춘을 위한 현상학 강의

박영규 지음 | 200쪽

현상학은 세상의 존재에 대해 섬세히 들여다보는 학문이다. 어려운 용어로 가득한 것 같지만 실은 어떤 삶의 태도를 갖추고 어떻게 사유해야 할지 알려주는 학문이다. 이 책을 통해 존재에 다가서고 세상을 이해하는 길을 찾아보자.

021 코르셋과 고래뼈

이민정 지음 | 312쪽

한 시대를 특징 짓는 패션 아이템과 그에 얽힌 다양한 이야기를 풀어낸다. 생태와 인간, 사회 시스템의 변화, 신체 특정 부위의 노출, 미의 기준, 여성의 지위에 대한 인식, 인종 혹은 계급의 문제 등을 복식 아이템과 연결하여 흥미롭게 다뤘다.

022 불편한 인권

박홍규 지음 | 456쪽

저자가 성장 과정에서 겪었던 인권탄압 경험을 바탕으로 인류의 인권이 증진되어온 과정을 시대별로 살핀다. 대한민국의 헌법을 세세하게 들여다보며, 우리가 과연 제대로 된 인권을 보장받고 살아가고 있는지 탐구한다.

017 노트의 품격

이재영 지음 | 272쪽

'역사가 기억하는 위대함, 한 인간이 성취하는 비범함'이란 결국 '개인과 사회에 대한 깊은 성찰'에서 비롯된다는 것, 그리고 그 바탕에는 지속적이며 내밀한 글쓰기 있었음을 보여주는 책.

024 검은물잠자리는 사랑을 그린다

송국 지음, 장신희 그림 | 280쪽

곤충의 생태를 생태화와 생태시로 소개하고, '곤충의 일생'을 통해 곤충의 생태가 인간의 삶과 어떤 지점에서 비교되는지 탐색한다. '곤충시'라는 새로운 장르를 개척한 곤충학자의 글, 조각가인 아내가 동고동락하며 그린 곤충생태화, 교사인 아들이 정성스레 찍은 사진, 분란지역을 오가며 문화복구를 위해 애쓰는 딸이 캐리커처를 그림으로써 온 가족이 참여하여 탄생시킨 희귀한 '곤충탐구생활' 책을 생태문제에 관심을 둔 모든 이에게 권한다.